Ten Methods of
Performance Management

绩效管理十大方法

彭剑锋　张小峰　吴婷婷　等

—— 著 ——

写作组成员
傅飞强　潘鹏飞　杨振彬　薛玮玮　刘显睿　刘凤麟

中国人民大学出版社
·北京·

序言

我从事教学研究与企业咨询实践快 40 年了，始终认为绩效管理是世界范围难题。我认为目前中国的企业绩效管理最重要的是绩效价值导向和认知的升级，过去我们的绩效管理过于追求数字，而忽略了价值创造，正确的绩效价值观应回归企业发展的底层逻辑，要回归长期价值主义和客户价值至上的基本追求。绩效管理应该从追求数据转向追求稳定可持续发展，从追求外在机会的把握到追求企业内在的成长，从追求规模绩效到追求高质量发展绩效，从追求速度绩效到追求稳定可持续绩效，这些绩效价值观的转型升级非常重要。没有正确的绩效价值观，没有对绩效进行重新定义和认知，企业就无法发展。

此外，绩效管理必须向上升维，成为战略落地和战略实现的工具。今天我们谈的绩效，一定是战略绩效，意味着绩效跟战略是一体的，绩效是战略的一套执行体系，二者不可分离。这就要求企业的战略绩效一定要上升到管理层面，实现两个闭环：一个闭环就是"战略经营计划预算 + 绩效评价 + 薪酬激励"的闭环；另一个闭环就是解决能力建设问题，企业要实现战略绩效目标，必须要有能力，这种能力来自面向客户的流程化体系，有效的组织管理体系，以及人才培养、领导力培养、团队建设和干部队伍建设。

当然，绩效管理既要有哲学，也要有实学，我们在帮助企业构建战略绩效管理体系时，建议企业关注以下几点。

第一，推动企业开展战略绩效共识工作坊，针对企业家和高层，围绕企业战略命题，完成系统思考，确定战略目标，再结合战略解码工具，将战略落实到任务，将目标分解为指标。

第二，强化绩效沟通，提高绩效领导力。沟通是绩效管理的生命线，在绩效 PDCA 管理循环中，要持续强化管理者的绩效沟通、反馈与辅导职责，同时，提高管理者"赢"的能力，提高绩效领导力。

第三，构建战略绩效经营闭环系统，完善和优化两大战略绩效管理闭环系统，从战略管理、经营计划、预算计划、经理人绩效评价、激励等构建一体化管理措施，另外强化绩效组织能力建设。

第四，增强绩效管理的仪式感和参与感。要有专门的绩效合同大会，开展绩效承诺宣誓，增强绩效仪式感。仪式既是心理契约，也是精神生产力，要定期开展经营检讨和经营目标述职，年底持续开展经营和绩效复盘。

第五，提升组织赋能绩效价值，前台部门是绩效价值创造的主体，中后台也要强化赋能绩效价值，为一线打仗，提供一切必要的支持。

第六，无论构建什么系统，最终都要回归到关键——关键业务、关键事、关键人、关键资源支持、关键动作，始终还是要抓关键。企业实践中应把复杂的东西简单化，可操作、可实用、有价值就行了，此次和团队成员一同编著本书，也是希望从基础出发，让更多的企业家、管理者和 HR 能够了解、知晓并掌握绩效管理的基本工具和方法，利用十大绩效管理方法，找寻应用场景，以绩效管理推动企业价值发生。

最后，感谢张小峰博士、吴婷婷的整体组织，感谢傅飞强、潘鹏飞、杨振彬、薛玮玮、刘显睿、刘凤麟等人的大力支持，没有大家的集体智慧，这本书很难成型，也希望本书能够真正为企业绩效管理贡献价值。

彭剑锋

目 录

第一章 不确定时代绩效管理的困惑与思考
一、不确定时代绩效管理的十大困惑 / 004

二、企业管理者如何应对十大困惑 / 005

三、绩效管理十大方法及其特点 / 022

第二章 战略绩效管理
一、战略绩效管理概述 / 032

二、战略绩效管理的实施 / 037

三、战略绩效管理的实施：以华为和华润为例 / 042

四、实施战略绩效管理的注意事项 / 068

第三章 以 KPI 为核心的绩效考核
一、什么是 KPI / 075

二、KPI 考核的适用性及应用范围 / 077

三、KPI 编制原则 / 078

四、提取 KPI 的程序 / 079

五、提炼 KPI 的专业方法与主线 / 082

六、KPI 考核中的难点与误区 / 088

七、KPI 考核的优点与不足 / 092

八、KPI 考核的实施：以某集团公司为例 / 093

第四章　企业的持续成长与平衡计分卡的应用

一、平衡计分卡的兴起与发展　/　101

二、全面解读平衡计分卡　/　107

三、平衡计分卡设计指南　/　119

四、平衡计分卡的中国化　/　125

第五章　标杆绩效管理：模仿学习也是创新

一、标杆管理概述　/　133

二、标杆绩效管理的内涵　/　139

三、标杆绩效管理实施程序　/　143

四、标杆绩效管理的实施：以中粮集团和中国移动为例　/　149

第六章　EVA 绩效考核体系

一、EVA 的含义和特点　/　166

二、EVA 绩效考核体系的设计　/　172

三、EVA 绩效考核体系的实施：以两个集团公司为例　/　180

第七章　基于 OKR 的绩效管理体系

一、脱胎于目标管理的 OKR　/　196

二、全方位了解什么是 OKR　/　200

三、OKR 的设计框架与落地实施　/　209

四、基于 OKR 的绩效管理的实施：以谷歌和 T 公司为例　/　215

第八章　项目考核

一、项目制是组织运行方式的一种新手段 / 231

二、华夏基石项目管理 PORS 模型 / 239

三、项目考核的其他思路 / 248

四、项目内员工贡献评价方式 / 264

第九章　新生代员工的绩效管理新探索：全面认可评价

一、新生代员工带来的管理困惑 / 271

二、全面认可评价：解决问题的新思路 / 279

三、华夏基石构建全面认可评价体系的两种思路 / 287

四、全面认可评价思路下的企业实践：以"幸福企业"
"游戏职场""荣誉体系""积分制"为例 / 296

第十章　360 度评估反馈与组织协同价值

一、360 度评估反馈概述 / 309

二、360 度评估反馈的实践困境与未来应用趋势 / 314

三、最大化发挥 360 度评估反馈的功能 / 321

第十一章　基于流程的绩效考核

一、流程、流程管理和流程绩效管理 / 347

二、华夏基石流程绩效管理体系构建八步法 / 361

01

第一章

不确定时代绩效管理的困惑与思考

无论是老板和管理者，还是人力资源部和员工，都觉得绩效管理是一把"双刃剑"。科学合理的绩效管理体系可以有效推动企业经营业绩的提升，稍微走样，就可能让企业误入歧途。在企业管理实践中，绩效考核争议不断，没有绩效考核万万不行，有了绩效考核麻烦不断，考也不对、评也不是，绩效考核成了"烫手山芋"。大多数企业的绩效考核陷入了老板不认可、人力资源部头疼、各级管理者厌烦、员工不满意的窘境。

进入数字时代，"变"成为不变的主题，确定性与不确定性交织，外部环境复杂多变，新技术手段和事物层出不穷，使绩效管理的实施引发更多困惑。从企业实践的角度，大概有以下几点：

首先，不确定时代，企业看不清未来发展方向，战略目标不明确，企业绩效目标与考核指标很难准确界定。

其次，影响绩效因素变得复杂多样，个人绩效结果并不完全取决于个人的努力，外部受经济、政治、技术、客户等因素的影响，内部受企业、部门、团队等组织因素的影响。

再次，随着知识型员工逐渐成为职场的主体，知识型劳动、创造型劳动的成果产出表现方式多样，难以有效衡量，评价创新绩效和知识劳动成果成为新的难题。

最后，传统优秀企业"高压力、高绩效、高回报"的"三高"绩效文化在过去能驱动员工不断创造高绩效，随着物资不断丰裕，在创新与人力资本驱动的数字时代，"三高"绩效文化是否适应创新时代的需求？是否适应数字经济和共享经济的要求？是否能够有效驱动"80后""90后"？成为管理者的困惑。

不难看出，绩效管理成了整个管理理论和实践界的"风暴眼"，专家学者和管理者观点各异，问题多多，困惑多多，

一、不确定时代绩效管理的十大困惑

不确定时代，绩效管理究竟有什么困惑？经过多次沟通研讨，我们将其归纳为十大困惑。

困惑一：KPI是否已经过时？能否用OKR来替代KPI？

困惑二：不确定时代，绩效管理的终极目标是什么？

也就是说，是以追求股东价值为主，以追求客户价值为主，还是以追求员工发展为主？谁来定义绩效？绩效指标的源头来自哪里？是由股东决定，还是由客户与员工决定？绩效考核的终极权力是归股东，还是应该还权于客户与员工？

困惑三：不确定时代，绩效的内涵到底是什么？

绩效考核到底是以结果为导向，还是以过程为导向，还是以潜能为导向？潜能素质、过程行为素质和结果素质之间到底是什么关系？不确定与创新驱动时代，我们更应着重关注什么？

困惑四：现在绩效管理新概念满天飞，企业如何来选择适合本企业的绩效管理方法体系？

绩效管理方法多种多样，绩效考核与管理发展到今天，到底有哪些方法体系？各种方法体系有什么特点？

困惑五：现在"80后""90后"知识型员工成为企业价值创造主体，他们是否还愿意接受"高压力、高绩效、高回报"的"三高"绩效文化？

"三高"绩效文化是否还可以驱动"80后""90后"知识型员工创造高绩效？如何有利容许员工个性张扬？

困惑六：绩效管理如何有利于企业的创新、激发人才的价值创造活力？

现在中国企业都在转型和升级，需要转换新动能。新动能就是创新与人力资本驱动，那么，绩效管理如何有利于企业的创新？如何有利于激发知识型员工的价值创造活力与潜能？如何来定义和衡量创新成果与创新绩效？如何承认失败价值？如何弘扬创新精神与冒险精神？

困惑七：不确定时代，如何体现价值分配的贡献导向并激励员工不断地创造高绩效？

由于战略目标的不确定、创新的不确定，绩效的形成错综复杂，同时个人绩效既是个人能力与努力的结果，更是团队共同合作与协同的结果，也是公司平台资源压强支持与赋能的结果，那么，绩效考核结果与个人薪酬分配是否还要强挂钩？如果不强挂钩，如何来体现价值分配的贡献导向并激励员工不断地创造高绩效？在满足了员工基本物质需求的前提下，如何对人才进行精神激励？

困惑八：不确定时代，组织越来越扁平，如何对平台与项目进行绩效考核与管理？

企业内部的管理越来越强调所谓的平台化、项目制、自主经营体，在这样的组织结构下，如何实现组织、团队、个人绩效的一致性，并有利于内部的协同？

困惑九：绩效考核的责任到底由谁来承担？未来基于大数据的绩效考核和绩效管理是否会走向智能化？

人力资源部、各级管理者及员工如何承担人力资源管理责任？尤其是互联网、大数据时代，如何利用互联网和大数据来简化绩效核算体系，减少绩效管理的工作量？

困惑十：在互联网、大数据时代，面对面沟通减少，如何通过网络沟通、大数据沟通来创新沟通方式，并保持面对面沟通的情感体验？

二、企业管理者如何应对十大困惑

（一）困惑一：KPI 是否已经过时？能否用 OKR 来替代 KPI？

对于这个问题，管理学界和实践领域分歧最大，实践过程中疑虑最多。雷军在介绍小米的管理思想时明确提出，小米没有KPI与以KPI为中心的绩效考核，而是强调责任感、对客户负责，不设KPI，员工照样勤奋工作，企业仍然获得高速成长，所以要"去KPI"。

温氏集团是一家非常优秀的农牧企业，年利润超百亿元，创业发展20多年，没有严格的绩效考核，也没有KPI。企业上市后，董事长到华为去考察，对华为的绩效评价体系很欣赏，希望引进华为的绩效考核系统，但是有一个问题困扰着董事长：企业发展20多年，一直没有KPI，员工秉承齐创共享的理念，积极工作，实现了商业的成功，贸然引进华为严格的绩效考核系统，会不会有负面作用？有没有更好的方法？

与此同时，国际国内众多企业提出用OKR来替代KPI，是否值得推广？

OKR，1999年由英特尔公司开始使用，随后风靡全球，众多互联网公司、高科技企业如谷歌、甲骨文、领英都用OKR替代KPI。通用电气（GE）作为KPI的典型成功案例，在2015年抛弃以KPI为核心的绩效管理体系；华为也在尝试用OKR来替代或优化KPI。

为什么现在KPI受到质疑，而OKR受到追捧？首先介绍一下什么是KPI，什么是OKR。

1. 什么是KPI

关键绩效指标（KPI）的理论基础是意大利经济学家帕累托（Pareto）提出的"二八原理"，也就是抓关键绩效。它实际上是对企业战略成功关键要素的一种提炼和归纳，然后把这种战略成功的关键要素转化为可量化或者行为化的一套指标体系，所以KPI是事先确定和认可的、可量化的、能够反映目标实现度的一种重要的考核指标体系。KPI的目的是以关键指标为牵引，强化组织在某些关键绩效领域的资源配置和能力，使得组织全体成员的行为能够聚焦在战略成功的关键要素及经营管理的重点问题上。

KPI分两种：一种是基于战略成功关键的KPI，称为战略性KPI；

另一种是基于企业现实经营管理问题的 KPI，称为现实经营问题导向的 KPI。KPI 的主要特点包括：

（1）考核指标以财务绩效为主。

（2）按照"二八原理"，KPI 要反映战略绩效驱动关键要素，解决现实经营的主要矛盾，这种指标体系非常简单、直接，聚焦于战略目标，而且能够与企业的战略意图相统一，特点是目标明确、具体、可操作、可量化。

（3）KPI 与经营计划预算相配合，基于非对称性资源的配置原则，在战略成功关键领域上压强、集中配置资源。

（4）绩效考核结果与人员奖金、晋升、淘汰强挂钩。一个企业推行 KPI，一般都有清晰的战略目标，组织相对稳定，岗位职责相对清晰，业务运作流程化、标准化。

在外部环境相对确定的条件下，未来可预期，企业的战略目标可预先准确确定，KPI 是一种非常有效的战略管理的工具，也是有力的战略落地的工具。同时，对于许多在行业中属于二流、三流的追赶型企业而言，要追赶或超越一流标杆，KPI 有利于企业将资源和人才压强配置在关键领域，在竞争对手的薄弱环节或软肋上集中绝对优势兵力，饱和进攻，撕开一个口子，杀出一条血路，实现重点突破。

2. 什么是 OKR

OKR 是目标与关键结果法（objectives and key results）的简称。O 就是 objectives，即目标；KR 就是 key results，即关键结果。OKR 于 1999 年由英特尔创立，是一套定义和追踪目标完成情况的管理工具和方法。所以，OKR 本质上是一套目标过程管理工具体系，并不是一种全新的绩效考核与方法体系。

OKR 不是事后考核指标，而是基于未来，在目标实现过程中，时刻提醒团队和个人当前的目标和任务是什么、完成到了什么程度、应该做哪些调整，让员工为目标而工作而不是为指标而工作。OKR 是对目标执行的有效监控与跟踪，及时调整关键结果，而不是调整关键指标。OKR

的基本特征主要包括：

（1）只做回顾，不做评估，往往是通过周计划和周报等方式定期评审关键结果的执行情况，以实现目标为核心。OKR的完成分数不重要，朝着目标的方向去努力才是重要的，所以它不是以考核为目的。OKR的目标不同于KPI。KPI的目标是非常明确、非常具体的。OKR的目标来自员工的一种野心，来自对绩效的一种挑战。所以，目标完成100%并不意味着优秀，完成70%才优秀，为什么？完成100%，说明目标制定得没有野心，挑战性不够；只能完成70%，说明目标制定得有野心。所以，OKR的目标的制定不追求精准，其结果主要是用于衡量员工是否称职以及员工如何围绕目标做改进。

（2）关键结果是公开透明、大家认同的，所以，OKR更强调员工自我驱动、自我激励、自我评价，更强调目标实现过程的团队合作、平行协同。OKR的资源配置跟KPI也不一样。KPI的资源配置采用非对称性动机原则，就是把资源压强配置在关键成功因素上，通过KPI来牵引组织资源，牵引优秀的人才，牵引员工努力的方向。OKR采用的是对称性动机原则，是根据不确定性来配置资源，根据客户的需求来配置资源，根据企业的战略发展阶段来配置资源，根据目标的进程来配置资源，所以它的资源配置是不确定的、动态调整的。

3. KPI和OKR有很大的差别

（1）KPI主要是一种战略落地的工具，把战略目标层层分解，细化出具体的战术目标来实现绩效目标；而OKR实际上是定义、跟踪目标完成情况的一种管理工具和工作模式，在战略目标不明确、外部环境不确定时，OKR可依据目标的进程及外部环境的变化进行适应性动态调整。

（2）KPI更关注财务指标；OKR主要是提醒当前的任务是什么，应该朝着什么方向发展。KPI是刚性的结果导向指标；而OKR的关键结果是柔性和过程优化导向的。

（3）KPI制定目标一定要明确、可操作、可执行，目标制定一定要科学合理，承诺百分百完成；而OKR一定要调动员工的野心，激发员工的最大潜能，要让员工使劲"够"，而不一定"够"得到，只能"够"到 60%～70%。

（4）KPI往往是结果导向，考核结果与晋升、奖金、淘汰强挂钩；OKR更强调"结果+过程"，跟奖金有关系，跟晋升没有太大的关系。所以，KPI适合战略目标明确、经营计划预算刚性执行的企业，或流程性、规律性的工作；OKR比较适合战略方向明确，但战略目标不精确，经营计划预算需要弹性的企业，或研发、创意的工作。

4. KPI并不过时，OKR和KPI相向并行

任何工具方法都有它的利弊，都有它的适应性，KPI和OKR不存在相互替代关系，而是可以相向并行，甚至可以融合使用。对所处产业相对成熟、竞争格局初步形成、商业模式稳定有效、战略目标清晰明确、组织结构稳定、岗位职责分明的企业，对流程性、规律性、标准化的工作，或者对于处于追赶标杆的企业，企业内部需要适度竞争以激活员工的企业，KPI仍然是最重要的考核工具与绩效管理工具。

在传统企业中，KPI是不可替代的，尤其很多企业是在一个相对成熟的产业领域中，组织结构相对稳定，商业模式也相对稳定，KPI有利于企业战略聚焦与落地。

很多新兴的产业不成熟，商业模式处于探索期，企业的战略方向不明确，战略目标没法明确确定，组织结构不稳定，组织内部角色有重叠，业务工作创新性强，企业内部是项目制运作，需要平行协同与合作。对于这类需要更多地发挥员工的主动性和创造性的行业或者企业来说，OKR可能是一种值得引进的新的绩效管理工具方法。

现在很多研发型的企业需要原创性或颠覆式创新。如华为，过去是追踪与聚焦战略，KPI有利于聚焦战略的落地，但华为现在进入了所谓的"无人区"，没有标杆，战略方向具有探索性。这个时候企业的战略和目标是不明确的，也不可能聚焦在一个领域，而是"云、管、端"多个领域的集成，不能把所有的鸡蛋都放到一个篮子里面。所以，企业需要的不是非对称性的资源配置，而是对称性、探索性的资源配置。以KPI

为核心来强化资源配置，从而驱动战略目标的实现，显然会面临新问题。同时，华为的创新要从结构化创新和以工程层面为主的创新转向基础理论的创新和原创性创新，以应对颠覆式创新，显然 KPI 是不适合的，而 OKR 是适合探索性的战略与原创性创新的。OKR 采用对称性的资源配置方法，不是把所有的资源都压在一个领域里面，而是在试错的过程中、在朝着目标努力的过程中，不断地去探索各种可能。不确定性越强，配置的资源可能越多，应依据客户需求进行配置，依据企业的发展阶段、项目进程来配置资源。同时，KPI 往往是自上而下压指标，员工对目标制定的话语权较少，往往是被动扛指标；OKR 则鼓励员工自己确定一个具有挑战性的、具有野心的目标，自己制定在实现目标过程中有哪些关键注意事项，在不断迭代、不断修正的过程中，朝着目标努力，所以更强调员工的参与，有利于员工的创新与能量释放。

KPI 和 OKR 两种方法各有利弊，都有各自的适应性。OKR 适合高科技企业及互联网、共享经济领域内的新型企业。在高科技企业，有些颠覆式创新不一定来自核心部门，而可能来自非核心部门。因此 OKR 的价值导向与资源配置原则更适合全员创新、全域创新，而且对员工的工作主动性、积极性要求比较高，员工是自我驱动的，对员工的素质要求比较高。KPI 实质上不会过时，因为很多行业会逐步成熟，也会变得有规律、可预期。当行业变得成熟、可预期，目标变得非常明确的时候，KPI 可能发挥很大的作用。有时，这两种方法也可交替应用。当未来看不准，企业的战略和业务处于多选项的探索期时，可采用 OKR；战略和新业务一旦看准了，多选项变成单选项时，就可用 KPI，以集中配置资源于确定的战略目标上。

雷军说小米没有 KPI，其实小米不是没有 KPI，而是没有传统意义上的以股东价值最大化为原点、以财务指标（比如利润、销售收入指标）为核心的 KPI，但小米有以客户价值为原点的考核指标，比如对路由器销售的考核，不是考核卖出多少台路由器，而是考核用户的活跃度有多少，用户是不是真的使用了这些功能。小米鼓励员工以客户为中心，用户对产品体验的满意度就是考核指标，追求客户满意度就是小米战略成功的KPI。比如，手机维修需要在1小时内完成，配送时间要从3天缩短到2天，客户的电话接通率要达到80%，等等。从这个角度来讲，小米不是没有KPI，而是有KPI，而且，互联网思维之中简单、极致的思维，本身就是KPI思维。

可见，没有以财务指标为核心的KPI指标这种形式，并不等于没有KPI的管理思维，所以，OKR和KPI是相向并行的，适合不同的企业，适合企业不同的发展阶段，在同一个企业中针对不同类型的员工，有的可采用KPI，有的可采用OKR。而且从某种意义上来说，作为企业战略绩效的一种有效工具，KPI抓关键绩效，恰恰是一种永恒的工具。

（二）困惑二：不确定时代，绩效管理的终极目标是什么？

为什么有上述困惑？因为不确定时代，绩效管理的目标、绩效管理所要满足的价值诉求、绩效管理的主角变得越来越不确定和多元化，影响绩效的因素也越来越复杂，绩效目标的确定和执行越来越难以控制，绩效管理所要满足的价值诉求越来越多元。如果把绩效的本质定义为价值创造成果或目标的实现程度，那么绩效价值到底应以谁的价值为源头和基准？应由谁来定义价值？如果以股东价值最大化为中心目标，那么，绩效目标的设定应根据收入、利润等财务指标来确定，由股东给经营班子提绩效目标要求，一个企业绩效目标的源头往往来自董事会和CEO。但现在随着消费者主权意识崛起、消费者需求变化加速，很多高科技企业提出绩效价值应该由客户来定义，客户才是绩效管理的出发点和源头，要以客户价值来倒逼组织绩效，组织绩效要围绕客户满意度来进行，客户才是绩效管理的主角。尤其对于一些共享经济领域的企业，如滴滴打车，司机的绩效考核就不是取决于其上级领导或同事，而是直接取决于客户的评价。

同时，随着人力资本在企业价值创造中的地位提升，企业越来越倡导打造创新与人力资本驱动型组织。越来越多的企业将员工的发展与员工潜能的释放作为绩效管理的出发点和中心目标，认为绩效管理的终极目的是人的价值实现，员工才是绩效管理的主角，是绩效管理的主体。目前的绩效管理和KPI不是以员工自我驱动为核心，不是内在的激励，是不利于创新、不利于潜能开发的。未来的绩效管理和绩效考核要把权力交给员工或者交给客户。

在不确定时代，绩效管理正进入一个目标与价值诉求多元时代和全员参与全方位绩效管理时代。绩效考核与绩效管理的价值目标，不再以股东价值最大化为唯一价值基准，而是要反映相关利益者的价值最大化。股东价值、客户价值、员工价值，包括合作伙伴价值，它们之间并不是零和博弈关系，而是一种多赢和相互驱动、相互成就的关系。

绩效考核和绩效管理不能仅仅反映股东价值最大化诉求，而要能反映客户的价值、员工的价值以及产业生态的要求，在这一点上，第二代平衡计分卡，即战略地图法的绩效管理思想值得借鉴。战略地图法实际上是把KPI和平衡计分卡融合到一起，打通股东价值、客户价值、内部运营以及员工价值之间的内在逻辑关系，认为这四个要素之间是自上而下和自下而上的相互驱动关系。

在战略地图中，大家会发现，最上面还是股东价值，还是财务指标，财务指标主要是公司的利润和增长，而利润和增长及股东价值来源于客户价值，客户价值又来源于内部运营和好的产品服务，好的产品服务又来自组织人才发展、组织的学习性和组织的创新性。所以，在战略地图中这四个要素之间是相互驱动关系，既体现自上而下的价值诉求，又体现自下而上的相互驱动。从这个角度来讲，价值创造源泉来自人才，来自客户价值，但绩效管理的中心目标还是满足股东的要求，最终还是体现在财务绩效上。

现在互联网时代越来越强调客户与员工要参与到企业的绩效管理过程中，要把权力还给客户，由客户来评价组织的绩效，这都体现出企业价值和股东价值是通过员工驱动、客户价值驱动、好的产品服务驱动的。

但是，无论是始于股东价值的自上而下的绩效指标，还是始于人才与学习成长的自下而上的绩效指标，最终仍要回归到企业的增长和利润，反映股东价值诉求，表现为一种财务绩效。

其实，一个企业的战略意图、战略目标与绩效目标，最终来自企业家与企业的高层，要体现股东的意志，尤其是上市公司，企业的整体经营业绩还是体现为利润和增长。只不过要保持长期有效的利润和增长，不能忽视客户价值，不能忽视员工的发展。所以，整个绩效管理最后谁说了算？从产权的角度看，其实还是股东说了算，股东还是绩效管理最重要的客户。

对于股东来讲，不能单一地追求短期绩效，还要保持长期绩效，因此就要对人才进行投入、对市场进行投入，要提高企业的内部运营和管理水平，这样才能保证股东的价值持续增长和发展。未来谁来定义绩效？从绩效产生的源泉的角度，股东的绩效价值最终来自客户价值、来自人才的价值创造。从这个意义上看，绩效应由客户与人才来定义，但从绩效管理与治理的角度，最终还是股东来定义绩效，由董事会来决定绩效目标与指标。

（三）困惑三：不确定时代，绩效的内涵到底是什么？

不确定时代，企业的绩效结果受多种因素的影响，绩效产生的过程难以监控，潜在绩效难以预测。所以，在绩效考核与绩效管理的理论和实践过程中，一直有结果论、行为论、潜能论之争。换言之，绩效考核到底应关注结果还是关注过程，抑或是关注人本身？是以结果为核心来构建绩效管理体系、以行为评价为核心来构建绩效管理体系，还是以员工潜能的开发和能力发展为核心来构建绩效管理体系？

从人力资本投入、转换和产出的角度，产生了三种绩效管理导向，一是以结果为核心的绩效管理导向，二是以行为评价为核心的绩效管理导向，三是以员工潜能开发与能力发展为核心的绩效管理导向。

1. 结果论

结果论强调绩效就是结果，所以，绩效就是产出，就是目标的实现度。以结果为导向的绩效管理就是对员工的工作成果进行客观、公正的评价过程。在互联网时代，在不确定时代，以结果为导向的绩效考核面临以下挑战：

（1）绩效结果受多种因素的影响，有时候员工的绩效结果并不一定是由员工的努力程度和能力投入所造成的。

（2）在互联网时代，在新经济时代，知识型的工作往往是一个团队共同价值创造的结果，很难去衡量一个人究竟在一个团队当中创造了多少绩效，哪一部分绩效是属于个人的。

（3）过分强调结果会导致追求短期效益，导致个人英雄主义，导致大家不协同。

（4）现在的很多高科技企业有很多研发工作，很多创新性的、探索性的工作，它们的工作结果很难预料。试错创新、包容失败，很难以结果来表现。

在这种情况下，很多企业越来越强调行为论，认为绩效是实现目标、采取行动的过程，而且认为绩效是与一个人工作的组织或组织单元的目标有关的行为和连续的成果。所以，行为论更关注过程，更关注过程的监控和过程的优化。

2. 行为论

行为论强调以行为为核心的绩效考核和绩效管理，它的关键就是要让员工掌握正确的做事方法方式，使员工在实现目标的过程中能够进行自我调整、自我驱动、自我开发。这种绩效考核和绩效管理目前主要有两种方法：一种是以阿里巴巴为代表的基于价值观的行为绩效评价，阿里巴巴绩效考核的 50% 是基于"六脉神剑"价值观的行为评价；另一种关注目标实现过程中的阶段性成果的衡量，也就是 OKR 过程成果评估。

3. 潜能论

潜能论认为绩效管理的中心目标不是求得一个结果，不是企业绩效单一的股东价值最大化，而是要开发员工的潜能，激发员工的创造性。潜能论认为绩效评价不再仅仅是追溯过去，是一个评价历史的工具，而更应该关注未来，尤其对于很多知识型工作、颠覆性创新工作，绩效考核与绩效管理更重要的是使员工自我驱动，不是用火车头来带动所有车厢，而是每节车厢都有发动机。

在不确定时代，企业的战略不是基于过去，也不是基于资源与能力，而是要站在未来看未来，要站在未来看现在，而且有时候要突破现有资源和能力去确定目标，所以企业的目标是不确定的。在这种条件下，绩效管理的关键就是寻找并选对能够对未来绩效有价值的人才，这就是所谓的"选对人比培养人更重要"。潜能论认为绩效管理的源头首先是选对人，选最聪明、最能干、最有意愿干的人合伙打天下，这些人能够自我驱动、自我超越，这时候绩效考核和绩效管理就变得简单了。

绩效考核与绩效管理有所谓的结果论、行为论、潜能论，究竟应选哪一个呢？其实应根据不同企业的情况采取不同的方式。

企业具有不同的产业性质并处于不同的发展阶段，有的可能是结果导向，以财务业绩为核心，先活下来再说。对有些企业来讲，目标不确定，处于探索过程之中，这个时候绩效考核管理谈不上建立非常精密的考核指标体系，首先把人选对，选那些最有意愿、最能干的人，把那些人组合在一起，通过合伙制抱团打天下，朝着共同目标去努力，所以绩效考核从选人开始。在结果不明确的前提条件下，对很多创新性的工作，可能要以价值观为牵引，建立基于价值观的行为评价体系，通过行为评价，使得大家能够价值观一致、目标一致，朝着共同的目标去努力，最后去创造超常的绩效。

4. 处理三者关系的两个观点

三种绩效管理导向之间的关系到底应怎么处理？

（1）企业可以建立全面绩效管理的概念。全面绩效管理指的是把潜在绩效、行为绩效和结果绩效统一起来，进行全过程、全方位的管理。

既要选对人，也要基于价值观对员工进行行为考核，最终还要对员工的结果进行考核。这种体系也叫全方位的绩效管理体系。

在华为和阿里巴巴，既有怎么选对人、选符合自己价值观的人才机制，又有基于价值观的行为评价体系，还有结果考核。其实就是对潜在绩效、行为绩效、结果绩效进行全方位的考核，也就是全面绩效管理。

（2）企业可以根据自身的发展阶段和产业性质，有侧重地选择以结果为核心、以行为评价为核心，或是以员工潜能开发与能力发展为核心的绩效管理体系。前文讲到，企业对人力资本的投入产出全过程的管理，有以结果为核心的绩效管理体系，也有以行为评价为核心的绩效管理体系（更强调过程），还有以员工潜能开发与能力发展为核心的绩效管理体系（更强调开发员工的潜能、提升员工的能力、激发员工的创造性）。所以，对不同层次、不同岗位的员工，管理方式是不一样的，有的员工是结果导向，有的员工要强化过程管理与行为评价。

（四）困惑四：现在绩效管理新概念满天飞，企业如何来选择适合本企业的绩效管理方法体系？

目前的绩效考核、绩效管理方法体系中能够成系统的，主要有以下十种：KPI、平衡计分卡、OKR、EVA绩效考核、标杆绩效管理、360度评估反馈、全面认可评价、基于流程的绩效考核、项目考核、战略绩效管理。这些方法，本书的后面十个章节会详细进行介绍。

不同的企业在不同的发展阶段，对以上方法可以综合运用，比如可以把KPI和平衡计分卡有效地结合在一起；把全面认可评价和OKR结合在一起；把标杆绩效管理和平衡计分卡、KPI结合在一起；把EVA绩效考核和KPI、平衡计分卡结合在一起……关键是根据企业的特点和发展阶段，有选择地综合运用。

（五）困惑五：现在"80 后""90 后"知识型员工成为企业价值创造主体，他们是否还愿意接受"高压力、高绩效、高回报"的"三高"绩效文化？

现在"80 后""90 后"知识型员工逐渐成为企业价值创造的主角。他们更具个性，追求工作兴趣与生活品质，其中很多人是独生子女，需要被关注和关爱。过去那种"高压力、高绩效、高回报"的"三高"绩效文化对他们可能效果不那么显著。现在很多员工不再只为获得金钱而工作，更多的是为追求一种精神，而且也不喜欢天天处于紧张之中，不希望在压力下被动扛指标，而更追求工作和生活的平衡。

在这一点上，企业绩效管理模式确实面临挑战。针对"80 后""90 后"知识型员工，一是要提升他们对绩效目标制定的参与度，让员工有参与感，即考核指标不是简单往下压，而是要让员工给自己定目标，要把自上而下和自下而上有效结合起来，增加绩效管理的员工参与感。

二是要正确分析员工的个性、兴趣和爱好，让员工有兴趣、有意愿去创造高绩效并不断提出挑战性目标。

三是管理者要强化过程辅导，尤其是提高管理者 PDCA 的能力。绩效管理要从单一的结果考核变成关键行为与成果的全面认可评价。"80 后""90 后"知识型员工特别适合全面认可评价。

（六）困惑六：绩效管理如何有利于企业的创新、激发人才的价值创造活力？

现在很多企业需要实现从 0 到 1 的突破，需要颠覆式创新，那么，绩效管理如何去激发组织的创新和活力？

基于控制的自上而下、强制性地靠"三高"绩效文化往下压的绩效管理模式，确实不利于颠覆式创新。在这种条件下，一是要通过引入

OKR，增加员工的参与，通过管理者和被管理者之间有效的沟通和交流，让员工自己给自己提挑战性的目标，而不是往下压目标；二是要从单一的结果考核转向"结果 + 行为"考核；三是增加精神鼓励，相对淡化考核结果与物质待遇强挂钩；四是强化创新行为评价，鼓励创新行为，允许员工试错，甚至犯错。

（七）困惑七：不确定时代，如何体现价值分配的贡献导向并激励员工不断地创造高绩效？

绩效考核作为一种有效的管理工具，是目标理论、激励理论、强化理论在日常实践中的应用，目标的制定、过程的参与、结果的达成，本身对员工就有极强的激励和刺激作用，所以才会有"让工作成为工作本身最大的回报"，这也是OKR方法的精髓，强调目标比能力重要，强调过程比结果重要。OKR更强调员工的参与，要员工提出有野心、具挑战性的目标，更强调员工潜能的开发。OKR认为员工如果完成超过100%，则意味着目标定得过低，难以有效激发员工的潜能。从这个角度看，OKR方法下的考核结果不适合与员工的薪酬紧密关联。

依据"二八法则"，全面认可评价则是针对KPI无法覆盖到的80%不直接关联绩效的行为进行评价，鼓励员工做出有助于企业未来发展的、符合价值观的、有助于组织能力提升和效率提升的行为，全面认可评价的方式也是不直接同薪酬挂钩的，鼓励激发员工内心的"真善美"，靠善言善行、靠良知，激活员工的工作动力和活力。

当然，不是所有的企业都适合OKR管理方式，创新性、不确定性、爆发性强的企业适合OKR，传统的、稳定的、匀速成长的企业应将平衡计分卡与KPI进行结合。这就需要"薪酬"的手段来配合绩效结果的实现和改进。绩效考核达成，予以"奖金"正向刺激，员工可以进一步提升工作动力；绩效考核未达成，予以"奖金"负向刺激，员工知耻后勇，后续也可以进一步提升工作动力。

当然，创新型企业也会采用 KPI+OKR 的方式，传统型企业也会采用 KPI+ 全面认可评价的方式，不同的行业属性、企业属性，不同的管理目的，需要配套不同的绩效管理方法。

赫茨伯格（Herzberg）的双因素理论提出物质激励主要为"保健性"因素，精神激励为"激励性"因素，所以企业在传统的财务导向、量化导向的绩效考核方式外，还应构建全面认可评价体系，用荣誉体系、价值观考核和认可的方式，让员工感受到关爱，提升精神感知的价值。

（八）困惑八：不确定时代，组织越来越扁平，如何对平台与项目进行绩效考核与管理？

绩效管理是战略目标层层落实的有效工具，无论是华为的 BEM 绩效管理体系还是华润的 6S 绩效管理体系，都是从战略目标的确定到集团层面的目标确定，再分解到事业部 / 分子公司层面的绩效目标，从事业部 / 分子公司层面的绩效目标分解到部门层面的绩效目标，再细分至个人层面的绩效目标。华为通过 BLM+BEM+PBC 的考核体系，将市场洞察、战略目标、关键任务、绩效闭环、个人绩效承诺构建成一个有机整体，并通过年度例行的绩效目标沟通、确定、执行、反馈、复盘、改进等阶段，真正实现目标一致、上下同欲。

新奥集团利用平衡计分卡，将集团层面的财务指标（收入、利润、净资产收益率等）分解到客户、内部运营与流程、学习与成长等维度，再将集团层面的指标分解至事业部、部门、个人，最终形成战略有路径、人人有指标，实现组织、个人绩效的一致性，协同创造价值。

商业社会在不断变化，组织也在不断变化，未来的组织呈现"平台+集成经营体+前端团队+富生态体系"的模式，在未来的组织模式下，绩效管理的思路也应该有所变化。

对于平台而言，要重新思考定位。未来企业中的平台，要为前端团队提供专业化、集约化、平台化的管理服务，提高内部运营效率，提升专业能力和管理能力。未来企业中的平台，作为多元业务协同发展与赋能平台，通过搭建管理体系，强化核心职能，优化管控流程，提供专业服务，推动平台与前端团队之间的矩阵式管理和协作关系，打造高效能平台。未来企业中的平台，重点将聚焦于战略规划、服务支持、制度输出、战略落地、绩效管理、创新整合、资本运作、市场引领、技术创新、研发管理、生产赋能、运营赋能、人才赋能等职能，由传统的专业型、功能型、管控型职能部门转变为"平台+专业型""赋能+功能型""管控+服务型"平台中心。

前端团队将成为客户服务第一线、企业管理第一关、职工成长第一站、创新发展第一源，真正从过去的末端业务执行单元，向前端价值创造单元转变，从劳动密集型组织向科技驱动型、知识驱动型组织转变，从专业精细化分工向一专多能、高效协同化队伍转变。因此要对前端团队进行特定目标的项目考核。

具体而言，项目考核包括基于里程碑或节点、基于财务、基于客户、基于商业实现的多种项目考核评价方式，对于具体操作细节，读者可以从本书后续章节中详细了解。

（九）困惑九：绩效考核的责任到底由谁来承担？未来基于大数据的绩效考核和绩效管理是否会走向智能化？

绩效管理是将企业目标、部门目标、个人目标层层联动的工具，所以绩效管理的责任是所有人的责任。高层管理者负责制定未来企业发展的方向和每个年度的经营计划，同时要为公司的绩效管理体系有效落实提供保障和资源。人力资源部是绩效管理体系的设计者和组织实施者，同时也是绩效管理的宣传和培训者。财务和经营部门要协助确定经营目标，进行经营数据分解，协助制订经营计划。各级管理者要将考核制度进行细化，建立适合业务特色的考核指标体系，从计划、交流、观察、评价、沟通等角度落实绩效管理体系。员工则要在管理者的指导下，针对自身工作开展绩效管理工作，努力达成绩效，不断追求卓越，突破自我，持续创造高绩效。

正是因为绩效管理是一个大体系，需要全员参与，所以绩效管理体系的有效落实需要配套信息化和智能分析的相关手段。数字经济时代，物联网、大数据、云计算、人工智能将大大简化绩效核算体系，通过动作标准化、能力标准化、绩效结果标准化，来实现标准化、模块化、流程化，最终依靠技术手段打造成智能化绩效管理体系。

未来的绩效管理将更加注重精益管理，加强投入产出分析，优化资源配置，用数据说话、用数据管理，促进生产运营效率效益提高。大数据、云计算、物联网、人工智能的技术手段应用，让组织运行更加数字化、智能化。

（十）困惑十：在互联网、大数据时代，面对面沟通减少，如何通过网络沟通、大数据沟通来创新沟通方式，并保持面对面沟通的情感体验？

沟通是绩效管理的生命线，没有沟通就没有绩效管理。企业实践中的绩效沟通的目的包括：信息的交互、目标的及时反馈、问题的指出与解决、实时复盘。传统的科层制组织能保障信息的有效传递，而随着技术手段的不断进化，信息的传递速度越来越快，为多渠道、全方位的绩效沟通提供了技术保障。

绩效沟通要实时化，随时遇到问题，随时采取即时通信工具进行沟通，指出问题所在，及时改进工作行为，达成更高绩效。

绩效沟通要全场景化，绩效沟通从过去的目标制定、考核反馈等场景下的沟通，变为客户洞察与研究、目标制定、组织方式优化、团队协作机制、日常工作方式、考核反馈、结果改进等多场景应用。

绩效沟通要电子化，过去的绩效沟通主要为书面存档。在信息化时代，即时通信工具的普及，以及大数据、云计算等技术的应用，使绩效沟通工单化、电子化，实现了实时沟通、全场景沟通，形成数字化记录，为后续的绩效考核和绩效改进提供依据。

绩效沟通的电子化和数字化可以有效提高沟通效率，但是确实减少了面对面的情感交流，这就要求管理者在日常管理的过程中具备设计思维、场景思维、娱乐思维、认可思维，通过游戏化管理、幸福企业、荣誉体系建设、全面认可评价等方式，通过"评分""点赞""打赏""贴标签"等多样化的管理小技巧，提高绩效管理体系的游戏化、娱乐化和场景化。

上述十个方面的困惑，不一定能够涵盖所有管理场景中的困惑；对这十个方面的解答，也不一定能够涵盖所有的疑问。希望各位读者能够带着困惑，从后面的十个专项绩效考核方式中获得答案，解开困惑的同时提高企业绩效管理水平。

三、绩效管理十大方法及其特点

本书提到的绩效管理十大方法，是指战略绩效管理、KPI、平衡计分卡、标杆绩效管理、EVA绩效考核、OKR、项目考核、全面认可评价、360度评估反馈、基于流程的绩效考核。十种绩效管理方法，各有各的特点。

（一）战略绩效管理

传统绩效管理以会计准则为基础，以财务指标为核心，以利润为导向，立足于对企业当前状态的评价。战略绩效管理，要求绩效管理体系体现战略性，企业管理者要站在战略管理的高度，基于企业长期生存和持续稳定发展的考虑，对企业达到目标的途径进行总体谋划。

战略绩效管理实施要注意以下几个要点：

（1）定位要准确，战略绩效管理定位于战略及绩效管理，而非单纯的绩效管理。

（2）理解要透彻，企业的战略一旦制定，就是统领全局的目标，因此要将目标上下贯彻，使企业全员同心同欲。

（3）分解要系统，不论是六西格玛还是价值树，都需要管理者有科学系统的指标分解工具。

（4）协作要充分，各级单位之间要建立多种协同机制，有效推动工作，实现战略目标。

（5）支撑要完备，战略绩效管理体系是"硬件系统"，还需要企业文化、领导力等"软件系统"，充分协作，有效支撑，才能实现目标。

（二）KPI

KPI就是抓关键绩效，主要是企业战略的落地工具。通过KPI来集中配置资源、引领员工的行为，能够促进战略聚焦，最终驱动企业战略目标的实现。所以KPI既适合成熟的、商业模式相对稳定的企业，也适合初创企业。

KPI的特点非常明确：

（1）基于战略的、聚焦的；

（2）只抓取关键的、同业绩直接相关的指标；

（3）以结果为导向，不重视过程；

（4）以财务指标为主，极少关注其他指标。

初创企业的首要目标是活下来，考核指标比较单一，无须复杂，考核指标可聚焦在销量、货款回收等几个KPI上，抓关键指标，考核没有必要面面俱到。对于相对成熟的企业，战略非常清晰，可将KPI作为战略落地的一种工具。

(三) 平衡计分卡

平衡计分卡适合规模比较大、相对成熟的企业，尤其是企业度过了一次创业，进入二次创业时期，要追求可持续发展，追求长期和短期的平衡、财务绩效和非财务绩效的平衡、企业内外的平衡。企业靠系统支撑的时候，最重要的就是系统平衡，平衡就有整体竞争能力，所以，通过股东、客户、内部运营和学习与发展四个方面构建考核指标体系，有利于企业稳定而持续地成长和发展。同时，第四代平衡计分卡强调企业内部业务的协同，通过它可实现企业的战略协同绩效。

平衡计分卡要从单一价值最大化走向相关利益者价值平衡，从短期的纯粹财务视角走向长期与短期相平衡，从KPI单点突破的思维走向系统平衡再突破的思维。

(四) 标杆绩效管理

标杆绩效管理就是对标行业中最优秀的企业，把它们的绩效作为企业绩效指标设计的参照标准。比较本企业的绩效和行业中最优秀的企业之间的差距，然后研究这些优秀企业为什么能创造高绩效，它们有哪些最优实践，然后去学习它、模仿它。在学习模仿基础上去改进、去超越。这种方法特别适合在行业里面处于二流、三流的企业，向一流企业去对标。

通过与行业内或行业外的优秀企业的最佳实践进行比较，来设定绩效指标的评价标准，从而找出差距，制定措施并实施改进，在此基础上客观评价业绩表现并兑现评价结果。

(五) EVA绩效考核

EVA即经济价值增值法，认为创造超过资本平均成本以上的那一部分价值才算绩效,也就是说,人力资本必须创造超过资本平均成本以上的价值,才算企业的绩效,所以它特别适合以人力资本为价值创造主体的企业的考核。EVA实质上是剔除了资本平均成本以后的那部分价值,这一部分超过资本平均成本以上的价值,其实就是人力资本为股东创造的额外价值,可以跟货币资本去共享企业的利润。EVA特别适合利润分享的企业,为人力资本参与分享企业的超额利润或者增值利润提供了理论依据。

国有企业可以用EVA来进行高管激励。比如,某国有企业资产为1 000亿元,其中资本平均成本占5.5%,即55亿元,只有创造超过55亿以上的价值才算人力资本带来的绩效,人力资本才可以参与分享。它就为国有企业高管参与分享企业的利润提供了理论依据,因为这是人力资本所带来的额外价值。

现在国务院国资委只是把EVA作为一种考核手段,但是没有作为一种激励手段。以EVA来衡量绩效并让人力资本参与利润分享,人力资本的价值分享其实是劣后的,因为股东先把资本的平均收益率拿走,然后才分享企业的利润,本质上保证了股东的利益。这种考核法本质上是对增值绩效和人力资本价值创造力的衡量,所以在以人力资本为核心的价值创造时代,EVA绩效考核是一种有效的绩效管理模式。

总结起来,EVA绩效考核有这样几个特点:

(1)衡量资本的利润,而不是企业的利润。

(2)鼓励轻资产,提高资本利用效率,避免靠重复投入来发展。

(3)不牺牲短期利益,品牌、研发、人才投入不计入当年的成本,而做长期摊销,鼓励管理层加大技术、品牌、管理和人才的投入,做长期可持续的组织。

(4)设奖金池,不封顶,鼓励不断突破目标,持续做多奖金池,加强激励效果。

(5)奖金池提取规则是延期支付、以丰补歉,促使经营者长期持续做好业绩。

（6）扣除资本成本，是衡量人力资本价值增值的有效方式，为企业内部人才分享经营利润提供了相关依据。

（7）提倡企业内部做价值模拟，内部价值链是交易关系，每个部门要算出自己的 EVA，要做全面预算管理。

（六）OKR

OKR 比较适合高科技企业、互联网企业，以及创新性和创意性的工作和岗位。在一个创新性的企业里面，很多东西是不确定的、属于探索性质的，尤其是颠覆式的创新，所以这时候就不可能提出像 KPI 那样非常明确的目标，也不可能把所有的资源都配置在一条产品线上，而是要按照对称性动机资源配置原则，基于客户的需求，基于不确定性，基于企业的发展阶段，渐进式地配置资源，迭代创新。同时，OKR 更强调员工的参与，要员工提出有野心、具挑战性的目标，更强调员工潜能的开发。

OKR 需要激进的目标，是基于过程的而非结果的，是为了目标实现而非为了考核，这些都是 OKR 的特点。在实践中，实施 OKR 的要求较高，比如员工整体素质要高、组织内部信息要对称、组织文化要开放、员工要有更多的参与感、高层要参与推动等，这就导致 OKR 的应用场景受限。

同时，企业在 OKR 实践中需要关注几个要点：如何同国情相结合？如何同业务实际相结合？如何同薪酬体系相结合？

（七）项目考核

项目考核，以项目为中心不仅仅是业务前端项目形式的运作，而且包括为项目提供全面支持的管理支撑系统，是拉通业务前端和后端的完整架构，涉及公司内部人、流程、知识和战略等多个维度。项目运作主要呈现弹性领导关系、决策权分散、增强横向沟通和协同、结构网络化、开放聚合等特点。

项目考核的方式包括：基于里程碑或节点的评价方式、基于财务的评价方式、基于客户的评价方式、基于商业实现的评价方式等。

（八）全面认可评价

现在很多企业推行全面认可评价与积分制管理，员工只要做了有利于客户价值、企业发展、目标实现、个人能力成长的关键事项、关键结果、关键行为，都进行认可，进行评分，然后给予积分，在内部进行积分制管理。

全面认可评价有利于及时评价，通过引入积分池和奖金池，做到及时激励，针对员工的行为事件、行为结果，在某种意义上可以跟 OKR 相配合，对工作行为、工作成果及时予以认可，然后给予积分，形成积分池和奖金池，既做到及时评价、无时不在的评价，又做到及时激励。

（九）360 度评估反馈

360 度评估反馈主要用于内部的协同绩效评价。360 度评估反馈具有全方位性，包括上级评价、同级评价、下级评价、自我评价，即全方位 360 度对能力和行为进行评价。在绩效考核体系中，360 度评估反馈主要应用于企业内部的协同绩效评价及周边绩效评价，明确内部客户关系，然后依据内部客户关系服务方式与标准建立评价指标体系。

360 度评估反馈有以下几个特点：

（1）最早源自干部选拔，是一种上下左右、自我评估的方式，后续逐步演变为多样化的评价方式。

（2）有利于协同，有利于合作，有利于内外部客户价值的创造，有利于构建组织产业生态，有利于相关利益者价值最大化。

（3）有利于构建内部协同机制，加强管理者能力评估，加强战略协同，增强内部及外部客户关系，优化人力资源周边环境（周边绩效考评），可以加强评判与自我评判的文化和机制。

（4）容易催生出"中庸型"人才、有可能"扼杀"优秀的人，使员工都成为"老好人"。

（十）基于流程的绩效考核

基于流程的绩效考核，也就是绩效标准的建立、考核的建立是基于业务流程，根据每个流程节点建立里程碑式的标准。其实也是一种基于流程的过程评价体系。流程有六个要素构成：流程的输入资源、流程中的若干活动、活动的相互作用、输出结果、顾客、最终流程创造的价值。体现出流程的两个重要特点：一是面向客户，包括组织外部和组织内部的顾客；二是跨越职能部门、分支机构的既有边界。

流程绩效管理，通过对现有流程的建立、执行和完善程度进行绩效管理，基于业务与服务流程的关键节点，建立里程碑式的绩效指标和绩效标准，从而实现组织获取高绩效的目的。基于流程的绩效考核主要有以下特点：

（1）以流程而不是职能为单位进行考核；

（2）以客户满意度为基本目标；

（3）直接目的在于提高流程效率，实现流程优化；

（4）适用于流程化和扁平化的组织。

以上是不确定时代绩效管理的困惑和一些思考，基于本书提出了十种解决困惑的方法，这些方法不一定全面，但是在不同的场景下，应该可以给予读者更多的启发，让读者能够真正领悟绩效管理的真谛，习得绩效管理十大方法的精髓，并应用于企业实践，提高企业经营目标和组织绩效。

02

第二章
战略绩效管理

不少企业制定了非常规范而详细的战略规划文本,但被封存在保险柜里,只有贵宾到来才成为被展示的"花瓶",企业实际的运行情况与战略规划千差万别。也有不少企业制定了完整的战略规划,但欠缺将企业战略与企业日常经营管理联系起来的有效方法和手段,最终战略规划的执行只能不了了之。"制定好的战略无法有效落地"成了困扰许多企业的一大难题,甚至让很多企业对战略产生了"虚""没有实质性作用"等不佳印象。

实际上,战略并非空中楼阁,企业在制定战略之后最重要、最紧迫的一项任务——有效地将战略落地,是可以通过科学的方式实现的。

企业战略的时间跨度一般为3~5年,涵盖内容广、目标高、表述简明,这都给战略执行增加了难度。只有将战略转化成一个个时间周期更短、企业各层责任更明确的目标和计划时,战略才能更易于落地。一般来讲,企业战略目标与规划需要逐步转化成年度目标与计划、部门目标与计划、个人目标与计划,从而形成自上而下、从长期到短期的企业各层级的经营目标与计划体系。

理想的经营目标与计划体系的形成需要经历一个自上而下、层层分解的过程:上层级经营目标与计划需要落实为下层级的经营目标与计划,而下层级的经营目标与计划又需要落实为再下一层级的经营目标和计划。目标与计划是企业各层级人员开展工作的主要依据,也是企业战略落地的重要途径,因此,企业各层目标与计划的设计质量与执行过程十分关键。

要想以战略为出发点,在企业内部形成自上而下方向一致的目标体系,且相应的行动过程得到保障,最终实现企业战略落地,一个有效的方式就是进行战略绩效管理。

一、战略绩效管理概述

（一）战略绩效管理的发展历史

企业绩效管理大致经历了成本绩效评价、财务性绩效评价以及战略绩效管理三个发展阶段。

在19世纪初至20世纪初的成本绩效评价阶段，美国纺织、铁路、钢铁和商业部门的管理者根据本行业的经营特点建立了多种绩效指标（如每码成本、每吨铁轨焦炭成本、销售毛利等），这些指标主要以成本控制为目的，用于评价企业内部的生产效率，这种成本绩效评价体系维持了将近一个世纪。

20世纪初到80年代初，企业绩效评价处于财务性绩效评价阶段。1903年，杜邦公司开始以投资报酬率来评价企业绩效，并通过杜邦系统图来规划和协调各分部的经营活动，使企业成为一个各部门相互协作的有机系统，进而提高对企业绩效的预测能力和控制能力。这标志着企业绩效管理进入以财务指标为重点的财务性绩效评价阶段。20世纪30年代，受金融危机影响，企业更加注重财务指标。随后一段时间的发展只是对财务指标的完善，这一阶段财务评价几乎是企业绩效评价体系的全部内容，绩效评价指标主要涉及与企业偿债能力、营运能力和盈利能力等相关的财务指标。业绩评价指标以财务指标为主，是外部环境和内部条件共同作用的必然结果。

20世纪80年代后期，随着科技进步和全球经济的迅速发展，企业内生产、销售、研发、财务和人力资源管理等职能部门的相互协作与配合越来越重要，在这种背景下，孤立的财务性绩效评价制约了公司发展战略的实现。因此，非财务指标的作用日益得到重视。自20世纪90年代起，越来越多的学者开始研究绩效管理，有益的研究成果也日益增多。其中，战略绩效管理（strategic performance management）逐渐成为一个新生的主导流派。1990年马克奈尔（McNair）提出的业绩金字塔模型，1992年卡普兰（Kaplan）和诺顿（Norton）提出的平衡计分卡理论都是战略绩效管理的相关理论。业绩金字塔模型从战略管理角度给出了业绩指标体系之间的因果关系，反映了战略目标和业绩指标之间的互动性，揭示了战略目标自上而下和经营指标自下而上逐级反复运动的层级结构。但是该方法没有形成具有可操作性的业绩评价系统，因此在实际工作中较少采用。平衡计分卡最初源于1990年美国的"衡量未来组织的业绩"这项课题的研究成果。在此基础上，随后的几年内这项课题的带头人卡普兰和诺顿不断进行深入研究，陆续发表的相关论文和专著使该理论得以系统化，并提出可操作性的实施步骤。迄今为止平衡计分卡仍是非常流行的战略绩效管理工具。

（二）战略绩效管理的内涵

企业战略就是对企业长远发展方向、发展目标、发展业务能力的选择及相关谋划。战略可以帮助企业指明长远发展方向，确定企业发展目标，并指出企业未来发展点，明确企业的发展能力。战略的目标就是要解决企业的发展问题并实现企业长远发展。

战略绩效管理是以战略为中心，通过对企业战略目标层层分解选择和确定KPI，并且能够体现各利益相关者的期望，最终实现企业价值最大化的过程（见图2-1）。它把个人目标和企业及各部门宗旨、战略目标和规划整合起来，以支持企业整体事业目标。

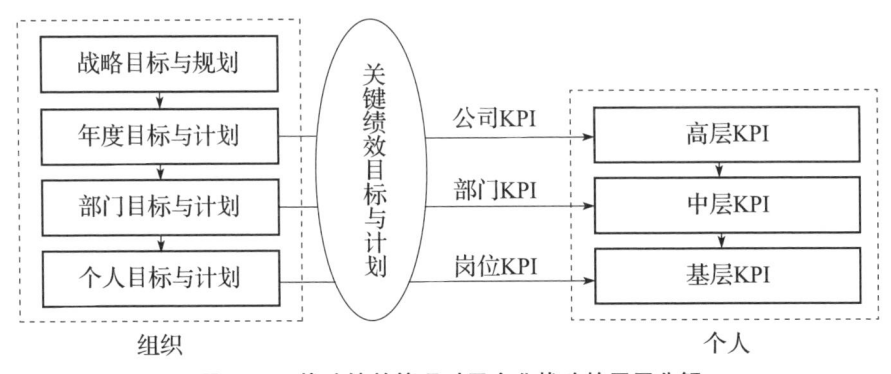

图2-1 战略绩效管理对于企业战略的层层分解

传统的绩效管理，即20世纪90年代以前企业业绩评价模式，在企业新的竞争环境下显得僵化、低效、封闭，甚至与企业的长期发展和员工价值的实现严重脱节。战略导向的绩效管理体系弥补了传统绩效管理的不足，与传统绩效管理具有本质区别（见表2-1）。

表2-1 战略绩效管理与传统绩效管理的区别

项目	战略绩效管理	传统绩效管理
战略	以企业战略为中心	与企业战略相脱节
评价主体	投资者、债权人、管理者、员工、其他利益相关者	投资者、债权人
评价客体	企业整体	员工
考核对象	员工绩效、部门绩效、组织绩效	员工绩效
评价指标	财务与非财务指标相结合	财务指标、结果指标
考核目的	调整战略	做好企业决策
考核环节	计划、考核实施、监控、反馈沟通、改善	考核
考核结果应用	长期可持续发展、过程控制、反馈调整	过去的绩效、引导激励

（三）传统战略绩效管理工具——平衡计分卡

1992年，诺顿和卡普兰对几十家企业的业绩评价方法进行了深入研究。他们发现，传统的财务评价体系已不合时宜，应该从客户、流程等多个方面评价企业，才能得到业绩的全貌。鉴于此，他们创造性地提出了平衡计分卡评价体系，除了财务评价以外，还包括对客户、内部流程、学习与成长的评价，从而有效克服了纯财务评价体系只重结果不重过程、只重短期不重长期、只重侧面不重全局的弊端，实现了企业评价的综合平衡。

早期平衡计分卡理论强调从四个维度衡量绩效，但未能明确四个维度之间以及每个维度内从上至下的逻辑，在实施过程中操作难度较大，因此在实践中，它作为管理理念的重要性远超过其作为具体的绩效管理方法。1994年，诺顿和卡普兰进一步提出，除了业绩评价以外，平衡计分卡更重要的意义在于对企业战略的落实和支持。

平衡计分卡可以根据以上四个维度内在的逻辑关系，建立起企业战略横贯四个维度的因果关系链，将企业战略落实为四个维度相互联系、彼此响应的目标，从而通过四个维度的目标控制来实现企业整体战略。1995年起诺顿和卡普兰在其平衡计分卡管理咨询实践中逐渐开发出一种有效的沟通方式，即依据一系列战略分解与执行的逻辑关联，应用平衡计分卡基本框架建立因果关系的指标体系，使平衡计分卡便于操作和易于理解。随着2004年战略地图的正式提出，平衡计分卡成为一个以企业战略为中心、以因果链为分析手段而展开的战略指标综合评价系统（见图2-2）。整个指标系统从战略目标出发形成一个层次分明的网状体系，而贯穿这个网状体系的内在逻辑是一系列因果链条，从而使整个体系目标明确，逻辑清晰，易于贯彻和执行。据Gartner Group公司的调查，在《财富》杂志世界1 000强公司中，70%采用了平衡计分卡管理体系。

平衡计分卡是目前应用最广的战略绩效管理工具，但是它并不完美，其中就因果关系方面的质疑讨论尤为激烈。存在于平衡计分卡之中的因果关系贯穿了其四个维度，并将财务结果与其驱动因素联系了起来，其基本走向为：学习与成长→内部流程→客户→财务。它表明前者是提高后者业绩的驱动因素，财务业绩是因果关系的最终指向。因果关系的建立实现了财务指标与非财务指标的有机结合，使企业可以对业绩进行全面的评价，也使得企业可以层层推进地找出最终财务结果在不同阶段的驱动因素，从而使企业能够将战略清晰地转化为具体的行动和措施，并且在客观上便于战略的沟通、实施与反馈。

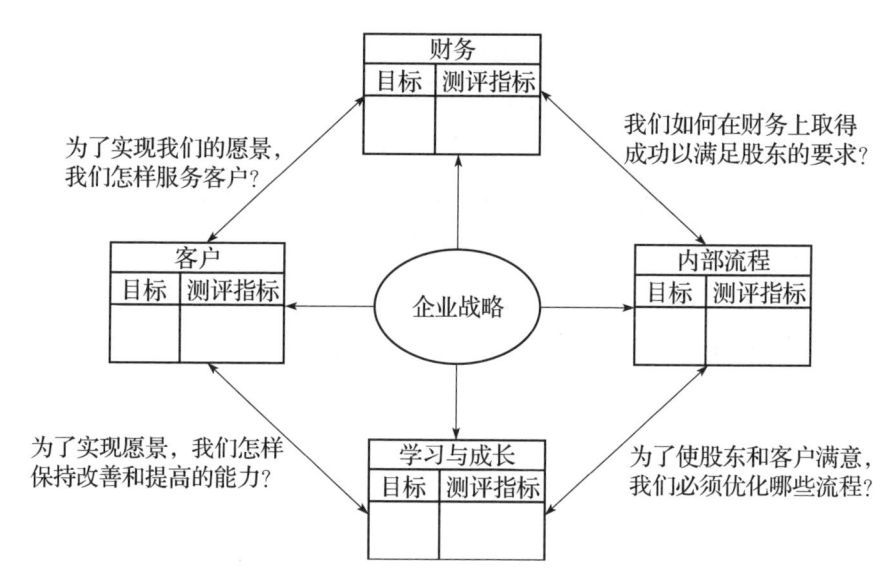

图 2-2　以企业战略为中心的平衡计分卡的四个维度

然而，建立在因果关系之上的业绩评价系统存在着局限性。1996 年诺顿和卡普兰提出，平衡计分卡既包括结果指标，也包含促成这些结果的先导性指标，并且这些指标之间存在因果关系。这一提法及后续的战略地图都暗含了平衡计分卡的一个基本假设，即从底层的组织学习与成长、内部流程，到上层的客户、财务之间存在着因果联系。所谓 X 事件和 Y 事件间存在因果关系，是指 X 事件先于 Y 事件发生，观察到 X 事件意味着 Y 事件也即将发生，且两者存在时间和空间上的相关性。然而就目前来讲，平衡计分卡中因果关系链成立的逻辑假设方面论证并不充足。

1. 时间序列与因果关系

卡普兰也曾经提到，战略目标应该分解到不同时段的预算目标中滚动实现，而平衡计分卡并没有考虑到时间维度，各维度的指标都是在同一个时间截面上选取的，这种因果关系如何得以证实？在战略地图中，不同的行动方案被简略列示在同一张图中，通过重重因果关系最终指向财务管理。但是这种图示上的箭头关系并不等于这些行动方案之间存在因果关系。

2. 指标取舍与因果关系

平衡计分卡在各维度是否应有所侧重、如何取舍选用指标等方面确有模糊之处。

3."动态性复杂"与因果关系

平衡计分卡中单向式的因果关系也存在着严重缺陷：它不能解决现实经济活动中大量存在的"动态性复杂"问题。如这样一个因果关系：提高服务质量→吸引更多顾客，但它并不能传递这样一个反向的重要信息：顾客多了会造成人手不足或为每位顾客服务时间减少，从而降低服务质量。单向因果关系也使得对利益相关者的考虑过于片面。关于平衡计分卡中的因果关系的可靠性、完整性、"时间延滞"问题仍在讨论之中。

此外，虽然平衡计分卡与战略地图能将企业的愿景、使命和发展战略与企业的业绩评价与管理系统联系起来，但是平衡计分卡与战略地图只适合构建企业层面的绩效管理体系，在向下进行分解的时候最多只能分解到部门，所以并不能把企业战略与员工个人绩效有效联系起来。由此可见，平衡计分卡并不是一个完美的战略绩效管理工具，而华为 BEM 模型通过将质量管理方法六西格玛引入战略执行领域，在一定程度上解决了这个问题。

二、战略绩效管理的实施

(一) 战略绩效管理系统的内容

战略绩效管理发展到现在，已经成为一个以企业战略为导向的绩效管理系统。战略绩效管理系统主要包括五个方面的内容：

（1）明确公司战略。主要包括企业使命、愿景与核心价值观、公司战略、业务战略、职能战略以及战略环境扫描等内容。明确公司战略主要是为下一步能够构建出对公司战略形成有效支撑的绩效管理系统，引导公司的各项经营活动始终围绕战略来展开，从而建立起战略中心型组织。

（2）建立绩效管理系统，落实责任机制。绩效管理系统主要包括战略KPI等绩效考核内容的设计，以及绩效计划、绩效实施、绩效考核、绩效回报等四个环节，即企业依据战略绩效管理制度对上一个业绩循环周期进行定期评估，对管理层和各岗位责任人进行绩效考核，并将考核结果与个人职业发展、能力提升以及薪酬福利等激励机制相挂钩。

（3）保持组织协同，包括纵向协同与横向协同。纵向协同主要是指公司目标、部门目标、岗位目标要保持纵向一致，强调指标的纵向分解，即上下级之间的沟通与协同；横向协同主要是指跨部门的目标通过流程的横向分解，强调平行部门或者平行岗位之间的沟通与协同。

（4）根据组织业绩目标与员工岗位业绩目标，建立任职资格系统与能力素质模型，提高组织和员工的战略执行能力。

（5）培育支持绩效管理的企业文化，特别需要做好绩效管理系统四个层面都必不可少的绩效辅导与绩效沟通两项工作。

（二）战略绩效管理实施步骤

1. 第一步：明确公司战略

公司实施战略绩效管理，首先要进行战略梳理，明确公司战略的主要工作就是战略问题确认、企业任务系统陈述。任务系统主要包括企业使命、愿景、核心价值观以及战略总目标。所谓企业使命，就是企业在社会、经济发展中所应担当的角色和责任，即企业存在的理由与价值，具有相对稳定性。愿景即企业希望自己未来是一个什么样的企业，是企业永远为之奋斗并希望实现的图景，它表明组织对未来的期望和追求。核心价值观就是企业判断是非的标准，即企业赞同什么、反对什么的标准，是企业所有员工行为的准则。战略总目标是企业使命的具体化，是企业追求的较大目标。

（1）公司战略。

公司战略也称为集团战略，主要描述企业的业务范围，现有业务组合及拟进入领域，采取增长、维持还是收缩的发展战略，产品地域和客户的选择，采取单一化、多元化、相关多元化还是无关多元化战略等。

（2）业务战略。

业务战略也称为竞争战略，主要描述各业务单元如何开展竞争，根据战略优势和市场范围，采取低成本、差异化还是集中化的竞争手段。

（3）职能战略。

职能战略主要描述通过哪些方面的努力来增强竞争力，如在财务、营销、人力资源、物流、生产、研发、采购等方面采取何种措施来支持和协同公司战略与业务战略。职能战略更强调具体、可操作性。

公司战略具有相对稳定性，在中长期内不会有太大的改变；业务战略需要随着市场竞争状况的变化及时调整；职能战略则是支持和协同公司战略与业务战略所采取的具体措施。

2. 第二步：绘制战略地图

明确公司战略后，将公司战略所包含的一连串假设转化为一系列具体的因果关系链，通过因果关系链绘制战略地图。战略地图绘制的思路就是用价值树模型的分解方法采用层层剖析的方法，将企业的战略目标（当然也可以是KPI指标，通常在这个阶段KPI指标还没有提炼出来，所以就用战略目标来描述企业的战略地图）按照财务、客户、内部流程、学习与成长四个维度的逻辑关系进行层层分解。战略地图把企业平衡计分卡上的不同的衡量性目标纳入一条因果关系链内，使企业希望达到的结果与这些结果的驱动因素联系起来。战略地图是对企业战略目标之间因果关系的可视化表示方法，它将平衡计分卡四个维度的目标集成在一起，描述企业战略及达成战略目标的路径。

（1）财务维度主要阐明了企业经营行为所产生的可衡量性财务结果，

体现了企业对股东价值的增值。

（2）客户维度的重点是企业期望获得的客户和细分市场，企业如何满足内部和外部客户的需求。

（3）内部流程维度的重点是为了吸引并留住目标市场的客户，并满足股东的财务回报率期望，企业必须优化什么核心经营流程，并符合企业的核心价值观导向。

（4）学习与成长维度的重点是为了获取这些突破性的业绩与成功，组织以及员工需要具备什么样的核心知识与创新精神。

平衡计分卡的每一个目标一般只需要两个绩效指标就能准确地表达其含义，可以设法将每个维度的目标控制在3个以内。卡普兰和诺顿认为，平衡计分卡的每个维度有4～7个指标就可以了，16～28个指标基本上能够满足需要。四个维度中，财务维度用3～4个指标，客户维度用5～8个指标，内部流程维度用5～10个指标，学习与成长维度用3～6个指标。

3. 第三步：战略主题识别与分解

运用职责分析法（function analysis system technique，FAST法）进行战略主题的识别与分解。企业价值链通常包括市场营销、产品开发、采购供应、生产经营、客户服务等核心价值链，除了核心价值链之外还有人力资源、财务、法律、行政后勤、企业文化等辅助价值链，可以循着核心价值链和辅助价值链对战略主题进行相关性识别并将其分解到各部门，从各部门中寻找到能够驱动战略主题与目标的关键因素。

4. 第四步：明确部门使命

明确部门使命时应当注意以下几点：

（1）部门使命不是部门所有职责的简单叠加，必须能高度概括部门的工作内容，明确部门的职责与目标。

（2）部门使命是各部门对公司战略的支撑，部门使命必须紧密围绕公司的目标。

（3）部门使命着重在于描述部门的价值、意义、定位与作用。明确部门使命的过程是与各部门主管反复磋商研讨的过程，部门使命必须让每个部门主管认可，明确部门使命是为第七步落实公司及各部门指标打下良好基础。

（4）需要对公司的价值链流程进行优化与组织架构梳理。明确部门使命、流程优化、组织架构梳理是同时进行的。

5. 第五步：用价值树模型寻找因果关系

利用价值树模型寻找出流程与战略主题之间的因果关系。因果关系分析最合适的工具是价值树模型。价值树模型是在目标（或指标）之间寻找对应的逻辑关系，分别列出公司战略地图中的衡量性目标及对应的KPI，以及驱动这些指标的关键驱动流程及对应的关键流程绩效指标。需要澄清的内容有：战略主题、能够衡量战略主题的KPI、关键驱动流程及对应的关键流程绩效指标。

6. 第六步：建立因果关系分析表

通过价值树模型分析后，原来看似杂乱无章的指标之间就建立了因果关系。这时可以将指标放入平衡计分卡中，用指标来描述公司的战略地图（第二步中是用目标来描述的）。经过上一步的价值树模型建立因果关系后，根据价值树模型中的滞后/驱动性指标的对应关系，可以在因果关系分析表中填写相对应的滞后/驱动性指标。

7. 第七步：落实公司及各部门指标

部门是实现公司战略的各承接主体，在部门指标设计时要依据平衡计分卡的思想，对企业战略实现的结果和过程同样关注，分年度指标与月度指标（也可能是季度指标、半年度指标）等进行综合设计。最后明确哪些指标放到公司层面考核，哪些指标放到部门层面考核。一般而言，结果性指标（也称为滞后性指标）放到公司层面考核，以年度考核为主；过程性指标（也称为驱动性指标）放到部门层面考核，以月度（季度、半年度）考核为主。

8. 第八步：指标要素设计

无论是公司层面指标还是部门层面指标，都是由公司内部具体的岗位来承担，因此，具体岗位的指标要素设计是构建战略绩效体系的重中之重，岗位指标的设计必须根据组织层级、职位序列及职位种类，与公司战略、部门职责、岗位职责和业务流程充分相结合，同时保证考核指标是岗位主体通过努力可以达成和实现的。一般来说，指标要素所涉及的内容有：岗位绩效考核表的设计（有些公司称为 KPI 协议书、岗位目标责任书、岗位合约、绩效合约等，考核表的具体名称可根据公司需要而定）、考核指标的内容设计。目前，比较流行的岗位绩效考核表的设计主要是将定量指标 KPI、定性指标 GS（goal setting，工作目标设定）、能力素质指标（competency indicator，CI）相结合（当然每家企业都可以根据其需要来设计岗位绩效考核表）。考核指标的内容包括：指标编号、指标名称、指标定义、考核评分标准、指标的目标值、指标设定目的、责任人、数据来源、考核周期、指标的权重分配以及计分方法等。

三、战略绩效管理的实施：以华为和华润为例

（一）华为基于 BEM 的战略绩效管理

1. 什么是基于 BEM 的战略绩效管理

BEM 即业务战略执行力模型（business strategy execution model），是华为通过将六西格玛质量管理的方法融入"战略－执行"体系，进而发展出的一种新型战略绩效管理工具。BEM 的内核与特色是"战略解码"，即通过对组织战略进行逐层的逻辑解码，导出可衡量和管理战略的 KPI 以及可执行的重点工作和改进项目，并采用系统有效的运营管理方法，确保战略目标达成。

2. BEM 与六西格玛

要厘清 BEM 中的战略解码逻辑，就有必要理解其解码逻辑的理念源头——六西格玛及其与 BEM 的联系。

六西格玛是以追求精细管理为目的的一种质量管理体系，其内涵可以从理念和方法两个角度来理解：首先，六西格玛是一种追求以客户为中心的理念，即企业在寻求质量改进机会时不能面面俱到，应将重点放在客户最关心、对质量有重大影响的事情上，根据客户需求不断改进工作。其次，六西格玛是基于数据的决策方法，强调用数据说话，而不是凭直觉或经验行事。

六西格玛内涵的具体体现便是其独特的 DAMIC 方法（见图 2-3）。

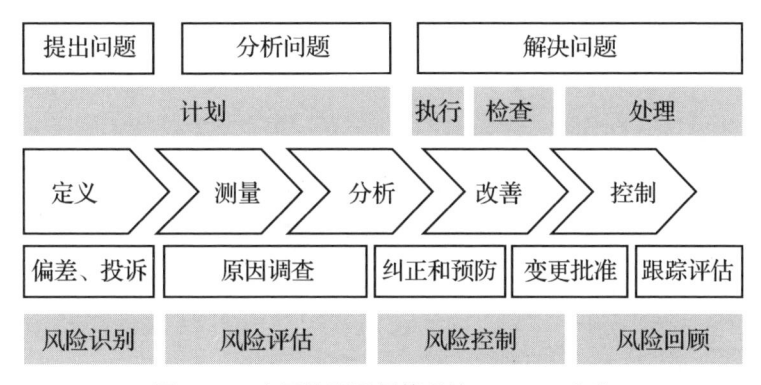

图 2-3　六西格玛质量管理的 DMAIC 方法

（1）定义（define）。

界定核心流程和关键顾客，找出对客户来说最重要的事项，即品质关键要素（critical to quality，CTQ）。在此基础上制定团队章程，以及核心事业流程。

（2）测量（measure）。

找出关键变量，为流程中的瑕疵制定衡量标准。

（3）分析（analyze）。

探究瑕疵发生的根本原因。运用统计分析，检测影响结果的潜在变量，找出产生瑕疵的最重要根源，所运用的工具包含各类统计分析工具。

（4）改善（improve）。

找出提升关键指标和质量特性的最佳解决方案，然后拟订行动计划，确实执行。这个步骤需不断测试，以观察改善方案是否真能发挥效用。

(5) 控制 (control)。

不断测量，确保改善的持续性，避免瑕疵再度发生。在六西格玛改进中，控制是长期改善品质与成本的关键。

从本质上来说，DMAIC 的过程就是以客户的需求为出发点，不断寻找并筛选对结果造成显著影响的关键成功因素（critical success factors, CSF）的过程。如果把想要改变的 CTQ 视作因变量 Y，那么 DMAIC 的核心就是要建立起 Y 与影响 Y 的各种因素之间的量化关系，通过相关分析、回归分析、试验设计、方差分析等统计工具，建立一个明确的函数公式：$Y=f(X_1, X_2, \cdots, X_n)$，并从中筛选出最为关键的几个因素，对其进行管理控制（见图 2-4）。

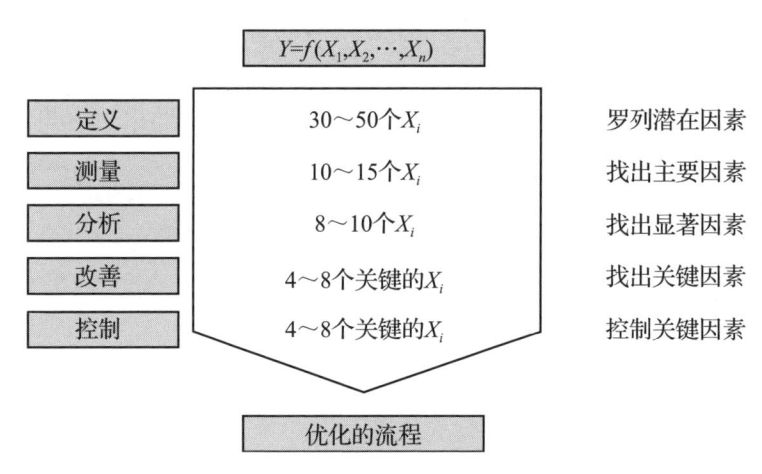

```
                    Y=f(X₁,X₂,…,Xₙ)
  ┌──────┐      ┌──────────────────┐
  │ 定义 │─────▶│    30～50个 Xᵢ    │────▶ 罗列潜在因素
  └──────┘      ├──────────────────┤
  ┌──────┐      │                  │
  │ 测量 │─────▶│    10～15个 Xᵢ    │────▶ 找出主要因素
  └──────┘      ├──────────────────┤
  ┌──────┐      │                  │
  │ 分析 │─────▶│    8～10个 Xᵢ     │────▶ 找出显著因素
  └──────┘      ├──────────────────┤
  ┌──────┐      │                  │
  │ 改善 │─────▶│   4～8个关键的Xᵢ   │────▶ 找出关键因素
  └──────┘      ├──────────────────┤
  ┌──────┐      │                  │
  │ 控制 │─────▶│   4～8个关键的Xᵢ   │────▶ 控制关键因素
  └──────┘      └────────┬─────────┘
                         ▼
                   ┌──────────┐
                   │ 优化的流程 │
                   └──────────┘
```

图 2-4　六西格玛质量管理的关键成功因素筛选过程

BEM 所借鉴的正是这种以客户需求为出发点，同时建立在统计学基础上的指标选取方法，这种指标选取方法在 BEM 的战略解码并执行闭环中体现得尤为突出。通过这种战略解码方法，可以有效避免传统战略绩效管理方法在进行战略分解时因果关系的模糊性和时滞性，从而保证最终分解出来的 KPI 和重点工作能够支撑组织战略目标的实现。

3. BEM 的实施步骤

以战略解码与落地为根本目的，BEM 的实施包括两个阶段：第一阶段是战略导出 CSF&KPI，第二阶段是战略解码并执行闭环。每个阶段又各自包含三个步骤，具体内容如图 2-5 所示。

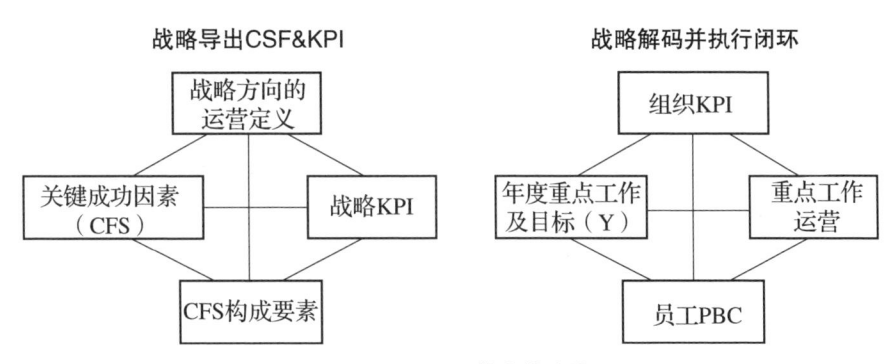

图 2-5　BEM 的实施步骤

（1）第一阶段：战略导出 CSF & KPI。

战略导出 CSF & KPI 阶段回答了战略的内涵是什么、战略实现的关键要素有哪些、这些要素通过哪些指标进行衡量的问题。这一阶段需要经历三个步骤：明确战略方向及其运营定义、导出 CSF 并制定战略地图、导出战略 KPI。实施路径如图 2-6 所示。

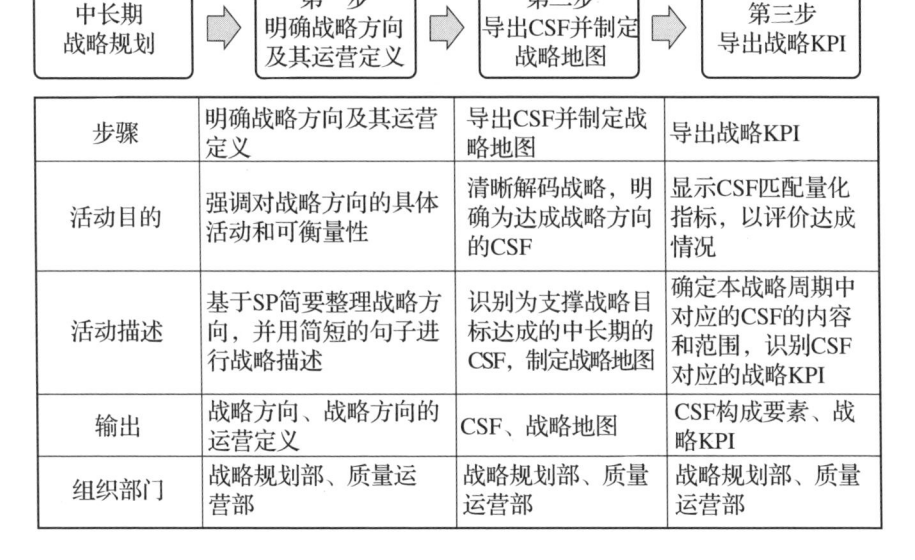

步骤	明确战略方向及其运营定义	导出CSF并制定战略地图	导出战略KPI
活动目的	强调对战略方向的具体活动和可衡量性	清晰解码战略，明确为达成战略方向的CSF	显示CSF匹配量化指标，以评价达成情况
活动描述	基于SP简要整理战略方向，并用简短的句子进行战略描述	识别为支撑战略目标达成的中长期的CSF，制定战略地图	确定本战略周期中对应的CSF的内容和范围，识别CSF对应的战略KPI
输出	战略方向、战略方向的运营定义	CSF、战略地图	CSF构成要素、战略KPI
组织部门	战略规划部、质量运营部	战略规划部、质量运营部	战略规划部、质量运营部

图 2-6　战略导出 CSF & KPI 的实施路径

1）第一步，明确战略方向及其运营定义。

这一步骤是对战略的初步解码，目的是通过清晰的战略描述，使组织上下对战略的内涵达成清晰的共识（见图2-7）。

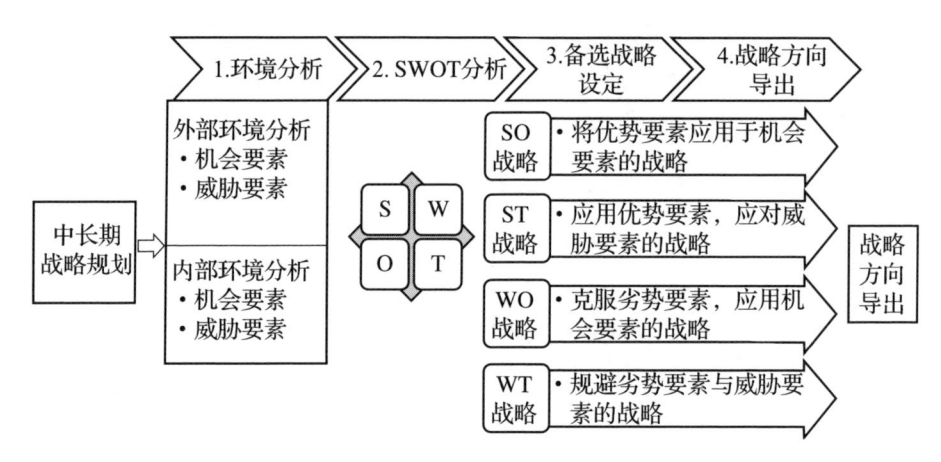

图 2-7 战略方向导出的步骤

在进行战略解码之前，我们假设组织已经有了明确的中长期战略规划（SP），并设定了未来一定时期内的经营目标。在这个假设基础之上，首先需要基于中长期战略规划和经营目标，采用头脑风暴或是SWOT分析提炼出战略方向，并用简短的句子形成战略描述，形成战略方向的运营定义。

战略方向是为牵引组织达成战略目标而给出的方向性指引，是对战略规划的进一步解读与描述，通常采用一个含义明确的短语进行描述，如"有效增长"，以便于在组织内部进行移植理解和便捷沟通，帮助组织内成员达成战略共识。

为了避免在层层传导的过程中发生对战略方向的理解偏差，还需要对提炼出的战略方向进行运营定义。战略方向的运营定义是对战略方向的具体化、可衡量的描述，以保证对战略方向的范围、内涵做出一致、准确的定义。战略方向及其运营定义示例如表2-2所示。

表 2-2 战略方向及其运营定义示例

战略方向	战略方向的运营定义
有效增长	1.通过为客户提供创新和集成的解决方案，持续提升客户满意度，实现差异化、精细化的格局管理； 2.打造中欧两个本土市场，亚非拉成熟市场做厚，浅开发市场快速增长； 3.实现固定宽带业务市场份额第 × 位，移动宽带业务市场份额第 × 位，收入增速达到行业 × 倍，收入年增长 ×%。贡献利润率 ×%。
卓越运营	1.通过流程集成，加大对一线的授权及授权后的管理与监督，完善管控模式，促进组织间协同，优化区域组织结构，健全全球整合型组织，提升合同质量，促进契约化交付，实现年度营业与管理费用（SG&A）减少 ×%； 2.通过"赋"与"促动"，创造一个能让员工相互协作、自主解决问题的轻松环境，激发员工积极性，使员工勇于担责。
引领行业	1.通过打造管理操作系统，分段投入 SoftCOM，构筑未来控制点和领先优势； 2.优化与客户做生意的方式，将价值构筑在软件与服务上，把软件和服务打造成核心竞争力； 3.主动开展产业链管理，构建有效竞争及利益分配的商业生态环境，帮助运营商做大蛋糕。

2）第二步，导出 CSF 并制定战略地图。

经过第一步的工作后，组织的战略方向及其内涵已经变得明晰，接下来要做的就是对战略进行更深一层的解码——识别出要达成的组织战略目标，需要组织重点管理的以确保竞争优势的 CSF（见表 2-3），并据此构建出组织达成战略目标的成功路径图——战略地图，并通过战略地图对 CSF 之间的因果逻辑关系、对战略目标的支撑度进行检验。

表 2-3 CSF 示例

财务	企业价值增大	利润最大化	销售增长	成本降低	资产利用率最大化
客户	市场份额提升	产品价值最大化	提升品牌形象	建立与客户/渠道的密切联系	品质提升
内部流程	研发符合客户需求的新产品	建立高品质柔性的市场机制	采购流程效率提升	交期管理改善	供应链管理优化
学习与成长	全球人才培养	构建先进企业文化	知识管理	构建技术壁垒	IT 基础扩大

3）第三步，导出战略 KPI。

在导出的 CSF 经检验确认之后，就可以进行下一步——对 CSF 进行解码，导出要实现 CSF 需要做到的更具体化的战略 KPI。导出战略 KPI 流程如图 2-8 所示。

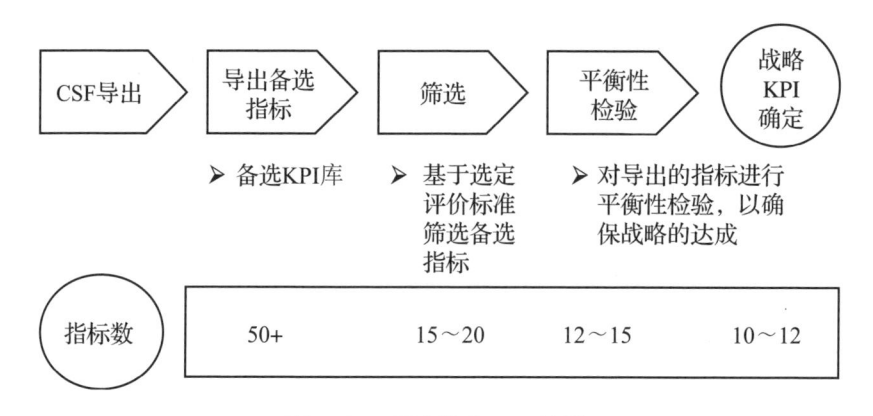

图 2-8 导出战略 KPI 流程

具体地，导出战略 KPI 的步骤如下：

第一，判断 CSF 是否易于理解。若 CSF 非常明确且易于理解，则直接导出战略 KPI；若是 CSF 含义不够明确，则进入下一步。

利用IPOO方法对CSF进行解读，即基于流程，从投入（input）、流程（process）、结果（output）、收益（outcome）四个角度展开CSF，得出CSF的构成要素（见表2-4）。

表 2-4　CSF 的构成要素

IPOO	CSF 构成要素
投入	一般包含资源
流程	从战略的视角看影响CSF达成的关键活动、过程是什么
结果	基于流程视角看流程的直接输出，例如一个产品、一个制度，或客户满意度
收益	基于内外部客户视角看收益，例如经济结果、客户感受、品牌增值等

在CSF构成要素分解中，需要注意：CSF构成要素一般用动宾短语进行表达，如"构筑商业解决方案专家能力知识体系"。在CSF构成要素中添加一些方向性的词汇，如"提升""缩短""构建"等。CSF的构成要素数量不能太多，一个CSF的构成要素以5个以内为宜。财务、客户、内部流程和学习与成长四个维度的CSF导出角度各有侧重：财务维度CSF一般由收益导出，客户维度CSF一般由结果、收益导出，内部流程维度和学习与成长维度一般由投入、流程、结果、收益共同导出。CSF构成要素分解示例如表2-5所示。

表 2-5　CSF 构成要素分解示例

战略方向	战略方向的运营定义	CSF	IPOO	CSF 构成要素
有效增长	中国、中东、非洲、西欧服务格局的形成	提升市场价值	投入	匹配客户需求的解决方案
				专业的服务拓展人员到位
			流程	规范项目运作管理
				改善客户关系

续表

战略方向	战略方向的运营定义	CSF	IPOO	CSF 构成要素
有效增长	中国、中东、非洲、西欧服务格局的形成	提升市场价值	结果	获取价值客户合同
				竞争项目的胜利
			收益	价值市场份额提升
				订货增加
				利润改善

第二，基于 CSF 构成要素导出备选 KPI（见表 2-6）。即对每个 CSF 的衡量指标进行判断和确定，导出备选 KPI，形成备选 KPI 库。

表 2-6 备选 KPI 导出示例

战略方向	战略方向的运营定义	CSF	IPOO	CSF 构成要素	备选 KPI
有效增长	中国、中东、非洲、西欧服务格局的形成	提升市场价值	投入	匹配客户需求的解决方案	客户需求包满意率
					技术标排名
				专业的服务拓展人员到位	专家到位率
			流程	规范项目运作管理	流程符合度
				改善客户关系	客户满意度
					SSPR 完成率
			结果	获取价值客户合同	签单率
				竞争项目的胜利	战略/山头目标完成率
			收益	价值市场份额提升	价值市场份额占比
				订货增加	订货
				利润改善	销售毛利

第三，对备选 KPI 进行评估、筛选与检验，导出最终战略 KPI。

这一步骤可以分以下部分来执行：

首先，基于战略相关性、可测量性、可控性与可激发性四个评价标准（见图 2-9）对备选 KPI 进行评估、打分，将各标准下的得分进行加总，得到每个备选 KPI 的最终得分（见表 2-7）。

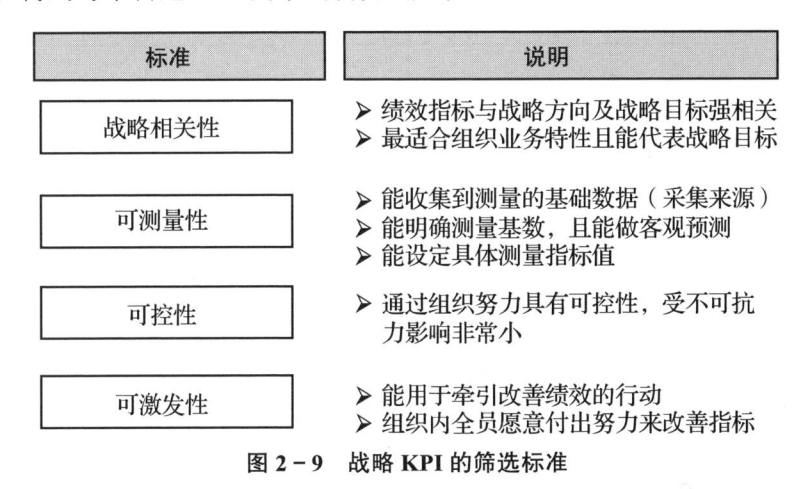

标准	说明
战略相关性	➢ 绩效指标与战略方向及战略目标强相关 ➢ 最适合组织业务特性且能代表战略目标
可测量性	➢ 能收集到测量的基础数据（采集来源） ➢ 能明确测量基数，且能做客观预测 ➢ 能设定具体测量指标值
可控性	➢ 通过组织努力具有可控性，受不可抗力影响非常小
可激发性	➢ 能用于牵引改善绩效的行动 ➢ 组织内全员愿意付出努力来改善指标

图 2-9　战略 KPI 的筛选标准

其次，基于最终得分对备选 KPI 进行排序，选择排名前 30%～40% 的指标，根据平衡计分卡的四个维度检验其平衡性，最终筛选出 10% 左右的指标作为最终战略 KPI。

（2）第二阶段：战略解码并执行闭环。

战略解码并执行闭环阶段回答了要想把握战略实现的要素应该如何做的问题。相较于第一阶段的解码，第二阶段解码与战略落地执行的关联更为密切。这一阶段需要经历三个步骤：CTQ-Y 导出、CTQ-Y 分解和重点工作导出。实施路径如图 2-10 所示。

1）第一步，CTQ-Y 导出。

由于 CSF 是基于战略分解得出的，承袭了战略偏长期性、相对稳定的特点，无法直接承载落实到每年、每月甚至每天的战略落地执行活动。因此，需要基于业务现状与客户诉求，对 CSF 进行进一步分解，导出 CSF 下一层级的 CTQ 和与之相对应的衡量指标 Y，以对每年的战略执行活动进行更为具体的指导。

表 2-7 备选 KPI 的评估示例

战略方向	战略方向的运营定义	CSF	IPOO	CSF 构成要素	备选 KPI	评价标准				分数
						战略相关性	可测量性	可控性	可激发性	
有效增长	中国、中东、非洲、西欧服务格局形成	提升市场价值	投入	匹配客户需求的解决方案	客户需求包满意率	3	3	3	9	18
				专业的服务拓展人员到位	技术标排名	3	3	1	3	10
			流程	规范项目运作管理	专家到位率	1	9	3	3	16
				改善客户关系	流程符合度	1	3	9	3	16
					客户满意度	1	3	1	3	8
			结果	获取价值客户合同	SSPR 完成率	1	3	9	1	14
				竞争项目的胜利	签单率	3	9	3	3	18
			收益	价值市场份额提升	战略/山头目标完成率	9	3	3	9	24
					价值市场份额占比	9	3	3	9	24
				订货增加	订货	1	9	3	1	14
				利润改善	销售毛利	3	9	3	1	16

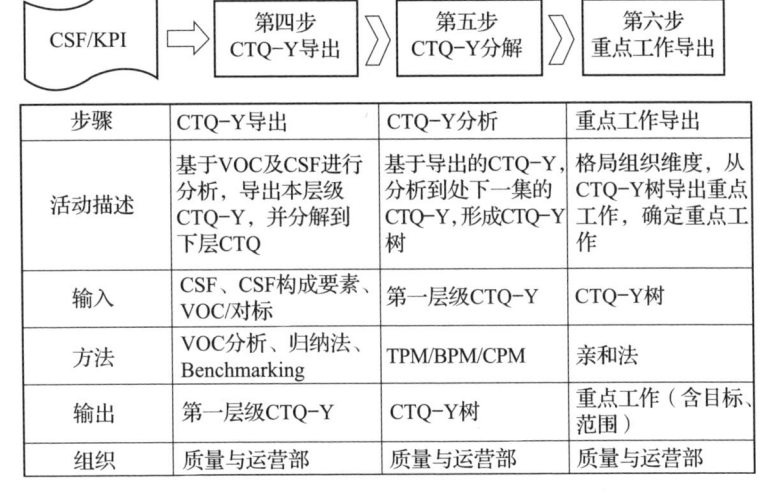

步骤	CTQ-Y导出	CTQ-Y分析	重点工作导出
活动描述	基于VOC及CSF进行分析，导出本层级CTQ-Y，并分解到下层CTQ	基于导出的CTQ-Y，分析到处下一集的CTQ-Y，形成CTQ-Y树	格局组织维度，从CTQ-Y树导出重点工作，确定重点工作
输入	CSF、CSF构成要素、VOC/对标	第一层级CTQ-Y	CTQ-Y树
方法	VOC分析、归纳法、Benchmarking	TPM/BPM/CPM	亲和法
输出	第一层级CTQ-Y	CTQ-Y树	重点工作（含目标、范围）
组织	质量与运营部	质量与运营部	质量与运营部

图 2-10 战略解码并执行闭环的实施路径

CTQ 是为支持战略达成，从客户和经营角度，针对流程和流程输出结果提出的达成当年业务所需改进的关键点。CTQ 是 CSF 的下一级支撑，通常以年度为单位，以识别当年影响战略目标达成的业务关键改进点为分解目的。在同样的 CSF 下，每年的业务痛点和短板可能有所不同，相应地，每年的 CTQ 也要随需而变。

CTQ-Y 导出的具体步骤如下：

第一，基于 CSF 和 KPI 进行现状分析，将现状与战略描述的理想状况进行对比，确定现状与理想状况之间的差距。

第二，收集内外部客户的诉求信息（voice of customer，VOC），如上级组织的要求及期望、客户满意度报告等，识别导致差距的关键问题，导出每个 CSF 对应的关键诉求（CCR）。

第三，对核心诉求进行求和，基于关键诉求对业务提出的要求，明确当年业务需要改进的关键点，导出备选 CTQ。

第四，采用因果矩阵对备选 CTQ 与 CSF 进行关联检验，基于对 CSF 的支撑性和重要程度对备选 CTQ 进行筛选，确定第一层级的 CTQ。

第五，以 CTQ 所对应的 CSF 的战略 KPI 为依据，确定 CTQ 的衡量指标 Y。

CTQ-Y 的导出过程示例见表 2-8。

表 2-8　CTQ-Y 的导出过程示例

精确方向	CSF	CSF 构成要素	战略KPI	现状及差距分析	关键诉求	CTQ	Y
卓越运营：通过优化投资组合主流程，全面贯通，资源整合，打造，促进产业和定合同履行周期，实现经营效率提升，项目经营效率提升	产品配置，确定合同履行周期	信息技术外包（ITO）实现"5个1"目标： 1. 合同前处理时间缩短到1天； 2. 所有产品确认到发货时间为1周； 3. 所有产品从订单确认到客户指定地点时间为1月； 4. 站点交付到验收时间为1个月； 5. 软件从客户下订单到下载准备时间为1分钟	管理费用	一、ITO周期为×××天，最长×××天 1. 合同前处理时间××天 2. 从确认到发货准备×～×周 3. 从订单确认到发送达客户指定地点：××天（深供直发），×～×周（提前囤货） 4. 从设备进站到验收×××天 5. 从订单到软件下载准备×～×天 二、公司在一线推行了不少变革项目，但都是各领域的自发变革，缺公司层面统一目标 三、存在以下原因导致ITO周期超长 1. 缺乏产品包设计：产品标准化不足，影响交付效率 2. 配置全流程打通：全流程多业务环节之间进行配置转换，配置转换复杂，处理环节多，一线运作低效 3. 计划不集成：项目计划无法良好驱动供应	1. ITO平均周期缩短，偏差变小 2. 通过配置全流程打通，系统性开展变革项目	构建领先运营效率的基础"5个1"	Y1：ITO（ITO平均方差） Y2："5个1"分析段设计达成率

在 CTQ-Y 的导出过程中，我们需要注意以下几点：通常一个 CSF 导出 1~3 个 CTQ；导出 CTQ-Y 时，要从业务角度考虑；CTQ 要以主谓或动宾式短语进行描述。

2）第二步，CTQ-Y 分解。

为了使得组织中每个层级的每位员工的工作都紧紧围绕 CTQ-Y 进行，需要对第一层级的 CTQ-Y 进行自上而下的分解（见图 2-11），为每个层级的员工明确属于该层级的 CTQ-Y。

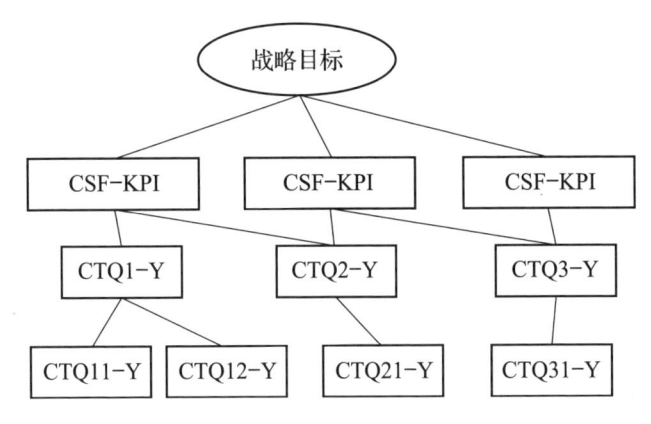

图 2-11　CTQ-Y 层层分解形成的 CTQ-Y 树

在 CTQ-Y 的分解过程中，一般采取 MECB、So What & Why So、Logic Tree 三种思路对分解过程进行指导和控制，对应的辅助工具为 TPM、CPM 和 BPM。具体内容如图 2-12 所示。

3）第三步，重点工作导出。

重点工作是指针对业务改进关键点的可量化、可衡量的行动计划，是实现战略执行的最终形式，每项重点工作可以对应一个或多个 CTQ-Y（见图 2-13）。

这一步除了明确重点工作之外，还要将重点工作落实到部门和个人层面。

PBC（personal business commitments，个人业务承诺）是这个阶段明确个人绩效目标的工具，它描述的是与员工岗位职责（或角色要求）

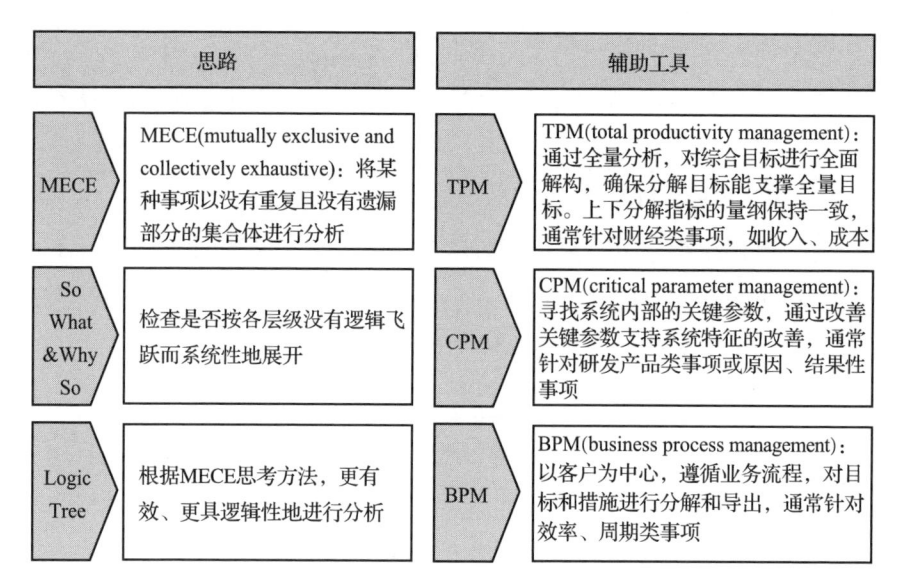

思路		辅助工具	
MECE	MECE(mutually exclusive and collectively exhaustive)：将某种事项以没有重复且没有遗漏部分的集合体进行分析	TPM	TPM(total productivity management)：通过全量分析，对综合目标进行全面解构，确保分解目标能支撑全量目标。上下分解指标的量纲保持一致，通常针对财经类事项，如收入、成本
So What &Why So	检查是否按各层级没有逻辑飞跃而系统性地展开	CPM	CPM(critical parameter management)：寻找系统内部的关键参数，通过改善关键参数支持系统特征的改善，通常针对研发产品类事项或原因、结果性事项
Logic Tree	根据MECE思考方法，更有效、更具逻辑性地进行分析	BPM	BPM(business process management)：以客户为中心，遵循业务流程，对目标和措施进行分解和导出，通常针对效率、周期类事项

图 2-12　CTQ-Y 的分解思路及辅助工具

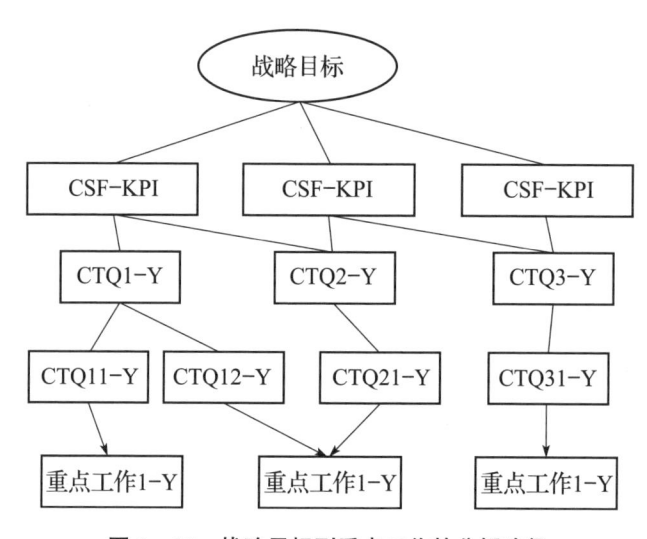

图 2-13　战略目标到重点工作的分解路径

相关的关键绩效目标。PBC 的内容结构包括个人目标承诺、人员管理目标承诺和个人能力提升计划三个部分。

个人目标承诺包括：个人业务目标承诺，如市场目标、客户覆盖率、高层客户管理等；个人重点关注的项目，如重点交付项目，若个人全年只负责一个重点项目，那该项目的完成情况就是其全部的 KPI；年度组织建设与管理改进目标。

人员管理目标承诺适用于管理者。管理者需要根据组织面临的挑战去设定人员管理目标，包括人才培养、人才引入、知识共享、知识建设等。

个人能力提升计划罗列出个人需要进行能力提升的方面，如英语能力提升目标等。

当战略经过多轮解码最终落实为每位员工的 PBC 后，整个组织的战略就分解为一个个具体的绩效目标设置和重点工作计划，实现了组织战略的落地。

(二) 华润基于战略管控的绩效管理

1. 6S 战略绩效管理体系

6S 是华润集团提出的一种战略管理体系，它将华润集团的多元化业务与资产划分为各级业务单元进行专业管理，以战略管控为核心，通过战略构建、战略落实、战略监控和战略执行四类工具形成的管理闭环，实现各级业务单元战略落地。

从根本上来说，我们可以把 6S 理解为一种战略绩效管理体系。同为战略绩效管理体系，BEM 的特色在于战略解码，即将组织战略进行层层解码，使组织战略最终落实到个人层面的 PBC，实现自上而下的战略一致性，达成战略落地。6S 的特色则在于战略管控，即通过各种途径对组织战略进行管控，保证组织的各项活动不偏离战略的主航道，这里的途径不仅限于通过战略解码达成组织自上而下的战略共识，还包括对战略的监控与评价。因此，相比 BEM，6S 的系统性更强，为企业战略绩效管理的体系设计提供了一个更为完整的思路。

在 6S 管理体系下，组织遵循"战略规划—商业计划—管理报告—战略审计—战略评价—经理人评价"的管理逻辑链条，对制定出的战略规划进行层层解码，通过商业计划将其落地为各项管理指标在组织内全方位的细分，使用管理报告和战略审计两种监督方式实现过程监督和控制，并最终对战略实现情况和经理人的工作进行评价。6S管理体系的具体内容如图2-14所示。

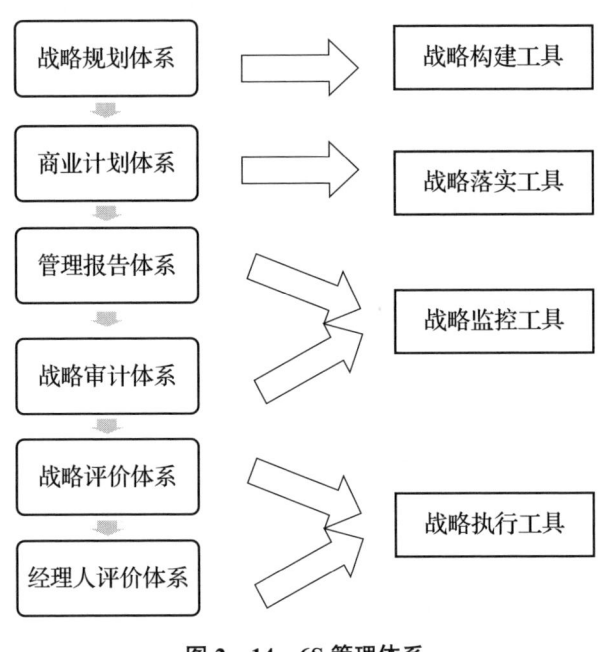

图2-14 6S管理体系

（1）战略规划体系。

战略规划体系是指通过系统的方法和流程，明确业务单元的发展方向、中长期战略目标和重大战略举措（见图2-15）。

（2）商业计划体系。

商业计划体系是对战略举措进行分解，制订行动计划和预算，落实战略举措，内容包括详尽的年度经营计划（通常为月度，有明确的责任人、递交物／里程碑、递交时间）、年度投资计划（含股权投资和重大固定投资资产）和年度财务预算。

```
┌──────────────┐
│ 公司业务回顾 ├──▶ 五年公司战略
└──────────────┘
```

- 商业模式、价值链分析等
- 上年度预算执行情况（财务预算和关键战略举措执行情况）
- 关键事项说明

- 何处竞争：行业分析（市场规模分析、竞争者分析、消费者/客户分析、SWOT分析）
- 如何竞争：五年战略规划（战略议题数、五年战略分析）
- 何时竞争：五年战略里程碑

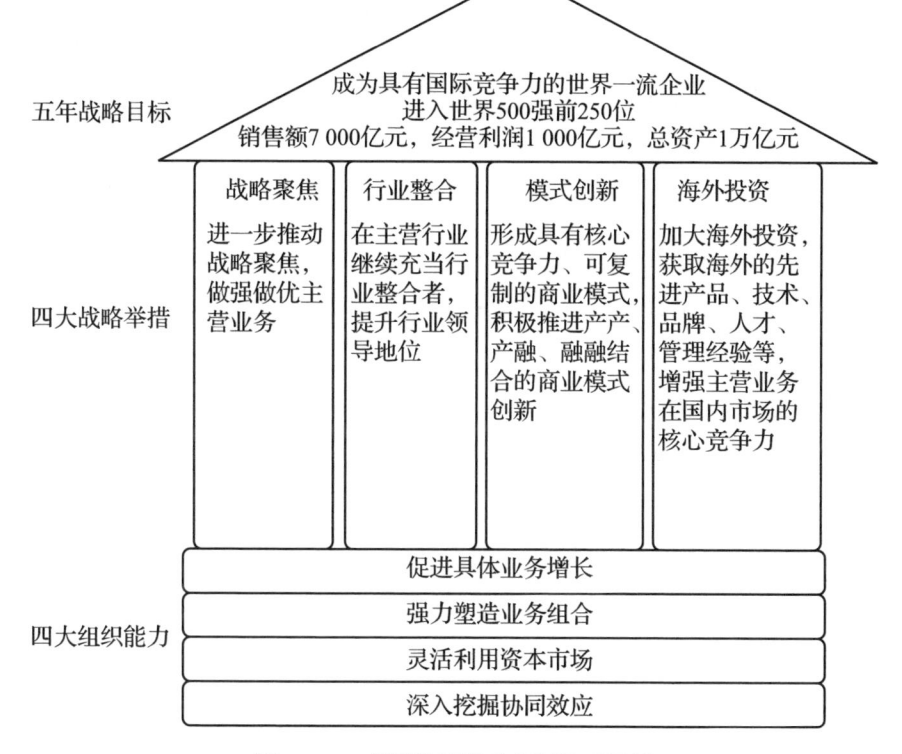

五年战略目标

成为具有国际竞争力的世界一流企业
进入世界500强前250位
销售额7 000亿元，经营利润1 000亿元，总资产1万亿元

四大战略举措

战略聚焦	行业整合	模式创新	海外投资
进一步推动战略聚焦，做强做优主营业务	在主营行业继续充当行业整合者，提升行业领导地位	形成具有核心竞争力、可复制的商业模式，积极推进产产、产融、融融结合的商业模式创新	加大海外投资，获取海外的先进产品、技术、品牌、人才、管理经验等，增强主营业务在国内市场的核心竞争力

四大组织能力

- 促进具体业务增长
- 强力塑造业务组合
- 灵活利用资本市场
- 深入挖掘协同效应

图2-15　华润集团战略规划体系示例

（3）管理报告体系。

管理报告体系是战略执行的重要监督工具和组织重大决策的依据，借助各种举措，包括行业政策解读、财务指标及运营指标分析、主体研究、竞争对手对标、行动方案落实跟踪、管理创新协同跟进自评项目，对战略执行的过程和结果进行监控和分析。

（4）战略审计体系。

战略审计体系是指通过对战略的推进实施、预算完成情况、管理报告的真实性与可靠性进行审核、检查、评价和监督，为业绩考核和经理人评价提供依据，促进企业改善营运效率和效益，协助企业进行有效的战略管理。

（5）战略评价体系。

战略评价体系是指通过构建出战略评价的指标体系，从中挑选出具体的评价指标和方法纳入业绩合同中，并基于不同的考核周期对战略的实现状况进行评价。

（6）经理人评价体系。

经理人评价是指多维度、多形式、持续地对经理人做出业绩评估、适任性判断和价值评价，并基于评价结果对经理人进行考核奖惩和给出职业发展建议。

2.6 S 的实施步骤

（1）第一步：构建战略规划。

1）构建战略规划的责任主体。

在构建战略规划的过程中，为保证战略一致性和各利润中心战略的系统性，责任主体由集团和利润中心共同构成，集团和利润中心共同负责战略的制定、审议和调整。其中，集团更侧重于业务战略的战略核准，利润中心更侧重于业务战略的细化。

2）构建战略规划的步骤：

第一步，确定使命和愿景目标；

第二步，进行市场及竞争力分析，评估业务优先级，明确在何处竞争；

第三步，决定战略立场，明确如何竞争；

第四步，决定各业务投资优先顺序，明确何时竞争；

第五步，预测财务投资，明确财务汇报。

以上步骤可以根据需要滚动进行。

3）构建战略规划的基本思路。

在构建战略规划时，需要遵循三个基本原则：战略构建的多维度细化；战略执行的因果关系链和相互驱动；财务、客户、内部流程、学习与成长维度的战略一致性。为了在战略规划中更好地遵循以上原则，华润引入了平衡计分卡和战略地图。

（2）第二步：制订商业计划。

在战略规划经过多轮滚动制定完成之后，需要以落地为目标，遵循商业逻辑和管理原则对组织战略进行进一步细化，这一任务主要通过制订商业计划来达成。商业计划格式示例如表2-9所示。

商业计划战略实施和落实的工具，是一整套行动计划体系。具体说来，它是对战略规划中近期（尤其是下一年）战略举措的细化，包括详尽的年度经营计划（通常为月度，有明确的责任人、递交物/里程碑以及递交时间）、年度投资计划（包含股权投资和重大固定资产投资）和年度财务预算。其价值不在于最后得到的报告结果，而在于系统性研究及思考组织应该如何经营以实现战略目标的过程。

商业计划的一般编制流程如下：

1）集团发布商业计划编制通知，内容包括集团各职能部门对商业计划编制工作的要求；

2）各级业务单元根据集团的总体要求和上级要求，编制商业计划初稿；

3）集团业务战略和商业计划审核小组听取各业务单元、一级利润中心的商业计划汇报；

4）集团各职能部室根据审核小组的意见，起草商业计划批复；

5）董事会审核通过商业计划及批复。

表 2-9　商业计划格式示例

使命	愿景	战略	战略图	维度	目标	评价指标	目标值	行动	里程碑	责任人	经营与资本预算
			F1→F2；C1；P1→C1；P2→C1；L4→P1,P2	财务							
				客户							
				内部流程							
				学习与成长							

在制订商业计划时，需要注意以下六点：

1）战略导向，以年度战略检讨为基础。

2）强调一致性，关注商业计划与战略的一致。

3）将战略目标细化和分解至年度商业计划目标。

4）过程导向，强调商业计划书的编制及其过程。商业计划书应包括以下内容：行业、竞争者、消费者／客户分析；内部竞争能力分析；发现问题、解决问题和学习成长的过程。

5）关注行动计划的制订和实施。

6）覆盖业务与管理的各个环节，包括：战略管理、财务管理、运营管理、人力资源管理、信息管理。

（3）第三步：制定管理报告。

在商业计划把各项战略举措落实到具体的行动计划之后，组织就开始依据行动计划进行各项战略执行活动。在战略执行的过程中，为了对执行状况进行跟踪与监督，收集内外部信息为管理决策提供依据，为组织内部信息沟通提供便利，需要运用到管理报告体系。

管理报告体系是战略执行的重要监督工具和组织重大决策的依据，借助各种举措，包括行业政策解读、财务指标及运营指标分析、主体研究、竞争对手对标、行动方案落实跟踪、管理创新协同跟进自评项目，对战略执行的过程和结果进行监控和分析。

1）管理报告体系的功能和特点。

第一，以战略业务单元为报表设计单位，按月编制管理报告；

第二，突破财务报表的范畴，按业务单元逐层深入；

第三，利用管理报告进行战略管理分析和行业比较，作为战略执行的检讨和重大决策的依据；

第四，涵盖利润中心整体的经营、投资和现金流等情况，突出利润中心业务特点，特别重视经营利润和经营现金流；

第五，关注行业分析、过往对比分析、预算对比分析、标杆比较分析。

2）制定管理报告的步骤。

第一步是进行业务单元划分。6S 战略业务单元是 6S 管理体系的组织基础，也是管理报告体系的分析单位，直接对利润表负责。因此，首先需要根据行业分布将集团多元化业务划分为不同的业务单元（见图 2-16）。

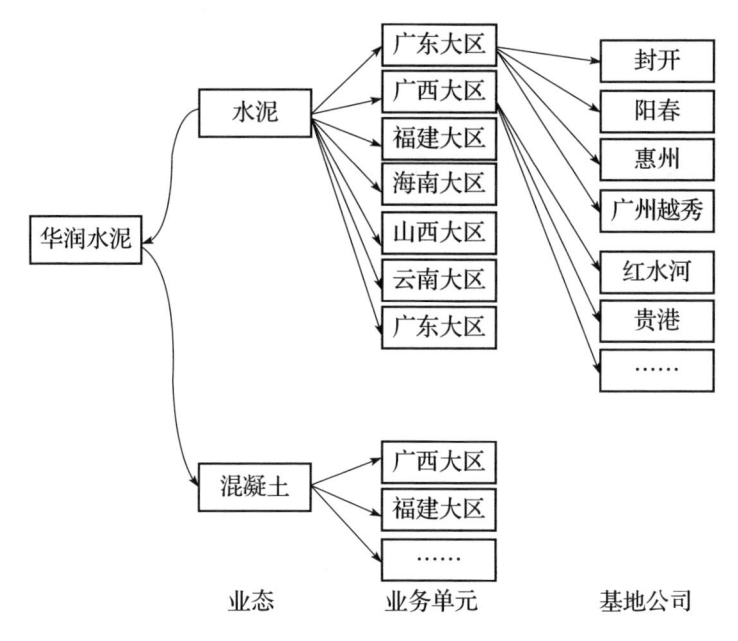

图 2-16　华润水泥业务单元划分示例

业务单元的划分依据是"是否拥有独立完整的商业模式"，即是否拥有独立的战略、独立的市场和竞争对手、独立和资产控制权、完善的产业链。当这四个条件都具备时，才能够成为一个业务单元。

在划分业务单元时，应遵循以下四条原则：以市场和竞争导向为主；业务独立、完整、唯一（多项非相关业务的集合体应进一步细分业务单元）；同层级有相同的细分维度；团队独立管理。

第二步是进行管理报表的内容设计。管理报表是 6S 管理体系的核心信息载体，应以战略业务单位为组织单位来设计并逐层深入。根据业务单元的管理水平和业务繁杂程度，报表内容设计遵循由简到繁、逐步完善的原则，报表的设计和调整应与业务单元的内外部整合相结合，具体设计内容如下：

第一，管理报告的整体框架。管理报告的内容分为六大部分：行业政策解读、财务指标分析与运营指标分析、主题研究、竞争对手对标、行动方案落实跟踪、管理创新协同跟进自评项目。

第二，管理报告的指标体系设计。管理报告的指标体系设计是按照"管理主题—管理主题分解的维度—各维度分解出量化及非量化指标"的顺序进行的。指标分解过程示例如图 2-17 所示。

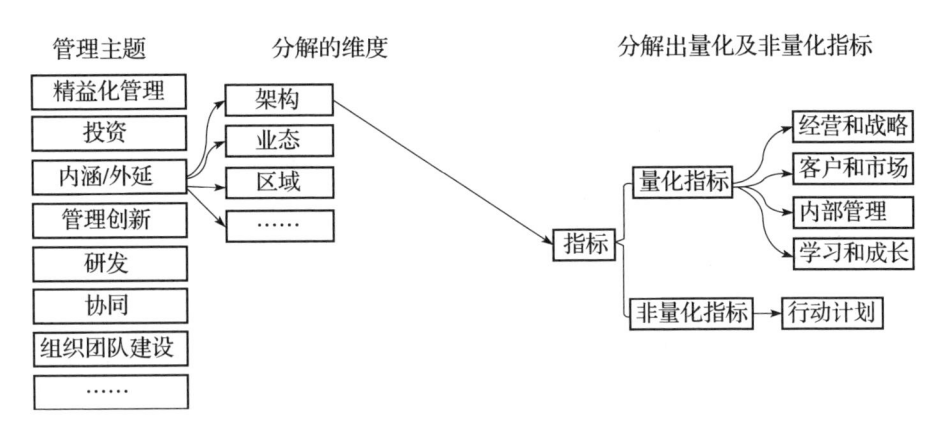

图 2-17 管理报告指标分解过程示例

第三，管理报告的对比维度设计。管理报告注重标杆比较，以当期与历史同期及预算数据的对比为基本分析模式，强调增长性，并特别关注标杆比较。因此，具体对比维度的设计也是管理报告设计的重要内容。

管理报告的对比维度分为两大部分：内部因素分析和外部因素分析。其中，内部因素分析又细分为同比／环比和当期／累计两个维度，包括实际数、预算数和预测数等内容。外部因素分析细分为竞争对手分析和宏观环境分析两个维度。竞争对手分析的内容是其市场、客户和核心管理流程情况，宏观环境分析则着眼于环境变化对业务可能造成的影响。分析完毕之后，还需要基于分析报告结果，提出相应的改进措施（见

图 2-18）。

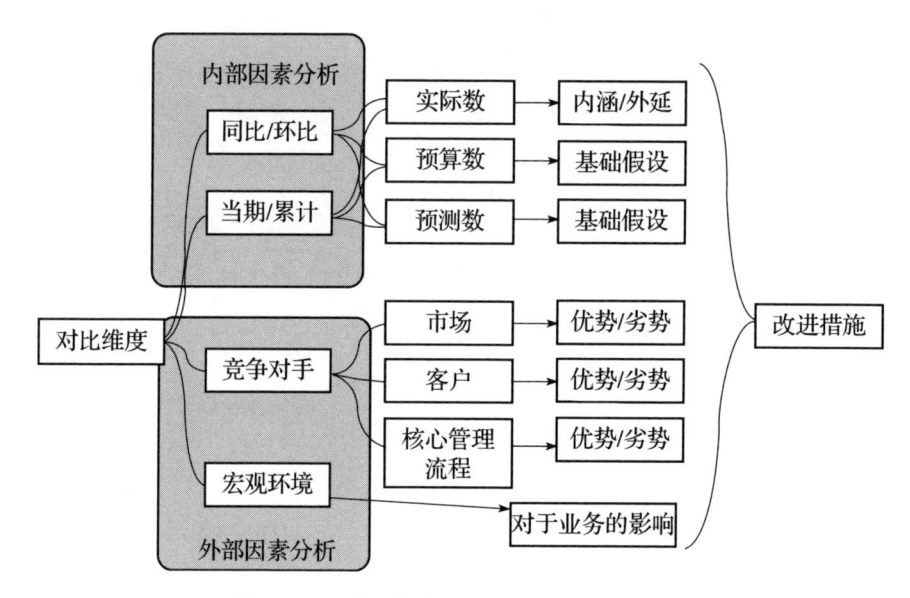

图 2-18 管理报告对比维度设计逻辑示例

第四，管理报告的分析原则。在进行分析时，要遵循四大原则：战略实施的多维度分析、以价值链和商业计划批复为切入点、强调行业分析和标杆比较、关注利润中心价值创造。

（4）第四步：战略审计。

战略审计通过对战略的推进实施、预算完成情况、管理报告的真实性与可靠性进行审核、检查、评价和监督，为业绩考核和经理人评价提供依据，促进利润中心提升效率和效益。

要实行战略审计，需要建立健全内部审计制度，与日常管理报告一起监控业务战略的执行状况。

（5）第五步：战略评价。

战略评价是在一个战略执行周期接近周期末的时候进行的对战略执行情况的考核与评价。

战略评价与传统意义上的业绩评价不同。传统意义上的业绩评价以平衡计分卡为基础，建立起统一的财务标准，关注财务结果，以量化指标为主、非量化指标为辅，关注与预算以及与历史同期的比较。而战略评价则引入了行业标杆和行业排名以强调最佳实践分享，引入商业计划概念以淡化单纯的预算概念，并将统一的行业标准与中长期激励相结合。

1）建立战略评价体系的流程和方法。

建立战略评价体系的流程实质上是一个通过战略解码建立指标库、标杆库以及相应的评分系统，在众多"库"中对指标、标杆、评分方式进行选择，最终将结果组合纳入业绩合同的过程。其一般流程如图 2-19 所示。

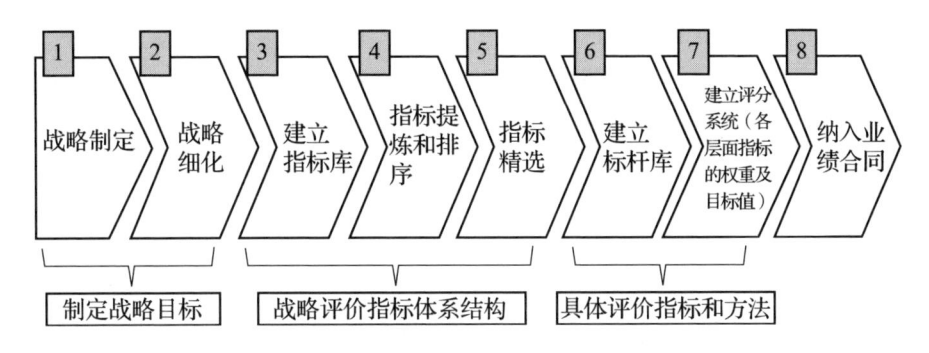

```
┌─────┐ ┌─────┐ ┌─────┐ ┌─────┐ ┌─────┐ ┌─────┐ ┌─────┐ ┌─────┐
│  1  │ │  2  │ │  3  │ │  4  │ │  5  │ │  6  │ │  7  │ │  8  │
│战略 │ │战略 │ │建立 │ │指标 │ │指标 │ │建立 │ │建立评│ │纳入业│
│制定 │ │细化 │ │指标库│ │提炼 │ │精选 │ │标杆库│ │分系统│ │绩合同│
│     │ │     │ │     │ │和排序│ │     │ │     │ │(各层 │ │     │
│     │ │     │ │     │ │     │ │     │ │     │ │面指标│ │     │
│     │ │     │ │     │ │     │ │     │ │     │ │的权重│ │     │
│     │ │     │ │     │ │     │ │     │ │     │ │及目标│ │     │
│     │ │     │ │     │ │     │ │     │ │     │ │值)   │ │     │
└─────┘ └─────┘ └─────┘ └─────┘ └─────┘ └─────┘ └─────┘ └─────┘
└制定战略目标┘ └──战略评价指标体系结构──┘ └──具体评价指标和方法──┘
```

图 2-19 战略评价体系的建立流程

最终纳入业绩合同的指标包含两类，分别是量化指标和非量化指标。对于量化指标的构建，华润采用的指标构建工具是平衡计分卡。非量化指标是由集团根据各利润中心的实际情况提出个性化总体要求。

量化指标的设置目的是落实战略目标，主要与目标值（包括上年实际数据、本年预算数据和行业标杆数据）比较，可以以上年实际与本年预算加权值为计分标准。非量化指标主要与以前的情况比较，可以由集团有关领导对利润中心指标完成情况打分。

2）业绩评价结果运用。

业绩评价结果与业务单元奖励直接挂钩，奖金的计算公式为：

奖金总额 = 奖励系数 × 奖励基础

其中，奖励系数是评价得分的百分比，奖励基础是 EVA（或 EVA 增量）乘以计奖比例。

（6）第六步：经理人评价。

经理人评价是指基于华润特有的人才标准，多维度、多形式、持续地对经理人做出业绩评估、适任性判断和价值评价，以及提出职业发展建议等。评价内容包括：战略评价、晋升评价和发展评价。

经理人评价的依据包括两部分：利润中心业绩评价和经理人标准。在具体操作时，先对利润中心的业绩进行评价，评价结果占 70% 的权重；再按照经理人标准对其进行考核，评价结果占 30% 的权重。经理人标准包括无形和有形两个层面，具体是指激情、学习、团队、诚信、创新、决断、学识、经历、智力、表达、体魄、环境等 12 个方面。根据考核结果，决定经理人的奖惩以及进一步的任用建议。

四、实施战略绩效管理的注意事项

传统绩效管理以会计准则为基础、以财务指标为核心，这种体系以利润为导向，立足于对企业当前状态的评价，既不能体现非财务指标和无形资产对企业的贡献，也无法评价企业未来发展潜力，不能完全符合企业战略发展的要求，在管理和控制中并未充分体现企业的长期利益，无法在企业经营整体上实现战略性改进。随着移动互联网时代的到来，企业的核心价值以及竞争优势不再体现在有形资产上，企业价值基础来源由有形资源向无形资源转变，来自对人力资本、企业文化、信息技术、内部运作过程质量和顾客关系等无形资产的开发和管理，而这一切都取决于员工的素质水平，员工素质是企业战略能否实现的决定性因素之一，这就要求绩效管理体系既要体现战略性，又要体现出员工素质导向性，强调员工能力、潜力识别及发展培训。企业管理者要站在战略管理的高度，基于企业长期生存和持续稳定发展的考虑，对企业的发展目标及其实现途径进行总体谋划。

（一）定位要准确

目前，很多企业都实行了战略绩效管理，但是在执行中几乎都变成了绩效考核。主要表现在绩效结果的应用与指标的分解上，相当多的企业组织大量的人力、物力自行设计或请咨询公司设计各种绩效管理方案，其主要的特点就是严格执行周期性的例行考核，并应用于企业内部利益的再分配。这些体系由于在设计初期就没有将组织的战略目标作为分解源头，或在分解时过度关注企业的财务指标，没有形成系统的对组织战略的支撑作用，往往出现了制定指标的人和接受指标的人在制定指标初期进行大量数据博弈，而考核周期结束后却大量超额完成的情况，或者出现当期员工绩效表现佳但组织绩效没有实现的情况。究其主要原因，就是企业没有把绩效管理作为企业战略实现的重要载体，而只作为企业进行人力资源管理的一种先进方法。事实上，企业进行绩效管理，应强调绩效管理 PDCA 的整体循环，特别是对各业绩目标实现过程的监控，从而通过战略绩效管理来实现企业战略目标。

（二）理解要透彻

很多企业习惯将企业的远期战略或抽象的目标作为下一级组织的战略。企业的战略一旦制定，就是统领全局前进的目标，但因其是经过高度概括后的目标，且在不同阶段为了战略的实现，企业会制定不同的短期目标，因此直接从企业的远景战略进行分解并不能很好地指导现实工作，但现实工作中相当多的人习惯将上级组织的战略直接承接过来作为本级组织的战略目标，这种拔高的战略在一定层面上牵引了一部分人短期的工作激情,但往往因为不能持久而使员工感到目标遥不可及。实际上,并不是将本级组织的战略制定得越高越好,重要的是必须将本级组织的战略目标建立在支持上级组织的战略基础之上,才能最终保证企业整体战略的逐步实现。

(三) 分解要系统

六西格玛虽然是一个相对比较科学的战略分解工具,但是其复杂性往往令企业望而却步,大多数企业可以按照价值树的形式进行全面系统的战略展开。每一项新的工作开展,都会经历由陌生到熟悉的过程,由于受到来自企业经营业绩和管理的压力,很多管理者无暇研究绩效管理理论,而正是由于缺乏正确的分解方式和全面系统的分解理论指导,大多管理者在进行目标分解时仅凭自己的经验进行指标分解,缺乏科学系统的指标分解工具,因此很多企业里出现了对企业战略分解不完整、不系统的现象,往往出现按照经验办事的"穿新鞋走老路"的局面。当然,很多绩效管理因涉及大量的理论和复杂的程序,在一定程度上也抑制了部分人员参加的积极性。作为管理者,首先应该身体力行实践企业的管理思路,认真履行作为一个管理者的职责,绩效管理越来越成为企业管理的重点,员工对绩效管理才会越来越熟知。因此,管理者应比下属更加注重对绩效管理及其相关新知识、新工具的接受与应用。

(四) 协作要充分

企业的战略一经确定,就必须由企业所有部门共同参与,由于缺乏有力的组织保障或由于各部门主管对战略的理解不同,往往出现战略执行中缺乏有效协作的情况,主要有三种表现形式:一是缺乏整体的组织管理,对战略的理解各不相同,彼此不能兼容对方的理念;二是由于以往"历史旧账"不能很好地在战略实施上相互协作,出现内讧现象;三是有一定的协作意愿，但是由于个人能力影响了组织间的协作效果。这些现象的出现导致战略在执行过程中出现很大偏差，同时也大大降低了企业在新的市场环境中的竞争力。这就要求战略绩效的管控部门根据各业务单元绩效的完成情况及时进行通报，在客观上起到督促、协调的作用，并尽可能将各业务单元的实施情况通过会议的形式予以确认，明确责任。

（五）支撑要完备

从华为的 BEM 和华润的 6S 绩效管理体系来看，战略绩效体系的支撑系统包括：能力素质模型与任职资格体系、企业文化、领导力等。但现实中，企业在进行战略绩效管理实践的时候往往会忽略战略绩效管理体系的支撑系统部分，组织内部员工要想取得优异绩效，隐含的前提就是员工具有较强的能力。如果一个组织既有支撑战略绩效管理的企业文化，同时组织内员工也具有较强的专业能力，这样的组织是否一定能够取得优异的业绩？假如缺少了领导力，答案则是否定的。

可以把战略绩效管理当作是"硬件系统"，把能力素质模型与任职资格体系、企业文化、领导力当作是"软件系统"。需要强调的是：如果领导力、企业文化等"软件系统"张弛无序，那么战略绩效管理这个"硬件系统"发挥的作用会非常有限。战略绩效体系只有搭配上优秀的领导力、企业文化等，才能充分发挥它的作用。

03

第三章
以 KPI 为核心的绩效考核

一、什么是 KPI

(一) KPI 的本质

KPI 即关键绩效指标（key performance indicator），是对组织内部某一流程的输入端、输出端的关键参数进行设置、取样、计算、分析，衡量流程绩效的一种目标式量化管理指标，是一种把企业的战略目标分解为可运作的远景目标的工具，是企业绩效管理的基础。

KPI 的理论基础是意大利经济学家帕累托提出的"二八原理"，也就是抓关键绩效。它实际上是对企业战略成功关键要素的一种提炼和归纳，然后把这种战略成功的关键要素转化为可量化或者行为化的一套指标体系，所以 KPI 是事先确定和认可的、可量化的、能够反映目标实现度的一种重要的考核指标体系。KPI 的目的是以关键指标为牵引，强化组织在某些关键绩效领域的资源配置和能力，使得组织全体成员的行为能够聚焦在战略成功的关键要素及经营管理的重点问题上。

(二) KPI 的特点

KPI 的主要特点有如下几个方面：

1. 关键性

关键性是指应选择对公司价值、利润的影响程度很大的关键指标。按照"二八原理"，KPI 要反映战略绩效驱动的关键要素，解决现实经营的主要矛盾，这种指标体系非常简单、直接，聚焦于战略目标，而且能够与企业的战略意图相统一。

2. 可操作性

可操作性是指指标必须有明确的定义和计算方法，易于取得可靠和公正的初始数据，同时指标能有效进行量化和比较。

3. 系统性

KPI 考核是一个完整的系统，在这个系统中，经理和员工全部参与进来，经理和员工通过沟通，将企业的战略、经理的职责、管理的方式和手段以及员工的绩效目标等管理的基本内容确定下来。在持续不断沟通的前提下，经理帮助员工清除工作过程中的障碍，提供必要的支持、指导和帮助，与员工一起共同完成绩效目标，从而实现组织的远景规划和战略目标。

4. 敏感性

敏感性是指指标能正确区分出绩效的优劣。

（三）KPI 的种类

根据不同的标准，可以将 KPI 分为不同的类型，目前分类标准主要包括绩效指标层次、指标性质等。

1. 按照关键指标的层次划分

与绩效分为组织绩效、部门绩效、个人绩效一样，KPI 指标体系也可以按层次分为组织 KPI、部门 KPI 和个人 KPI 三个层次。三个层次的指标共同构成了组织整体的关键指标体系。

2. 按照关键指标的性质划分

按照关键指标的性质可以将 KPI 分为财务指标、经营指标、服务指标和管理指标。其中，财务指标侧重衡量组织创造的经济价值；经营指标侧重衡量组织经营运作流程绩效；服务指标侧重衡量利益相关者对组织及其所提供的产品和服务的态度；管理指标侧重衡量组织日常管理的效率和效果。

二、KPI 考核的适用性及应用范围

关于 KPI，近些年可以说是"风雨如晦"。先有流传甚广的"绩效主义毁了索尼"这样的说法，提出这个观点的是索尼前常务董事天外伺郎。他在《绩效主义毁了索尼》中历数 KPI 的弊端以及 KPI 如何慢慢毁掉索尼，它让研发人员为了外部动机工作，丧失了内在的创新热情。他还把索尼的衰落归结为 KPI 导向的管理手段压抑了员工的创新和工作积极性，失去了工匠精神，成为 KPI 数字的奴隶。后有《绩效致死：通用汽车的破产启示》，其中通用汽车前副总裁鲍勃·卢茨现身说法。而优秀的企业如谷歌、小米等都没有 KPI，尤其当下随着 OKR 考核的出现和流行，更是让人们质疑 KPI 有被 OKR 取代的可能。

KPI 是不是"十恶不赦"？是不是真的已经过时？

经过广泛的讨论和深入的研究，我们认为 KPI 并非"十恶不赦"，KPI 也并没有过时。首先，每一种考核方法都有相应的适用条件和范围，作为一种经典的考核方法，KPI 适合战略目标明确、经营计划预算刚性执行的企业，或流程性、规律性的工作。KPI 本身并无好坏可言，不是 KPI 毁了索尼，也不是 KPI 导致通用汽车破产。值得深入思考的是，是不是这两家公司绩效管理体系处理出现了问题？是不是误用了或者是没有用好 KPI。其次，小米不是没有 KPI，而是没有传统意义上的以股东价值最大化为原点、以财务指标（比如利润、销售收入）为核心的 KPI，但小米有以客户价值为原点的考核指标，比如路由器销售的考核，不是考核卖出多少台路由器，而是考核用户的活跃度有多少，用户是不是真的使用了这些功能。小米鼓励员工以客户为中心，用户对产品体验的满意度就是考核指标。所以，本书认为追求客户满意度就是小米战略成功的 KPI。比如，手机维修需要在 1 小时内完成，配送的时间要从 3 天缩短到 2 天，客户的电话接通率要达到 80%，等等。从这个角度来讲，小米有 KPI，而且，互联网思维之中简单、极致的思维本身就是 KPI 思维。

一个企业推行 KPI，一般都有清晰的战略目标，组织相对稳定，岗位职责相对清晰，业务运作流程化、标准化。所以，在工业文明时代，外部环境相对确定，未来可预期，企业的战略目标可预先准确确定，KPI 是一种非常有效的战略管理的工具，也是有力的战略落地的工具。同时，对于许多在行业中属于二流、三流的追赶型企业而言，要追赶或超越一流标杆，KPI 有利于企业将资源和人才压强配置在关键领域，在竞争对手的薄弱环节或软肋上，集中绝对优势兵力，饱和进攻，撕开一个口子，杀出一条血路，实现重点突破。

既然 KPI 没有过时，并且也在适用的条件和范围内使用了 KPI，那么为什么达不到预期效果？

其实，KPI 是把双刃剑，只有正确认识 KPI 的本质、特点、适用范围及流程、方法，才能有效发挥其价值，而误用、乱用 KPI，则会使其成为绩效提升的负累和障碍。下面具体讲解 KPI 的程序与方法、难点与误区、优点与缺点等，同时介绍典型的实操案例。

三、KPI 编制原则

KPI 的考核标准是员工下一阶段工作的方向，在编制 KPI 时应遵循如下原则。

（一）先进合理原则

所谓先进是指绩效考核标准不仅要反映企业的生产技术和管理水平，还应当具有一定的超前性，不至于使每一个员工每项考核指标的考核结果出现严重的偏向；所谓合理是指绩效标准水平应当反映出企业在正常的生产技术组织条件下，员工中少部分人可以超出、大部分人经过努力接近或达到、极少数人达不到的水平。

（二）突出重点原则

绩效考核标准要突出各类工作岗位的性质和特点，在设计标准时，应针对不同岗位以及承担本岗位工作的被考核人的素质结果的特点制定；同样的指标，对于不同岗位的要求是不同的。

（三）简明扼要原则

绩效考核的各项标准的定义、计算公式和说明，应尽量使用人们常用的语言和词汇，避免误解和歧义。

四、提取 KPI 的程序

提取 KPI 主要经过如下几个步骤：

（一）罗列 KPI

企业 KPI 主要是影响企业战略及经营计划达成的各方面的关键因素，通过分析，企业的 KPI 来源主要有如下方面：

（1）公司战略及业务单元业务计划；

（2）部门工作目标及职责分解；

（3）通过现有工作绩效汇报系统筛选与公司战略及计划密切相关的指标；

（4）国际同行业企业，国内主要竞争对手考核标准；

（5）监管标准及行业经济技术指标；

（6）组织机构与岗位分工；

（7）《岗位说明书》岗位职责；

（8）工作中最需要改进的方面和薄弱环节；

（9）内部客户需求；

（10）防范性扣分指标。

（二）筛选KPI

筛选KPI应遵循SMART原则，即：

（1）S（specific）：具体的（实实在在的，不是抽象的），即绩效考核指标要切中特定的工作目标，不能笼统；

（2）M（measurable）：可度量的（能量化或细化），即绩效考核指标是量化或者行为化的，验证这个绩效指标的数据或者信息时可以获取的；

（3）A（attainable）：可实现的（跳起来能摸得着），即绩效考核指标在付出努力的情况下可以实现，避免设立过高或过低目标；

（4）R（relevant）：相关联的（与公司战略经营目标、岗位职责相关），即年度经营目标的设定必须与预算责任单位的职责密切相关，它是预算管理部门、预算行政部门和公司管理层经过反复分析、研究、协商的结果，必须经过他们的共同认可和承诺；

（5）T（time-bound）：有时限的（要求在一定期限内完成），即注重完成绩效指标的特定期限。

（三）确定指标权重

确定指标权重需要在分析的基础上进行，做到有理有据，避免绩效考核出现偏差或失效。确定指标权重的步骤及内容如下：

（1）确定分类权重。直接业务单位和部门财务类指标权重大一些，职能部门财务指标权重小一些，否决指标不给权重。

（2）评定各 KPI 对经济效益影响。采用月亮图直接估算。

（3）评定各 KPI 的可控性。采用月亮图大致估算。

（4）评定各 KPI 的可测性。采用月亮图大致估算。

（5）评定综合得分。按对经济效益权重影响 60%、可控性 25%、可测性 15%，对各 KPI 的三个方面评估结果进行加权得出总分。

（6）确定权重。按得分在指标中所占比例分配分类权重，通常权重不小于 5%，不超过 30%。

（四）指标讨论沟通

企业绩效考核，不是人力资源部一个部门的事，而是全体管理者和全体员工的事。

在初步确定考核指标后，人力资源部需要就各部门的绩效指标与部门负责人进行沟通和讨论，目的是：确认指标、权重等设定的准确性；获得各部门负责人对本部门绩效指标等问题的反馈意见，便于修正；获得各部门负责人对本部门绩效指标等信息的认可和确认，便于后续绩效考核工作的推行；使针对部门的绩效考核实施有据可依。

同时，在绩效管理中，企业高层起着关键性作用。因此，要与企业相关领导人就绩效指标等内容进行讨论，确保上级领导人员明确下级考核指标，并讨论考核指标设置及权重的合理性、定性指标的设置及合理性，让上级领导给予确认，便于后续绩效考核工作得到领导的支持和推动。

（五）KPI 修正确认

在与企业领导及各部门负责人等就企业绩效考核指标的相关内容讨论、沟通之后，结合沟通反馈的意见，并通过各部门、各岗位 KPI 的横向比较以及自上而下审核确认等方式，对 KPI 体系进行修正。

对各部门 KPI 进行横向比较的依据是各部门指标均由企业目标分解而来，横向比较的目的是看目标、指标权重等分配是否合理。各岗位的 KPI 横向比较是在部门目标分解的基础上进行的，依据是对各岗位可控目标的分解程度和对影响目标的分解程度。企业层面的 KPI 是企业的战略目标或年度重点工作计划。在确定了企业 KPI 之后，将其逐层分解到部门、个人、时段，形成可执行的指标体系。要自上而下地审核 KPI 体系的建立情况，可依据其分解过程重新审视。

五、提炼 KPI 的专业方法与主线

（一）提炼 KPI 的专业方法

提炼 KPI 的专业方法，包括价值树法、鱼骨图法、关键成功因素法、目标分解法、标杆分析法、头脑风暴法等，本书对最常用的价值树法、鱼骨图法、关键成功因素法三种方法进行具体介绍。

1. 价值树法

（1）价值树法的内涵。

价值树法根据平衡计分卡四个维度建立模型，一般应用于公司战略层面的指标分解。价值树法实际上是在指标之间寻找对应的逻辑关系，在价值树模型图上分别列出公司的战略目标、对应的 KPI 及下一级驱动这些指标的关键驱动因素和对应的指标。

（2）价值树法的应用。

价值树法用一张图表述指标的层层分解的关联关系，一目了然。价值树法的应用将在第四章中详细介绍，这里不再赘述。

2. 鱼骨图法

鱼骨图又名特性因素图，是由日本管理学者石川馨创立的，故又

名石川图。鱼骨图是一种发现问题根本原因的方法，也可以称为因果图。

鱼骨图法通过图形的形式，分析各种特定问题或状况发生的可能原因，并按照逻辑层次表示出来。

（1）鱼骨图法的操作要点。

1）明确鱼头，即确定部门、岗位工作目标；

2）运用头脑风暴法找出各个影响因素；

3）明确岗位重点考核指标。

（2）鱼骨图法的操作程序。

1）根据职责分工，确定哪些要素或组织因素与公司整体利益是相关的；

2）根据岗位业务标准，定义成功的关键因素；

3）确定 KPI 与实际因素的关系；

4）KPI 分解。

（3）鱼骨图法提炼 KPI 的操作程序。

1）列出所有因素，如图 3-1 所示。

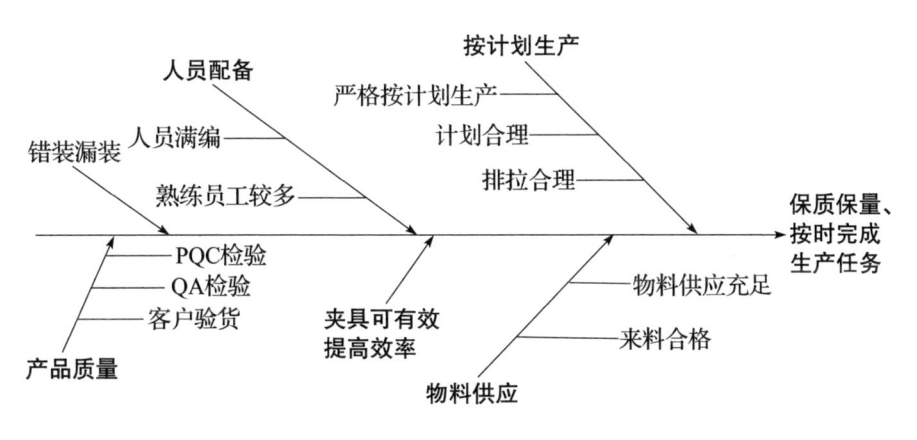

图 3-1 列出所有因素

2）分层次归纳，如图 3-2 所示。

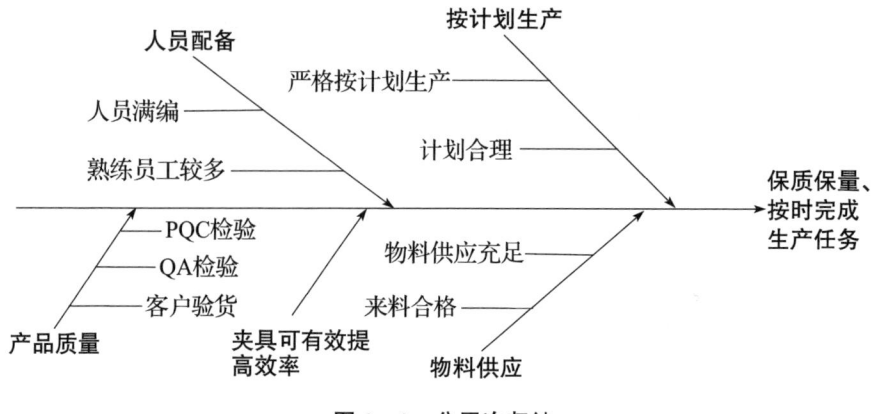

图 3-2 分层次归纳

3）提炼指标，如图 3-3 所示。

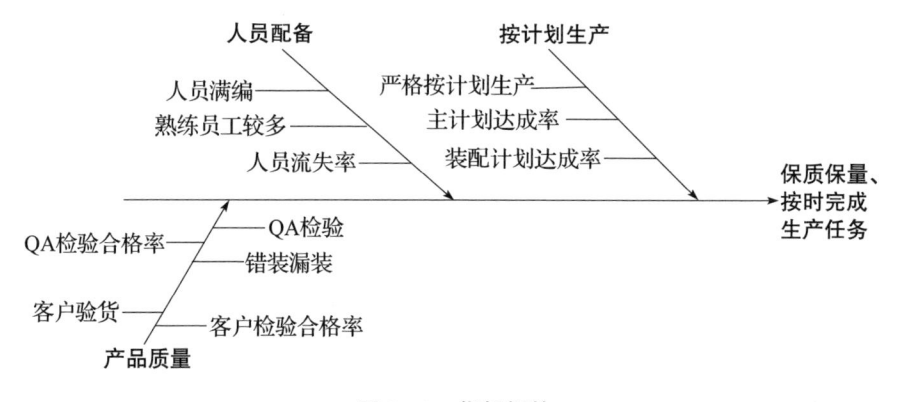

图 3-3 指标提炼

3. 关键成功因素法

（1）关键成功因素的内涵。

关键成功因素涵盖了绩效评价指标，并与企业的日常活动、战略相联系。一般而言，关键成功因素是企业绩效方面的若干重大问题，决定了企业的可持续发展、生命力和前景。

（2）关键成功因素法的指导思想。

通过分析企业获得成功或取得市场领先地位的关键因素，提炼出导致成功的关键绩效模块，再把绩效模块层层分解为关键成功因素，为了便于对这些要素进行量化与分析，必须将这些要素细分为具体的指标，即提出 KPI。

实践表明，不论企业的规模多大，关键成功因素都应限制为 5～10 个，如果企业正确找到关键成功因素，就能很简单地提炼主导性的 KPI。

（3）关键成功因素法的运用程序。

1）分析达成目标的关键因素；

2）寻找评价关键因素的衡量指标；

3）寻找下一层关键成功因素；

4）寻找评价下一层关键成功因素的衡量指标。

如图 3-4 所示，科学的 KPI 绩效管理体系设计思路是从公司目标和战略开始，通过关键成功因素分析和 KPI 分解把目标分解到各部门和岗位，从而把岗位目标与公司整体发展战略联系起来（见图 3-5）。

（二）提炼 KPI 的主线

通常来讲，提取 KPI 有如下三条主线可循：

1. 基于平衡计分卡提炼 KPI

平衡计分卡的核心思想是通过财务、客户、内部流程、学习与成长四个维度指标间的相互驱动的因果关系，实现绩效评价-绩效改进，以及战略实施-战略修正的目标。

运用平衡计分卡的设计思想和方法，设计并构建企业 KPI 体系，既实现了人力、物力和财力三大资源的相互结合与平衡，又体现了企业的投入与产出，以及生产经营的过程与工作成果的统一性和协调性。

2. 基于部门职能和岗位职责提炼 KPI

（1）根据部门职能提炼 KPI。

根据企业不同部门的职能提炼 KPI 体系的方法，主要强调从各个职能和业务部门所承担责任的角度，对企业的中短期或年度目标进行逐级分解，进而形成各个部门、项目、小组，乃至岗位人员的 KPI。

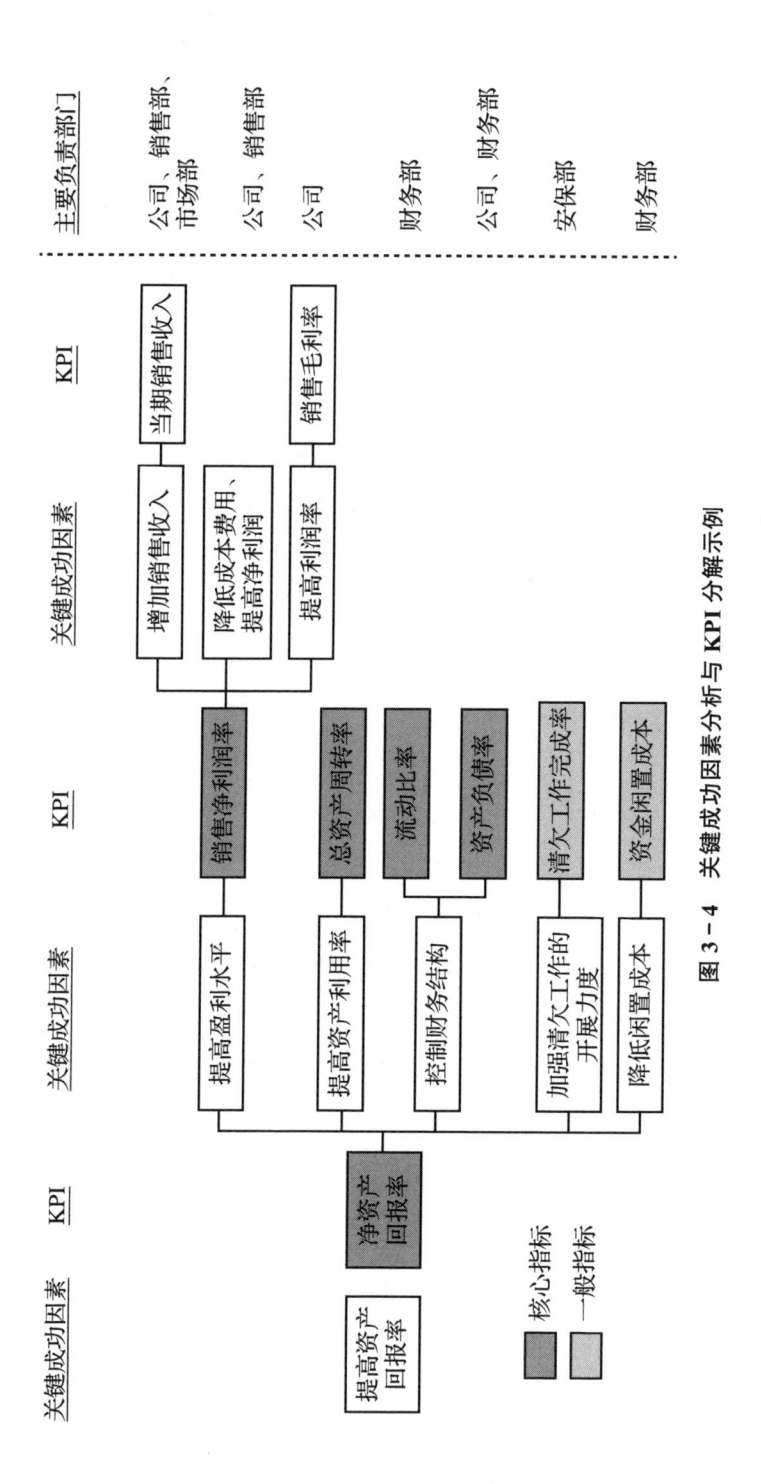

关键成功因素	KPI	关键成功因素	KPI	关键成功因素	KPI	主要负责部门
提高资产回报率	净资产回报率	提高盈利水平	销售净利润率	增加销售收入	当期销售收入	公司、销售部、市场部
				降低成本费用、提高净利润		公司、销售部
				提高利润率	销售毛利率	公司、销售部
		提高资产利用率	总资产周转率			公司
		控制财务结构	流动比率			财务部
			资产负债率			公司、财务部
		加强清欠工作的开展力度	清欠工作完成率			安保部
		降低闲置成本	资金闲置成本			财务部

■ 核心指标
□ 一般指标

图 3 – 4　关键成功因素分析与 KPI 分解示例

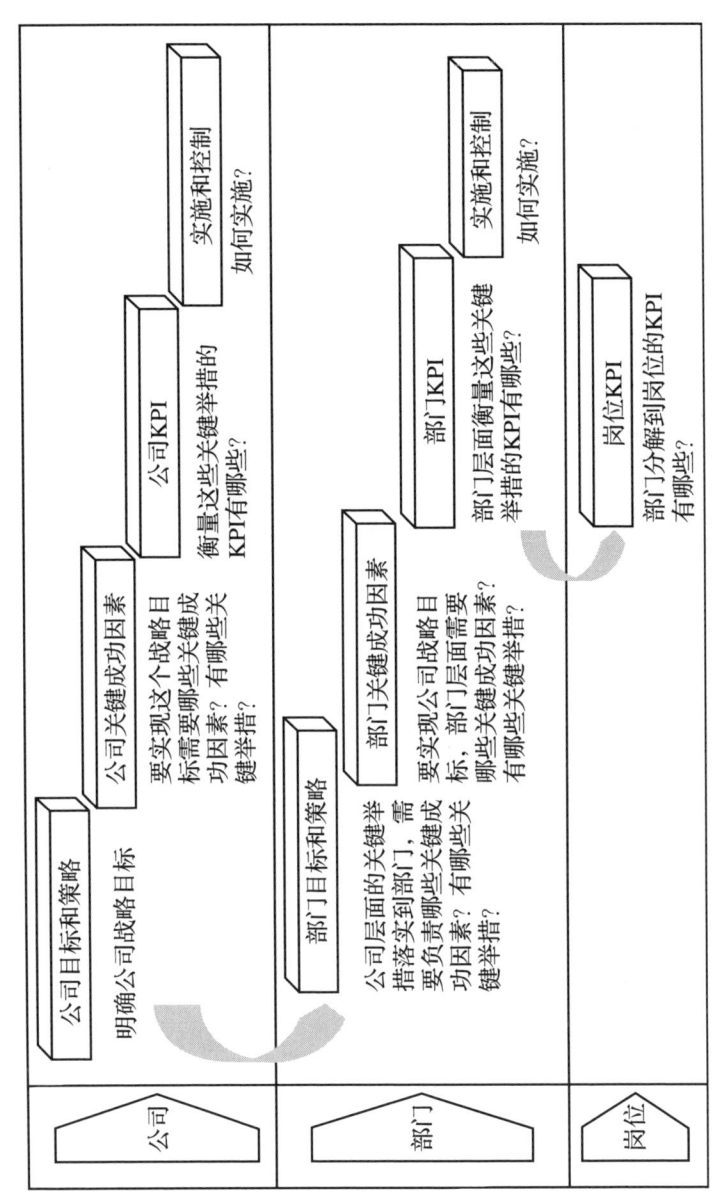

第三章 以 KPI 为核心的绩效考核 / 087

公司层面

- 公司目标和策略：明确公司战略目标
- 公司关键成功因素：要实现这个战略目标需要哪些关键成功因素？有哪些关键举措？
- 公司KPI：衡量这些关键举措的KPI有哪些？
- 实施和控制：如何实施？

部门层面

- 部门目标和策略：公司层面的关键举措落实到部门，需要负责哪些关键成功因素？有哪些关键举措？
- 部门关键成功因素：要实现公司战略目标，部门层面需要哪些关键成功因素？有哪些关键举措？
- 部门KPI：部门层面衡量这些关键举措的KPI有哪些？
- 实施和控制：如何实施？

岗位层面

- 岗位KPI：部门分解到岗位的KPI有哪些？

图 3－5　公司不同层面关键成功因素及 KPI 分解逻辑

（2）根据岗位职责提炼KPI。

基于企业各岗位分类标准建立的KPI体系，突出了组织中各类员工的工作任务同质性和内容一致性。

3. 基于业务流程控制关键点提炼KPI

基于业务流程控制关键点提炼KPI的流程如下：

（1）确定公司某一阶段的发展目标；

（2）对公司目标进行分析，决定流程结果性目标；

（3）确定流程与部门的关系，即这些流程与哪些部门有关；

（4）将流程的目标对应到相关部门并作为部门目标；

（5）确定流程与岗位的关系，即这些流程与哪些岗位有关；

（6）进行流程要素分析，即流程中哪些要素会对实现流程目标产生影响；

（7）基于业务流程影响要素的相关执行岗位，将要素目标作为岗位的目标。

六、KPI考核中的难点与误区

（一）KPI考核的难点

KPI考核的难点归纳起来主要有如下几个方面：

1. 如何与公司的战略目标紧密挂钩

要求对公司的战略目标实现的影响因素进行识别并赋予相应权重，权重最大的为关键因素，可以为其设定KPI。

2. 如何理解"关键"

KPI的"关键"指的是关键业务领域，内部流程输入端、输出端的关键参数。所谓关键，意味着不要面面俱到，意味着考核指标具有挑战性。试想，对于一个不用经过任何努力就能实现的目标，考核有何意义呢？

3. KPI 应该综合还是细化

例如，成品合格率是考核生产质量的指标，而一次性产品合格率是一个包含了检验质量、规格设定质量、实际的生产质量的综合指标。显然后者比前者的内涵更丰富，考核的力度也大于前者。后者比起前者要求更多的部门合作、联系。

再如，在考核安全生产时，会把安全故障次数的达标值理所当然地设置为零。安全生产涉及方方面面，是一个综合指标。是否当安全故障次数为零的时候，安全工作就完美了呢？答案是否定的。但是安全故障次数确实是一个不能删除的KPI。如何化解这个困境？可以把安全故障指标进行细化。一种方法是把安全故障作为输出的结果进行细化，如把安全故障的严重程度分成重大、严重、一般、轻微四类，严重和重大安全故障的次数放在关键事件中进行考核，一旦发生就一票否决，其他两类可以设成 KPI 进行考核。另一种方法是对安全故障的影响因素进行分析，找出关键影响因子，如安全隐患的整改率、整改次数都可以作为安全管理工作的考核指标。

所以 KPI 在同等条件下取综合指标要优于细化指标，在综合指标缺乏改善空间时采用细化指标会更有针对性。

4. 如何制定 KPI 的计分细则

一般来说 KPI 的计分细则有两种：一种是阶梯型的计分方式，即把实际可能达成的指标值采用分段方法确定一个计分值；另一种是采用公式的计算方法，如把达标值设为 60 分，达成挑战值设为 100 分，然后用等分法公式进行设定。

5. 如何设置 KPI 的权重

实践中在设置 KPI 的权重时，常采用 5 分跳跃经验法来确定。比如总共有 5 项 KPI，那么平均每项就是 20 分，重要程度上升一级权重就增加 5 分，反之，重要程度下降一级权重就减少 5 分。

6. 如何解决 KPI 设定中"避重就轻"问题

人性的本能是自我保护，所以 KPI 设定"避重就轻"就不足为奇了。可以从以下几方面解决：

（1）采用挑战目标与报酬相结合的方法。具体就是把一段历史数据的平均值设为达标值，而挑战值是在达标值的基础上改善的结果，譬如把改善 10%、20%、30% 的挑战值与报酬联系起来。这样就让 KPI 的设定过程从讨价还价成为员工主动寻找工作薄弱点。

（2）在最终确定 KPI 前，可以进行 KPI 考核模拟。即考核人和被考核人对可能达到的考核值进行试算，分值大部分应该落在 70～90 分。这样可以一定程度上避免"技术"不足导致的"避重就轻"问题。

（3）宣扬攻坚不畏难的观念，摒弃"避重就轻"思想。

7. 如何考核知识型员工

知识型员工的考核是一个难点。要针对知识型员工的特点，少用甚至不用由上司设定 KPI 的方法，而是采用"无为而治"的考核过程，即上司在向员工充分说明 KPI 设定方法之后，可由被考核员工根据上司或部门目标、自己的岗位职责来设定自己的 KPI，上司只需要在审核后做一些微调就可以了。这样就发挥了知识型员工的积极主动性，体现了"自我实现""自我管理"的理念。

（二）KPI 考核的误区

在企业实际的 KPI 考核工作中，由于各种各样的原因，企业管理者容易陷入操作误区。总结起来，管理者应该避免的误区主要包括以下方面：

1. 盲目追求 KPI

任何一个考核指标都可以列入 KPI，也都可能被排除在 KPI 之外。因为任何考核指标都是只有与发展战略、中心工作直接关联的时候，必须把它当作核心考核指标使用的时候，它才是 KPI，并没有绝对意义上的 KPI。

2. 指标过分细化

绩效考核要切中特定的工作指标，不能笼统。但是，不少管理者理解成指标不能笼统就应尽量细化。然而，过分细化的指标可能不能成为影响企业价值创造的关键驱动因素。比如，某化工原料制造企业在其 KPI 考核系统里，对办公室平日负责办公用品发放的文员设定了一个考核指标："办公用品发放态度"，相关人员对这一指标的解释是，为了取得员工的理解以便操作，对每个员工的工作都设定了指标，并细化每个指标，力求达到具体可行。而实际上，这个"办公用品发放态度"指标尽管可以用来衡量文员的工作效果，但它对企业的价值创造并不是"关键"的。因此，将该指标纳入 KPI 是不合适的。

3. 指标"中庸"问题

绩效指标在付出努力的情况下可以实现，要避免设立过高或过低的目标。过高的目标可能导致员工和企业无论怎样努力都无法完成，这样指标就形同虚设，没有任何意义，而过低的目标又起不到激励作用。因此，管理者为避免目标设置的两极化，往往趋于"中庸"，通常会选择均值作为指标。但是，并非所有"中庸"的目标都是合适的，指标的选择需要与行业的成长性、企业的成长性及产品的生命周期结合起来考虑。比如，某软件公司是一个成长型企业，上一年的销售收入是 800 万元，在制定本年 KPI 时，最初确定销售收入指标是 1 980 万元。后来公司指出这一目标定得太高，很难实现，会丧失激励作用。而后，该公司通过市场调查，重新估算了本年的销售收入，认为应在 900 万～1 300 万元，并准备将平均数 1 100 万元作为 KPI。公司在综合各方面因素，尤其是分析了公司的成长性后提出，1 100 万元看似"中庸"的目标对处在成长阶段的公司来说尽管高于上一年的销售收入，但与通过积极努力可以实现的 1 300 万元相比激励仍显不足。公司后来选择 1 300 万元作为 KPI，在企业现有实力下，员工们经过努力，通常是巨大的努力，该指标是可以实现的。因此，指标不仅要可以实现，还必须是经过巨大努力才可以实现的，这样考核才可以起到激励作用。

4. KPI 过少

有些管理者认为，KPI 越多越好、越详细越好，便于全面考核；有些管理者认为 KPI 指标少一些才能突出工作重点，并不是所有指标都可以成为 KPI，只有那些对公司战略目标的实现起推动作用的，才可以成为公司的 KPI。一般说来，KPI 的数量以 6 个左右为宜。因为指标过多无法突出关键所在，也会增加考核的难度；而指标过少会使每个指标的权重过大，使员工过分专注于一两个指标，而忽略了其他应办事宜。

七、KPI 考核的优点与不足

(一) KPI 考核的优点

KPI 作为一种战略绩效管理工具，在实践中得到了广泛应用。善于运用 KPI 进行绩效管理，有助于发挥战略导向的牵引作用，形成对员工的激励和约束机制。具体来讲，KPI 考核有以下优点：

1. 目标明确，有利于公司战略目标的实现

KPI 是公司战略目标的层层分解，通过 KPI 的整合和控制，使员工绩效行为与公司目标要求的行为相吻合，不至于出现偏差，有力地保证了公司战略目标的实现。

2. 提出了客户价值理念

KPI 提倡的是实现公司内外部客户价值，对于公司形成以市场为导向的经营思想有积极作用。

3. 有利于组织利益与个人利益达成一致

策略性的指标分解使公司战略目标成为个人绩效目标，员工在实现个人绩效目标的同时，也是在实现公司总体的战略目标，从而达到公司与员工共赢的效果。

(二) KPI 考核的不足

KPI 考核不是十全十美的，也有不足之处，主要包括以下几点：

1. KPI 比较难界定

KPI 更多是倾向于定量化的指标，这些定量化的指标是否真正对企业绩效产生关键性的影响，如果没有运用专业化的工具和手段则很难界定。

2. 导致机械的考核方式

过分地依赖 KPI，而没有考虑人为因素和弹性因素，会产生一些考核上的争端和异议。

3. 并非适用于所有岗位

对于特定的一些岗位，运用 KPI 进行考核不是很恰当。比如部分职能型的岗位，其外显的绩效行为不明显，运用 KPI 来考核就不是很适合。

此外，在运用 KPI 时一定要在整个公司内部进行充分的沟通，让部门和员工自己首先认可自己的 KPI 后再进行考核，可以大大减少考核阻力，而且可以保证考核结果得到广泛认可。

八、KPI 考核的实施：以某集团公司为例

(一) 背景介绍

某集团公司成立于 1988 年，目前工业总产值已达 220 亿元，已经建立了良好的运营组织和技术平台，具有多项国际专利，在职人员 4 000 余人，其中高级工程师、高级管理人员占职工总人数的 40% 以上，主要研发队伍有 1 200 人。

（二）KPI 导入过程

1. 第一步：确定组织目标

该公司的战略目标：成为行业的第 × 名，通过技术创新、低成本制造，为目标客户提供快速服务，采用市场领先形式，获得高利润与增长。

（1）进行战略研讨与目标明确，使团队中关键岗位人员认可团队目标。

（2）提炼组织目标：技术变革与创新、市场领先、客户服务、制造优秀。

（3）确定业务重点：通过技术变革与创新带动团队其他目标的实现。

（4）根据资源配给百分比拟定各目标权重：30%、25%、10%、8%。

某公司战略目标分解示意图如图 3-6 所示。

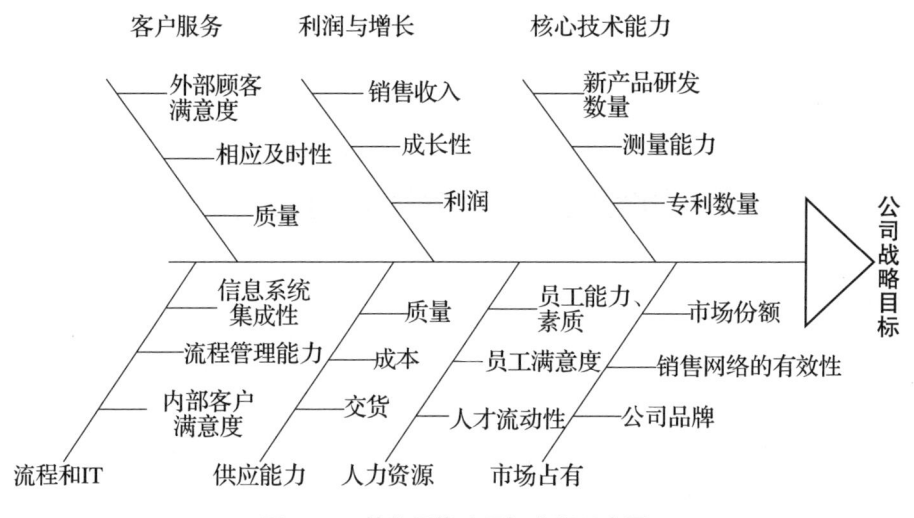

图 3-6　某公司战略目标分解示意图

2. 第二步：确定策略目标与手段（见图 3-7）

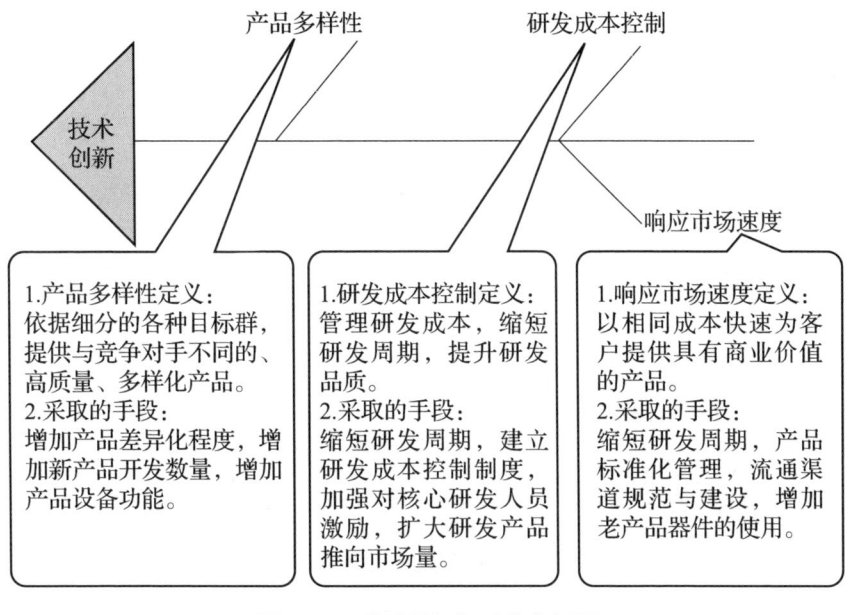

技术创新

产品多样性

研发成本控制

响应市场速度

1. 产品多样性定义：
依据细分的各种目标群，提供与竞争对手不同的、高质量、多样化产品。
2. 采取的手段：
增加产品差异化程度，增加新产品开发数量，增加产品设备功能。

1. 研发成本控制定义：
管理研发成本，缩短研发周期，提升研发品质。
2. 采取的手段：
缩短研发周期，建立研发成本控制制度，加强对核心研发人员激励，扩大研发产品推向市场量。

1. 响应市场速度定义：
以相同成本快速为客户提供具有商业价值的产品。
2. 采取的手段：
缩短研发周期，产品标准化管理，流通渠道规范与建设，增加老产品器件的使用。

图 3-7　策略目标与手段分析图

3. 第三步：确定 KPI 及其衡量要点（见图 3-8）

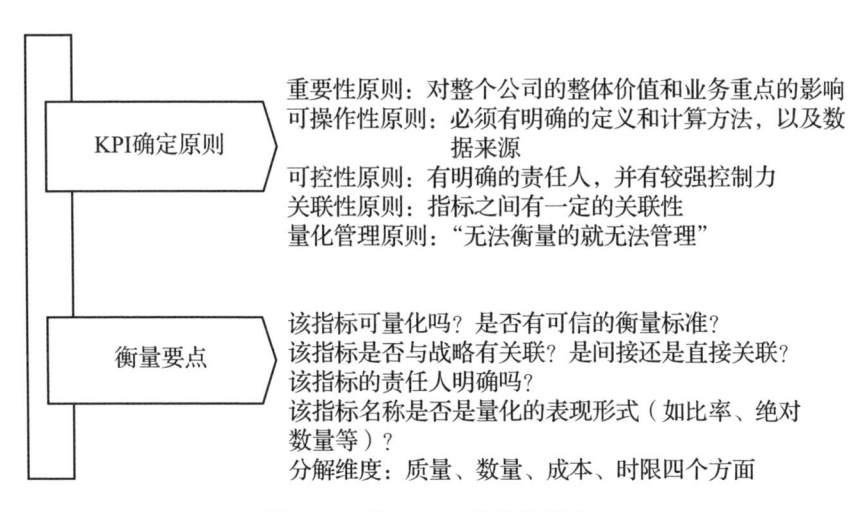

KPI 确定原则

重要性原则：对整个公司的整体价值和业务重点的影响
可操作性原则：必须有明确的定义和计算方法，以及数据来源
可控性原则：有明确的责任人，并有较强控制力
关联性原则：指标之间有一定的关联性
量化管理原则："无法衡量的就无法管理"

衡量要点

该指标可量化吗？是否有可信的衡量标准？
该指标是否与战略有关联？是间接还是直接关联？
该指标的责任人明确吗？
该指标名称是否是量化的表现形式（如比率、绝对数量等）？
分解维度：质量、数量、成本、时限四个方面

图 3-8　确定 KPI 及其衡量要点

（1）提取 KPI 名称规范化，指标标准要求量化（见图 3-9）。

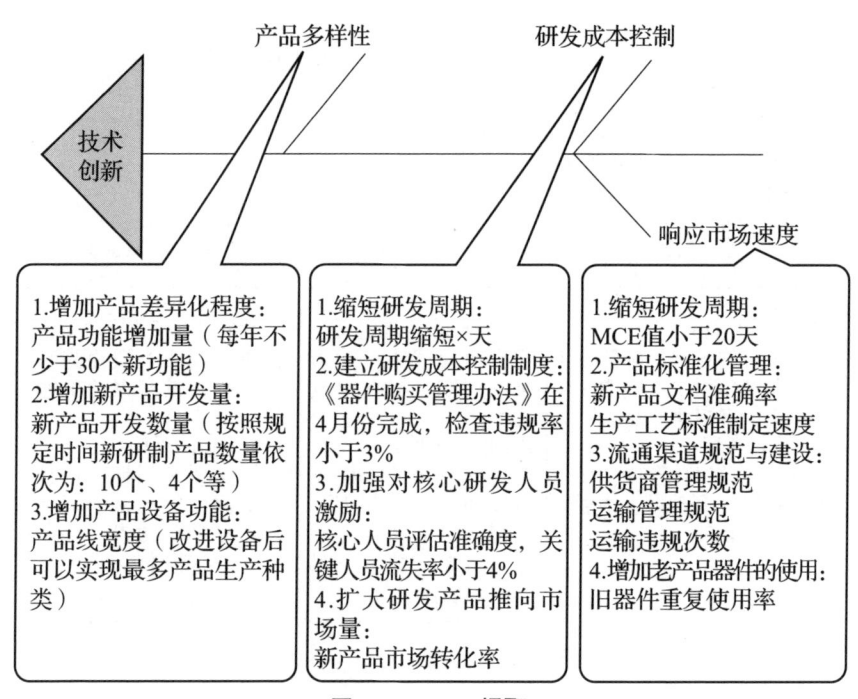

```
                    产品多样性            研发成本控制
         ╲           ╱           ╲           ╱
          ╲         ╱             ╲         ╱
    ┌─────▶                                          
    │ 技术 ▶─────────────────────────────────────────
    │ 创新 ▶                                          
    └─────▶         ╱             ╲
                   ╱               ╲
                                     响应市场速度
```

| 1.增加产品差异化程度：
产品功能增加量（每年不少于30个新功能）
2.增加新产品开发量：
新产品开发数量（按照规定时间新研制产品数量依次为：10个、4个等）
3.增加产品设备功能：
产品线宽度（改进设备后可以实现最多产品生产种类） | 1.缩短研发周期：
研发周期缩短×天
2.建立研发成本控制制度：
《器件购买管理办法》在4月份完成，检查违规率小于3%
3.加强对核心研发人员激励：
核心人员评估准确度，关键人员流失率小于4%
4.扩大研发产品推向市场量：
新产品市场转化率 | 1.缩短研发周期：
MCE值小于20天
2.产品标准化管理：
新产品文档准确率
生产工艺标准制定速度
3.流通渠道规范与建设：
供货商管理规范
运输管理规范
运输违规次数
4.增加老产品器件的使用：
旧器件重复使用率 |

图 3-9　KPI 提取

（2）通过四个方面考虑形成 KPI（见图 3-10）。

数量	成本
产量，销售额 投拆次数 接听电话数量 违规次数 拜访客户次数 产品线宽度	利润率 成本费用 人工成本 实际费用 预算费用 每小时费用 人均劳动生产率

质量	时限
合格产品数量 差错率 违规率 合格率 投诉率 平整度 员工满意度，服务满意率	及时率 2023年3月前 2月4日—3月4日 中午12点前提交 中午12点前完成（质量符合要求） 15点之前

图 3-10　KPI 形成

4. 第四步：形成规范的 KPI 集（见表 3-1）

表 3-1　KPI 集

KPI	指标标准 优秀绩效标准	指标标准 合格绩效标准	评估频率	负责部门
产品功能增加量	每年不少于30个新功能	每年不少于10个新功能	年度评估	科技部/研发部
新产品开发数量	4个以上	3个	季度评估	研发部
研发周期	提前×天以上	提前×天	项目/季度评估	财务部/销售部
关键人员流失率	小于4%	小于10%	年度评估	人力资源部
新产品市场转化率	40%以上	30%～40%	年度评估	市场部/财务部
旧器件重复使用率	15%以上	2%～15%	项目/季度评估	研发部/财务部
MCE值	小于20天	小于30天	季度评估	市场部
员工满意度	指数3	指数2.6	年度评估	人力资源部

04

第四章
企业的持续成长与平衡计分卡的应用

一、平衡计分卡的兴起与发展

(一) 平衡计分卡的兴起

在工业时代的大企业诞生之初，企业成功的关键在于利用规模经济和范围经济的能力[①]，即管理实物资产的能力，靠的是把新技术融入实物资产中，借此提高效率并大批量生产标准产品，因此财务指标可以提供企业是否成功的评判标准。20世纪末兴起的信息技术革命和知识经济，使得工业时代竞争的许多基本假设变得过时，单靠迅速地把新技术融入实物资产及出色地管理资产和负债，已经不能使得组织获得可持续的竞争优势。动员和利用无形资产的能力，远比投资和管理有形资产更具决定性。当竞争和价值创造机会已经逐步从管理有形资产转移到管理基于知识与智力资产时，如何识别、定义、应用与评价组织的无形资产，包括客户关系、产品创新与服务、应变与柔性的组织与流程、员工的技能与动机等，就成为真正帮助企业洞悉万变的商业机会、决胜于长远的关键。

采用财务绩效的评价系统根本不能为企业提供在新知识背景下进行竞争所需要的信息。[②]在这一背景下，卡普兰和诺顿提出，对财务指标的依赖会妨碍组织创造未来经济价值的能力。组织应该尝试在财务指标之外，引入客户、内部流程、学习与成长等维度的业绩指标，以建立一

[①] CHANDLER A D, Jr. Scale and scope: the dynamics of industrial capitalism. Cambridge, Mass.: Harvard University Press, 1990.

[②] 保罗·尼文. 政府及非营利组织平衡计分卡. 胡玉明，等译. 北京：中国财政经济出版社，2004：1.

个平衡的计分卡，从更多维度观察绩效并实施绩效，使得财务指标描述历史的准确性、完整性与未来财务绩效驱动因素保持平衡。卡普兰和诺顿在财务指标之外引入客户、内部流程、学习与成长等维度的业绩指标，不仅将平衡计分卡从最初纯粹的绩效指标体系的视角扩展到了企业战略管理与执行系统的范畴，还在当今世界竞合、联盟、供应链管理的趋势下，将平衡计分卡从企业内部延伸到外部的战略性关系管理。

平衡计分卡概念的提出与不断完善，为企业"化战略为行动"和"化无形资产为有形价值"提供了实现路径和技术方法，它不仅帮助企业更有效地描述、衡量和管理战略，更重要的是帮助企业在经营环境不断发生变化的情境下更有效地利用无形资产因素来创造财务绩效。随着众多世界500强企业开始应用平衡计分卡并取得效果，平衡计分卡迅速成为最流行的战略管理和绩效管理工具之一。

（二）平衡计分卡的发展

自卡普兰和诺顿提出平衡计分卡的概念以来，平衡计分卡的理论和应用经历了五个发展阶段：

第一代平衡计分卡（见图4-1）提出了四个维度的框架，认为企业单纯依靠财务指标存在很大的问题，建议应该从多个维度来审视企业（即财务、客户、内部流程和学习与成长维度）。强调既要看结果，更要注重过程，设置均衡的衡量指标体系。这时候平衡计分卡是作为一个对绩效评估的改进工具来使用的。

第二代平衡计分卡（见图4-2）运用战略地图工具，帮助企业解决了如何筛选和归类衡量指标的问题。强调衡量指标应该反映企业特有的战略意图，企业应设置具有战略意义的衡量指标体系。战略使指标体系有了灵魂和方向，而战略地图是一个能够帮助企业明晰战略、沟通战略的有效工具。

图 4-1 第一代平衡计分卡

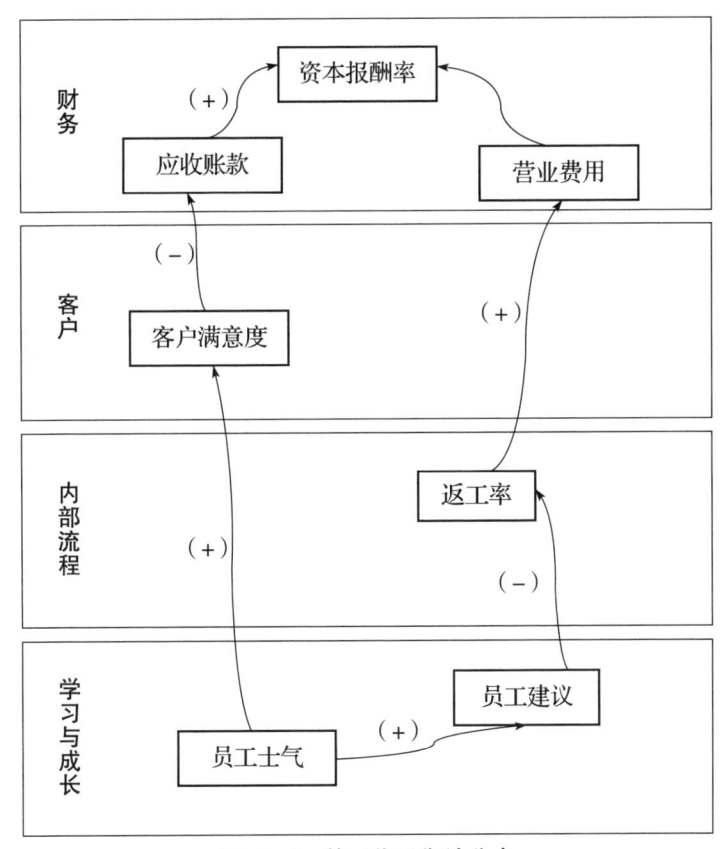

图 4-2 第二代平衡计分卡

第三代平衡计分卡（见图4-3）已经上升为战略性绩效管理体系，作为战略执行的工具来使用。强调企业应建立基于平衡计分卡的战略管理体系，调动企业所有的人力、财力和物力等资源，集中起来协调一致地去达到企业的战略目标。

平衡计分卡的实施流程

| 1.管理层推动
首席执行官的带动
管理团队的执行
"新的管理方式"
对战略负责
以业绩为导向的文化 | 2.传达战略
使命/愿景
战略图
平衡计分卡
目标
战略行动方案 | 3.组织目标一致
集团公司
集团公司-独立业务单位
独立业务单位-共享服务单位 |

| 4.把战略变成每个员工的工作
战略意识
统一目标
与激励措施挂钩 | 5.持续的流程
与预算挂钩
管理层会议
反馈系统
学习流程 |

图4-3　第三代平衡计分卡

第四代平衡计分卡（见表4-1）强调通过组织内外的协调创造企业合力，即用平衡计分卡帮助企业澄清战略，并就企业的战略重点和各业务与职能单位、董事会、关键客户、关键供应商以及联盟合作伙伴进行有效沟通。企业的平衡计分卡为企业高层提供一整套治理框架，并帮助企业挖掘组织协调所产生的价值。

表4-1　第四代平衡计分卡

企业计分卡	企业价值来源
财务协同 "我们如何提升各业务单位的股东价值？"	内部资本管理——通过有效的内部资本和劳动力市场的管理创造协同 企业品牌——将多元业务整合在同一品牌下，宣传推广共同的价值观和主题

续表

企业计分卡	企业价值来源
客户协同 "我们如何共享客户资源来提升整体客户价值？"	交叉销售——通过在多个业务单元内不同产品的交叉销售创造价值 共同价值定位——通过在所有店面统一标准，创造一致的消费体验
内部流程协同 "我们如何管理业务单元的流程去产生规模经济效应，或进行价值链整合？"	共享服务——通过共享关键支持流程中的系统、设备和人员形成规模经济效益 整合价值链——通过行业价值链内相连的流程进行整合，从而创造价值
学习与成长协同 "我们如何发展和共享我们的无形资产？"	无形资产——共享人力资本、信息资本和组织资本的发展

第五代平衡计分卡（见图4-4）使用四维度框架整合了战略计划和运营执行的管理体系，并搭建起一个更具有实际操作性的"六阶段模型"：（1）开发出一个参与竞争的战略；（2）为战略进行筹划，安排必要的战略性投入，建立有问责制的战略执行的领导体系；（3）保证组织跟随战略，围绕战略协同业务单元和员工；（4）在运营体系上体现战略，解决战略执行的落地问题；（5）对战略执行和运营过程进行监控和反思；（6）对战略环境进行检验，并对战略的内容进行调整。通过"六阶段模型"，平衡计分卡在战略与运营之间建立了强有力的链接，帮助企业解决了战略有效落地的问题，使得员工的日常工作都能够支持战略目标。

随着商业竞争逻辑的变化，平衡计分卡主动拥抱并适应变化，不断丰富着其内涵与外延，但是回归到商业本质，战略的重要意义始终被强化，如何将外部复杂的商业信息转换并解读成为企业的战略，并使之与内部运营管理体系相结合，一直是平衡计分卡致力于面对和回答的核心问题。

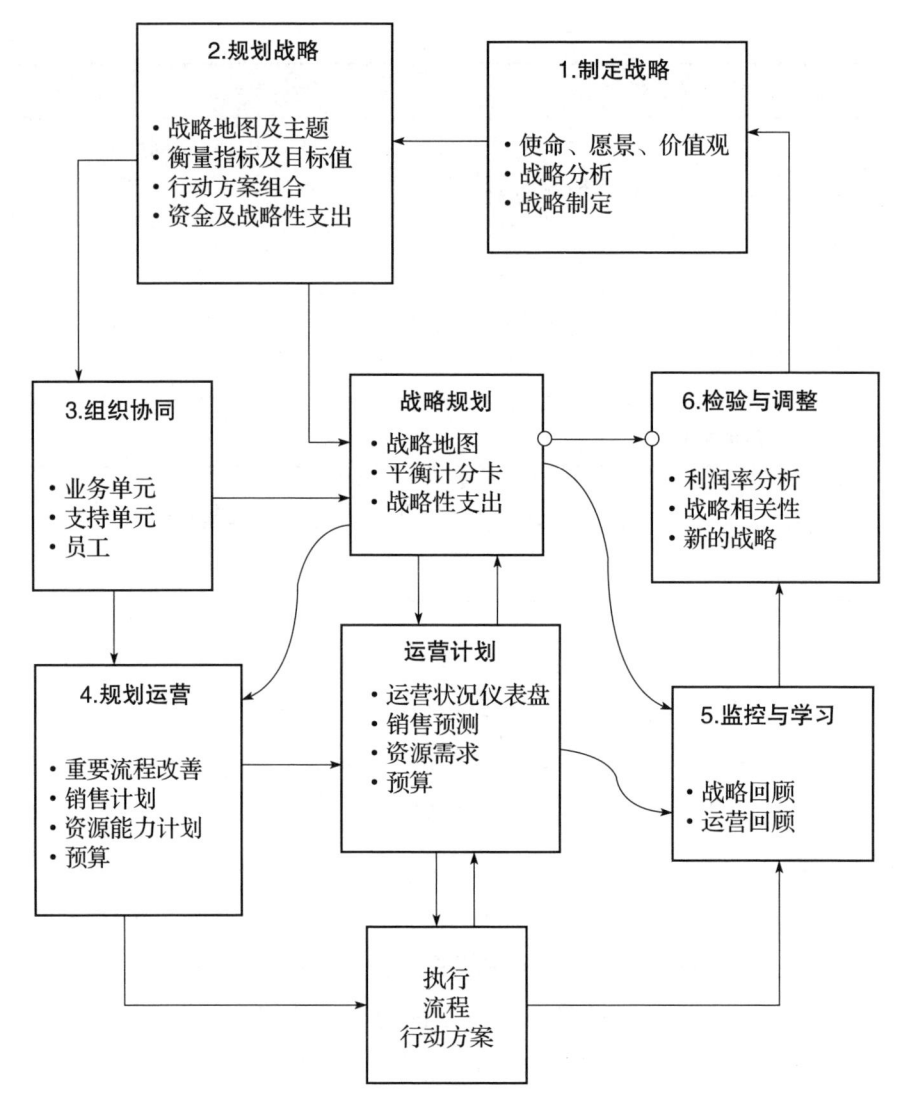

```
                    2.规划战略              1.制定战略
                  ・战略地图及主题        ・使命、愿景、价值观
                  ・衡量指标及目标值      ・战略分析
                  ・行动方案组合          ・战略制定
                  ・资金及战略性支出


   3.组织协同         战略规划              6.检验与调整
                    ・战略地图            ・利润率分析
  ・业务单元          ・平衡计分卡          ・战略相关性
  ・支持单元          ・战略性支出          ・新的战略
  ・员工


   4.规划运营          运营计划             5.监控与学习
                    ・运营状况仪表盘
  ・重要流程改善      ・销售预测            ・战略回顾
  ・销售计划          ・资源需求            ・运营回顾
  ・资源能力计划      ・预算
  ・预算

                       执行
                       流程
                     行动方案
```

图 4-4　第五代平衡计分卡

按照"无法衡量的就无法管理"的管理思想，平衡计分卡通过战略地图建立了企业战略的描述体系，然后通过平衡计分卡建立企业战略的衡量体系，最后通过战略中心型组织建立企业战略的管理体系，以此形成了通过平衡计分卡体系描述战略、衡量战略和管理战略的战略绩效管理体系（见图4-5）。

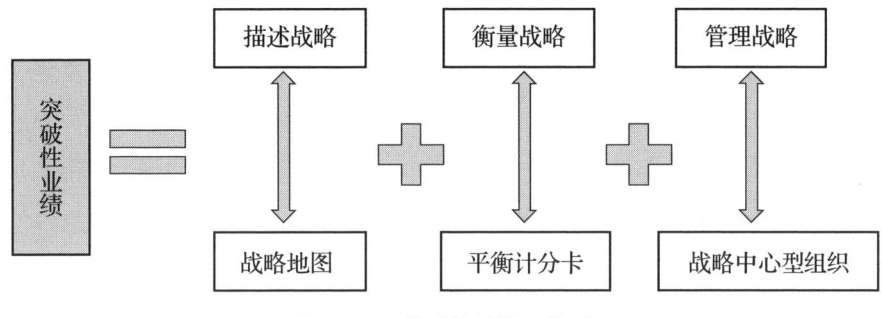

图 4-5　战略绩效管理体系

二、全面解读平衡计分卡

(一) 平衡计分卡的内涵与特点

1. 平衡计分卡的内涵

平衡计分卡（balanced score card，BSC）是卡普兰与诺顿于 1992 年共同创建的。之所以叫"平衡计分卡"，主要是这种方法通过财务与非财务考核手段之间的相互补充，不仅使绩效考核的地位上升到组织的战略层面，使之成为组织战略的实施工具，同时也是在定量评价和定性评价之间、客观评价和主观评价之间、指标的前馈指导和后馈控制之间、组织的短期增长与长期增长之间、各个利益相关者之间寻求"平衡"的基础上完成的绩效管理与战略实施过程。

平衡计分卡采用衡量未来业绩的驱动因素指标，弥补了仅衡量过去业绩的财务指标的不足。其目标和指标来源于企业的愿景和战略，并分解为客户、内部流程、学习与成长、财务四个维度来考察企业的业绩。

（1）客户维度。

在客户维度，企业向目标细分市场提供哪些客户价值主张，成为制定客户维度目标和指标的关键。企业必须回答两个重要问题：谁是我们的目标顾客？我们为之服务的价值定位是什么？多数企业都声称它们确实有目标顾客，但其日常经营却反映出它们其实试图"为所有顾客提供所有东西"。这种面面俱到的战略将会使组织无法显示出与竞争对手的差别。在确定企业客户价值定位时，可以采用特里西（Treacy）和威尔斯马（Wiersema）在《市场领先者的修炼》[1]中所提出的三种客户价值主张：

1）经营出色：注重低价、便利以及"简单明了"。

2）产品领先：注重产品的不断创新，力求为市场提供最好的产品。

3）关系密切：注重满足特定顾客的需求，以形成亲密的长期客户合作关系。

在不同的客户价值主张下，企业的目标和指标不同。比如经营出色的客户价值主张会更关注成本降低和效率的提升；产品领先的客户价值主张会更注重新产品和新服务的开发；关系密切的客户价值主张则强调客户的满意度和忠诚度。当然三种客户价值主张并不是排他性的，企业在选择时应当围绕某一价值主张建立竞争优势，并同时保证对其他两种价值主张有足够的关注。

（2）内部流程维度。

内部流程维度提出组织为持续增加顾客和股东价值所必须优化的关键流程，这些流程帮助组织提供预期的价值主张，以吸引和留住目标细分市场的客户，并满足股东对卓越财务回报的期望，识别这些关键流程并制定最恰当的评价指标，有利于追踪组织取得的进展。通常来讲，这些对客户满意度和企业财务目标影响最大的流程包括创新流程、内部运营流程、客户服务流程、外部的合规与社会责任流程。

（3）学习与成长维度。

组织在确定了客户和内部流程维度的评价指标和相应的行动之后，会发现现有员工的技能水平、信息系统的结构和组织的文化氛围与实现

---

[1] MICHAEL TREACY, FRED WIERSEMA. The discipline of market leaders. MA：Perseus Books, 1995.

组织目标所应达到的水平之间存在差距。这个维度的评价指标就要有助于缩小这种差距，并保证组织取得可持续的绩效。所以学习与成长维度关注组织长期价值创造的三个来源：人、系统和组织。

（4）财务维度。

财务维度指标展示了战略实施是否导致了最终结果的实现或改善。定期的财务报表和财务指标可以提醒管理者质量、反应时间、生产率和新产品等方面的改善只是实现目的的手段，而非目的本身。只有这些改进能够转化为销售额增加、成本降低和资产利用提高时，才能给组织带来真正的利益。所以尽管财务指标有许多缺陷，它仍是必需的，尤其是在政府和非营利部门。在资金有限的情况下，必须始终处理好效益与效率之间微妙的平衡关系。组织既要取得成果，又要保证财务上是高效的。

2. 平衡计分卡的特点

通过考察财务、客户、内部流程、学习与成长四个维度的绩效指标，平衡计分卡实现了短期目标和长期目标、财务指标和非财务指标、领先指标和滞后指标、定量指标和定性指标以及外部衡量和内部衡量的平衡。

（1）短期目标和长期目标的平衡。

一个骑自行车的人，他的眼睛只需要看前方的 10 米处就可以了；一个驾驶汽车的人，他的眼睛至少要盯住前方 100 米处；而一个飞行员，则需要盯住前方 1 000 米的地方甚至更远一些。同样的道理也适用于企业。

（2）财务指标和非财务指标的平衡。

平衡计分卡改变了过去那种仅依靠财务指标的业绩评估方法，因为财务指标只是评估过去的业绩，而无法引导未来，平衡计分卡在关注财务指标的同时也关注非财务指标。

（3）领先指标和滞后指标的平衡。

企业应当清楚其所追求的成果（如利润、市场占有率）和产生这些成果的原因，即动因（如新产品开发投资、员工培训、信息更新）。只有正确地找到这些动因，企业才可能有效地获得所要的成果。平衡计分卡正是按照因果关系构建的，同时结合了指标间相关性。

（4）定量指标和定性指标的平衡。

定量指标（如利润、员工流动率、顾客抱怨次数）所具有的特点是较准确，具有内在的客观性，但定量数据多为基于过去的事件而产生，与它直接相联系的是过去。定性指标由于其具有相当的主观性，甚至具有外部性，所以往往不具有准确性，有时还不容易获得，因而在应用中受重视程度不如定量指标。平衡计分卡引入定性指标以弥补定量指标的缺陷，使评价体系具有新的实际应用价值。

（5）外部衡量和内部衡量的平衡。

平衡计分卡将评价的视线范围由传统上的只注重企业内部评价，扩大到企业外部，包括股东、顾客；同时以全新的视角重新认识企业内部，从以往只看内部结果，扩展到既看结果又注重内部流程及学习和成长等无形资产。

（二）平衡计分卡的价值

平衡计分卡通过财务、客户、内部流程、学习与成长维度的绩效考核指标克服了以往仅考察财务指标的缺陷，并通过建立四个维度之间的驱动与检验关系，不断推动企业可持续业绩的达成（见图4-6）。

而最重要的是，在战略绩效管理体系中，平衡计分卡帮助企业转化、沟通并衡量它们的战略，它是企业的战略管理系统、战略沟通工具和战略评价体系。

1. 战略管理系统

平衡计分卡有助于组织阐明战略、沟通战略，促使个人、组织、部门的行动方案一致，以实现共同的目标。平衡计分卡为企业管理人员提

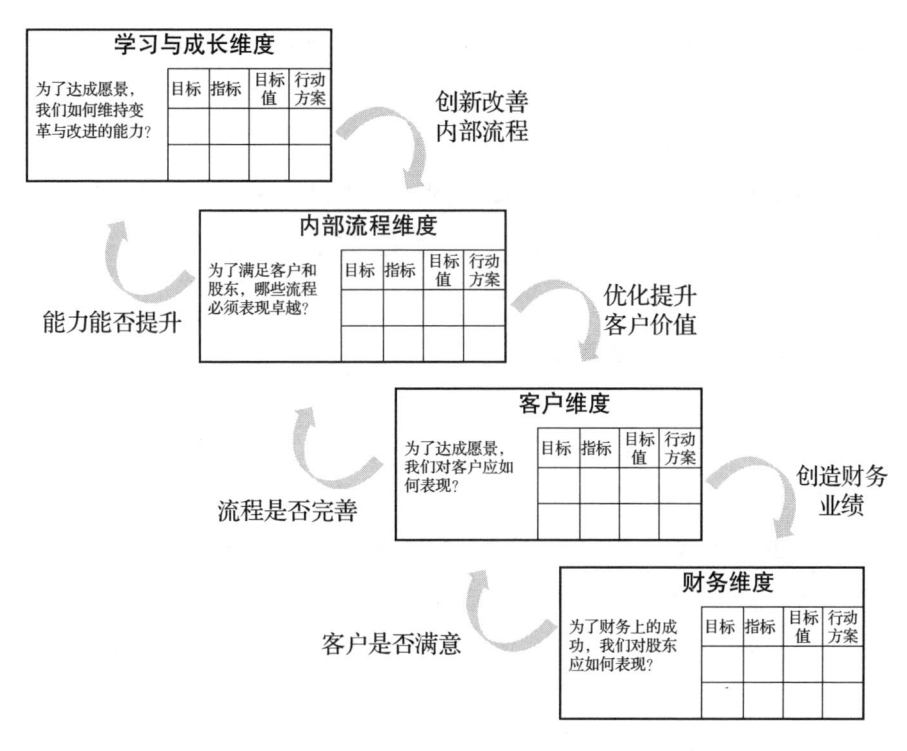

图 4-6　平衡计分卡四个维度之间的驱动与检验关系

供了一个全面的框架，它从财务、客户、内部流程和学习与成长四个方面把企业的使命和战略转变为相互平衡并具有因果关系的目标和衡量方法，以及响应的行动方案，同时通过分级实施把平衡计分卡贯穿到组织最底层，给所有员工展示他们的日常工作如何为实现组织的长期战略目标做出贡献，从而保证企业战略的有效落地。

2. 战略沟通工具

组织运用平衡计分卡可以使员工与公司战略协调，以公司目标作为资源配置的基础，并改善合作关系。战略的成功实施要求组织各个层级都能理解并执行战略。企业把战略融入衡量系统，才能够更好地执行战略，因为它们能正确地在企业内传达目标和目标值。这种传达使管理者和员工把重心放在关键的驱动因素方面，并使投资、方案和行动同正在实现的战略保持一致。而精心构建的平衡计分卡可以通过所选择的清晰而有效的绩效评价指标，清楚地描述所制定的战略并使抽象的愿景与战略变得直观具体。

3.战略评价体系

财务指标是企业追求的结果，其他三个维度的指标是取得这种结果的动因，它们不是对财务指标的取代，而是补充。

（三）平衡计分卡的描述体系

战略地图是描述组织价值创造战略的模型，它从平衡计分卡四个维度出发，描绘了各维度的战略关注点，并通过四个维度的目标和指标建立一系列的因果联系，形成描述企业战略的通用框架体系。企业可以通过管理和衡量这些因果联系实现企业的持续性发展。

战略地图提供了企业将无形资产与价值创造联系起来的过程：

首先，在财务维度，企业财务价值的创造主要来源于两个方面：收入增长和效率提升。收入增长一般包含两个部分：新的收入来源和提高现有客户的利润率。企业可以通过开发新产品、吸引新客户或者开拓新渠道获得新的收入来源，也可以通过加深与现有客户的关系而销售更多的产品与服务。效率提升来源于两个部分：改善成本结构和提高资产利用效率。企业可以通过降低直接成本和间接成本来削减成本，也可以通过提高财务与实物资产的利用效率来提高生产率。

其次，在客户维度，企业通过提供差异化的价值主张，为客户提供在价格、质量、可用性、选择多样性、功能等产品特性方面，在客户服务和伙伴关系等关系方面，以及在品牌等形象方面有所不同的产品与服务，以此提高客户满意度、保持率、获得率、获利性，从而达到收入增长和周转加快的目的。

再次，在内部流程维度，企业通过创新流程、运营管理流程、客户管理流程、法规与社会流程，向客户提供差异化的产品与服务，不断降低产品与服务的提供成本，拓展与加深与目标客户的关系并提升企业的外部形象，以实现企业所提出的差异化客户价值主张。

最后，在学习与成长维度，企业通过不断提升在人力资本、信息资本和组织资本等方面的储备、开发与利用，将这些无形资产转化为企业内部流程方面的有形成果，有效地推动企业内部流程的改善与效率提升。

（四）平衡计分卡的衡量体系

平衡计分卡将企业的战略转化为包括财务、客户、内部流程和学习与成长四个维度的指标，并通过概括性指标和业绩驱动指标的组合有效衡量企业的战略实施情况。概括性指标主要是结果指标或滞后指标，如利润率、市场份额、客户满意度、员工保持率等，在各行业或者公司间存在一定的通用性；业绩驱动指标主要是过程指标或领先指标，它反映了企业战略的独特性，如企业选择竞争的细分市场、特殊的内部业务流程等。

1. 财务维度指标

财务维度指标可以显示企业的战略及其实施和执行是否对改善企业盈利做出贡献。财务维度指标通常与获利能力有关，其衡量指标有营业收入、投资回报率、经济增加值或现金流等。财务维度指标的提取需要考虑企业成长周期和财务类战略主题两个因素。

（1）基于企业成长周期。

企业发展阶段不同，财务目标和指标也应有所差异。比如在成长期时，企业的产品和服务拥有巨大的成长潜力，企业必须投入大量的资源来开发和改进新产品和服务，这时企业可能会出现负的现金流，投资回报率也很低，所以企业的财务指标就应当聚焦于收入增长率，以及目标市场、客户群体和地区的销售增长率。而到了保持期，企业将期望保持现有的市场份额，并每年有适度的增长，其投资项目主要聚焦于消除瓶颈、提高生产能力和增强持续改进，这一时期的财务指标多与获利能力有关，比如经营收入、毛利、投资回报率、经济增加值等。成熟期的企业需要收获前两个阶段的投资，其投资主要用于维持设备和生产能力，而无须增强新的能力，这时财务目标主要是现金流最大化。

（2）基于财务类战略主题。

企业的财务类战略主题一般包括：收入增长和组合、降低成本/提高生产率、资产利用。收入增长和组合指的是增加产品和服务的种类，开拓新客户和市场，改变产品和服务的构成以提高附加价值，以及重新确定产品和服务的价格。降低成本/提高生产率指的是努力降低产品和服务的直接成本和间接成本，以及与其他业务单位共享资源。资产利用是指努力降低既定业务量或业务组合所需的营运资金水平，管理者还可以通过利用剩余生产能力发展新业务，提高稀有资源利用效率和处理闲置资产，借此提高固定资产的利用。

结合企业的发展阶段，不同的财务类战略主题下的指标如表4-2所示。

表4-2 财务维度指标

		战略主题		
		收入增长和组合	降低成本/提高生产率	资产利用
企业发展阶段	成长期	细分市场销售增长率，新产品、服务、客户数量	销售收入	投资占销售收入比、研发费用占销售收入比
	保持期	目标客户的占有率、客户与生产线利润率	相对于竞争者的成本、成本降低率、间接开支占销售收入比	营运资金周转、资产报酬率、资产利用率
	成熟期	客户和生产线利润率、非盈利客户的比率	单位成本（单位产出、每项交易）	投资回收期、生产能力

2. 客户维度指标

客户维度指标通常包括两类：一类是通用性的客户结果指标，包括客户满意度、客户保持率、客户获得率、客户盈利性，以及企业在目标市场中所占的份额等。另一类是产生客户结果指标的驱动因素指标，这些指标回答了这一问题，即企业必须提供给客户什么才能获得客户的满意度、忠诚度等。卡普兰和诺顿将这些驱动因素指标归纳为三种：产品/服务特性，包括功能价格和质量；客户关系，包括产品/服务交货，涉及反应时间、交货周期和客户购买的体验；形象和声誉。

3. 内部流程维度指标

第一代平衡计分卡提出的内部流程指标从组织内部的业务价值链出发，将内部流程分为创新流程、经营流程、售后服务流程、制度和环境流程。

（1）创新流程。

创新流程包括两个部分：一是确定市场。企业要进行市场调研，确定市场规模、客户偏好，以及目标产品或服务的价值定位。在调研中，企业需要找到以下两个关键问题的答案：客户希望今后的产品能为他们带来什么利益？如何通过创新手段先于竞争对手为客户提供这些利益？客户和市场调研的衡量指标可以是计划开发的全新产品和服务，或者是评估对于新客户偏好调研的准备工作。二是开发产品和服务。企业研发部门是这个流程主责部门，在此过程中从事基础研究和应用研究，开发新产品和服务并推向市场。衡量产品和服务开发可以从每个阶段的良品率、周转期和成本三个方面进行，比如初次设计完全符合规格的产品比例、进入生产阶段之前的设计修改次数、新品上市时间、产品收支平衡时间（从新产品开发到上市并能产生足够的偿付研发成本的利润所需要的时间）等。

（2）经营流程。

经营流程从接到客户的订单开始，到递交产品或服务给该客户为止，强调高效率、一致和及时提供既有的产品给既有的客户。其衡量指标主要包括流程的质量、时间和成本三个方面，如良品率、返工率、退货率、等待时间、交货周期、制造周期效率（加工时间／产出时间）、废料率等。企业也可以根据自身所提供的产品特性选择其他衡量指标。比如产品领先导向的企业可以选择有多少产品是第一个或第二个上市的指标来衡量其是否在领导行业的趋势，关系密切导向的企业可以选择品牌知名度或会员重复购买来衡量对客户的吸引或保留能力。

（3）售后服务流程。

售后服务包括提供担保和产品维修，次品、退货和付款等手续的处理。企业同样可以从质量、时间和成本的角度去衡量售后服务是否达到了企业的预期，比如一次成功率、对故障或差错的反应时间、客户服务成本等。

（4）制度和环境流程。

在《战略中心型组织》一书中，卡普兰和诺顿在创新流程、经营流程、售后服务流程的基础上，又将制度和环境流程，即后期的法规与社会流程，纳入内部流程之中。

制度和环境流程主要考虑企业在健康、安全、环境和社会责任方面的表现。因为企业在运营过程中要受到政府法规制度的限制，还需要遵守政府对于环境、健康和安全的管理要求，此外，企业还要积极打造良好外部形象，"成为优秀的企业公民"。

4. 学习与成长维度指标

财务、客户、内部流程维度的指标确定了企业为获得突破性的业绩必须在哪些方面表现突出，学习与成长维度则构成了实现以上三个层面指标的基础，是企业获得卓越绩效的驱动因素。学习与成长维度通常从人力资本、信息资本和组织资本三个方面进行衡量。

（1）人力资本。

大多数企业都从三组核心指标出发确定其员工发展目标，包括员工满意度、员工保持率和员工生产率。员工满意度指标最为重要，它是员工提高生产率、快速反应和服务客户的前提。员工满意度通常使用员工满意度调查来测量。员工保持率则一般使用关键员工的流失率来衡量，而非整体员工的流失率，因为一定的员工流动是企业保持活力的重要手段,只要企业的关键员工没有流失,就不会妨碍到企业的核心能力。衡量员工生产率的指标包括人均收入、薪资回报率等。

在核心指标之外,企业还可以选择类似于战略工作胜任率(符合特定战略工作资格要求的人数与企业预期需要的人数之比)等指标作为驱动指标来衡量企业的人力资源准备度。

(2)信息资本。

要使员工在当今竞争环境中发挥应有的作用,还必须使他们获得关于客户、内部流程和决策所造成的财务结果等方面的信息。信息能否快速、及时、准确地反馈给需要的员工,可以通过企业可用信息与预期需求之比来进行衡量。

(3)组织资本。

员工拥有技术,也能毫无障碍地获得信息,但如果他们无心追求企业的最大利益,或无权做出决策和采取行动,那么这些技术和信息还是不能为企业做出贡献。所以企业还需要建立激励、授权和协作的组织氛围,并通过员工建议次数、建议被采纳次数、重要流程的改进速率等指标来衡量员工是否积极地参与企业经营。

(五)平衡计分卡的管理体系

企业通过平衡计分卡将战略转化为指标和行动,但这并不能保证企业战略的有效执行,而建立战略中心型组织则是企业提高战略执行能力和管理企业战略的全新管理系统。战略中心型组织具有五项通用原则(见图4-7)。

1. 把战略转化为可操作的行动

战略中心型组织使企业的愿景与战略达成一致,并绘制战略地图帮助企业以统一、有启发性的方式来描述和沟通战略,然后通过平衡计分卡的指标体系和战略行动方案分解企业战略,将每项企业战略目标转化为可以操作和监控的行动。

把战略转化为可操作的行动
- 使命/愿景
- 战略地图
- 平衡计分卡
- 战略行动方案

高层领导带动变革
- 动员
- 引导变革
- 调整管理系统

战略中心型组织

以战略为中心整合组织资源
- 集团公司总部
- 各业务单元
- 共享服务单位

把战略落实为每一个员工的日常工作
- 战略认知感
- 个人计分卡
- 和激励措施挂钩

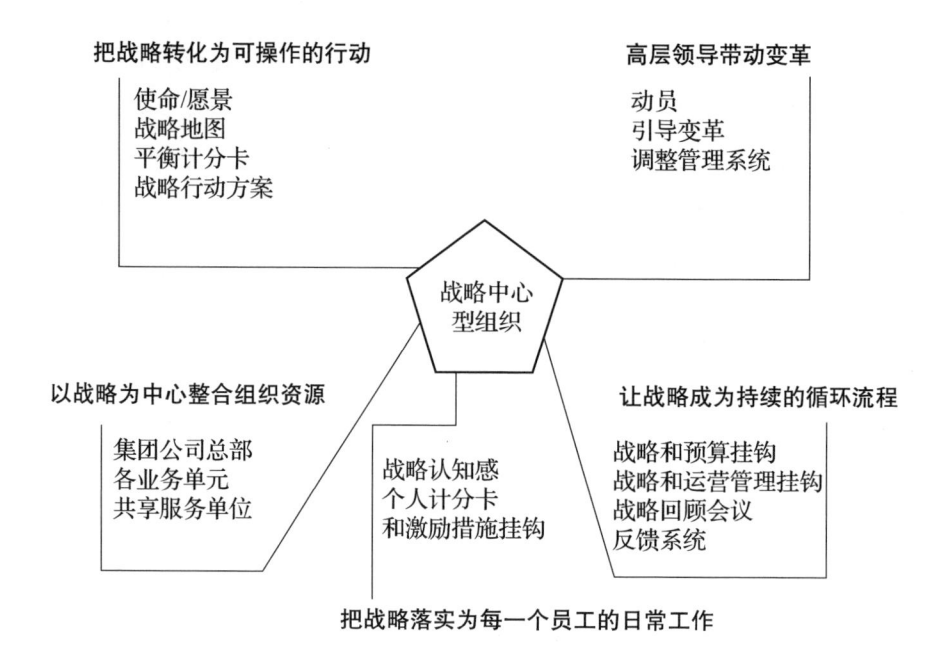

让战略成为持续的循环流程
- 战略和预算挂钩
- 战略和运营管理挂钩
- 战略回顾会议
- 反馈系统

图 4-7　战略中心型组织的五项通用原则

2. 以战略为中心整合组织资源

战略中心型组织将协同作为组织设计的最高目标，它打破了传统的围绕职能划分来设计组织的障碍，使总部、各业务单元或共享服务单位的战略相互关联和协同，使组织整体绩效超过各个部门所产生的绩效的总和。

3. 把战略落实为每一个员工的日常工作

战略中心型组织需要所有的员工理解战略，并且每天的工作都围绕战略进行，这是一个自上而下的沟通过程。首先管理层将企业战略传达给整个组织，然后将企业和业务单元的计分卡逐级分解到每个部门和员工，并设定员工的个人目标。最后组织还需要将薪酬激励与平衡计分卡挂起钩来，让战略不仅成为员工的日常工作，还让员工理解它，并有动力去执行。

4. 让战略成为持续的循环流程

战略中心型组织引入"双循环流程"来管理战略。首先，组织将战略与预算流程连接起来，并将预算区分为战略性预算和运营性预算；其次，建立战略回顾会议制度，通过设计信息反馈系统让更多的经理参与到战略回顾之中，加深他们对绩效的了解并激发他们的动力；最后，不断完善战略管理的流程，根据平衡计分卡的应用情况，组织对战略假设进行检验并随时更新战略重点和平衡计分卡。

5. 高层领导带动变革

战略中心型组织的建设需要领导团队的积极推动和参与，因为战略实施需要持续地关注和聚焦组织的变革行动方案以及绩效与目标的差距，如果高层团队不能参与这一过程，变革就不会发生，战略也不会得到执行。高层参与变革主要经历动员组织启动变革、建立治理流程引导变革和调整管理系统强化变革三个阶段。

（六）平衡计分卡的应用局限

高科技、创业型企业不适用平衡计分卡。互联网时代不确定性强，应用平衡计分卡也存在问题。

平衡计分卡力图在财务指标与非财务指标之间、在长期目标和短期目标之间寻求平衡。但过分的平衡就等于没有重点，资源配置太平衡，会让企业失去发展的方向与动力。处于快速发展期的企业，资源配置需要集中。

平衡计分卡更适用于业务比较成熟、稳定的单一业务，而非多元化业务。

三、平衡计分卡设计指南

（一）平衡计分卡的设计流程

在第一代平衡计分卡中，卡普兰和诺顿给出了平衡计分卡的设计流程，共包括五个步骤：

1. 确定衡量结构，选择适当的业务部门

平衡计分卡最好在一个战略业务单位进行编制。实施平衡计分卡最理想的战略业务单位，其活动范围应遍及整个价值链：创新、经营、营销、分销、服务。这样的战略业务单位拥有自己的产品与客户、分销渠道和生产设施，最重要的是，它拥有一个定义完整的战略。

2. 建立对战略目标的共识

准备有关平衡计分卡的背景资料，公司和战略业务单位的愿景、使命和战略等内部文件，以及产业和竞争背景资料，提前将这些资料送交每个高层管理者（通常为6～12人），组织这些人员进行90分钟左右的座谈，对组织的使命和战略进行讨论并达成共识。之后就平衡计分卡的四个维度逐一讨论，确定各维度的战略目标和衡量指标，最终就每个维度确立3～4个战略目标，对每个目标进行详细说明，并为每个目标列出一份备选指标。

3. 设计和选择指标

针对每个目标，确定最能捕捉和传达这种目标意图的指标，并确定必要信息的来源和为了获得这些信息而需要采取的行动。同时建立同一维度指标间的连接关系以及确定不同维度间指标是如何相互影响的，并最终形成一份能向业务单位所有员工宣传平衡计分卡意图和内容的手册。

4. 开发实施计划

正式确定衡量指标的挑战性目标值，并制订平衡计分卡的实施计划。实施计划包括如何把指标与数据库和信息系统相连接，如何向企业传达平衡计分卡，如何鼓励、协助业务单位开发下层的衡量指标等。

5. 完成实施计划

通过确立实现目标值的初步行动方案，使业务单位的各种改革计划同平衡计分卡的目标、指标和目标值相一致，并把平衡计分卡整合到管理理念中，同时开发一个支持平衡计分卡的信息系统。

从设计流程上看，第一代平衡计分卡还未能有效地实现化战略为行

动的目标，它止步于设计出四个维度的衡量指标和平衡计分卡的实施计划，但对于如何管理这些指标，以及如何建立信息系统等都未给出确切的答案。而第二代平衡计分卡——战略地图，通过"战略举措"的设计回答了企业如何更好地实现战略目标。

当前比较通用的平衡计分卡设计流程在上述五个步骤的基础上进行了调整，同时增加了开发战略地图的内容（见图4-8）。

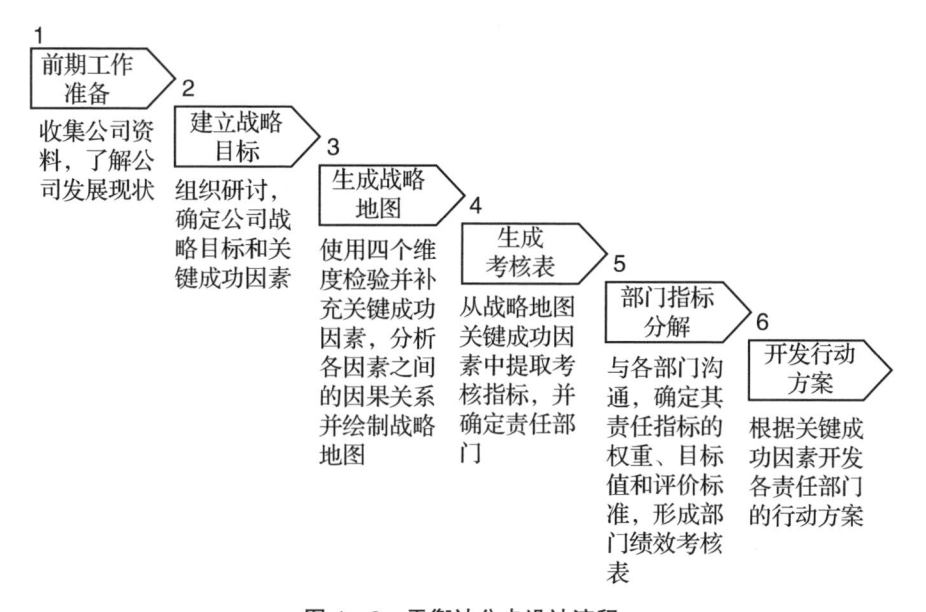

图4-8 平衡计分卡设计流程

1. 前期工作准备：收集公司资料，了解公司发展现状
2. 建立战略目标：组织研讨，确定公司战略目标和关键成功因素
3. 生成战略地图：使用四个维度检验并补充关键成功因素，分析各因素之间的因果关系并绘制战略地图
4. 生成考核表：从战略地图关键成功因素中提取考核指标，并确定责任部门
5. 部门指标分解：与各部门沟通，确定其责任指标的权重、目标值和评价标准，形成部门绩效考核表
6. 开发行动方案：根据关键成功因素开发各责任部门的行动方案

（1）第一步：前期工作准备。

收集并分析公司资料有助于经理就公司的战略达成共识，需要收集的资料如图4-9所示。

（2）第二步：建立战略目标。

组织公司管理层研讨确定公司未来3～5年的战略目标，以及为实现这一战略目标所必须具备的关键成功因素。

（3）第三步：生成战略地图。

从平衡计分卡的四个维度检验并补充关键成功因素，分析各因素之间的因果关系，生成战略地图。

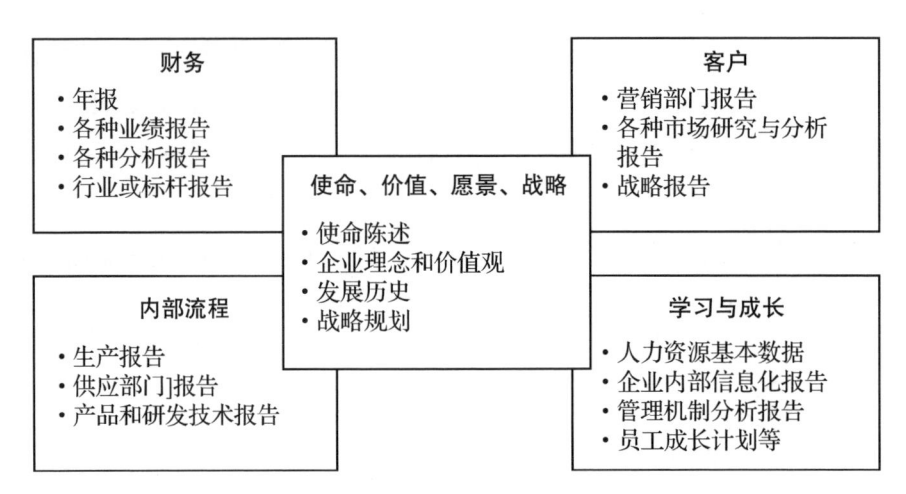

```
┌─────────────────────┐           ┌─────────────────────┐
│      财务           │           │       客户          │
│ ·年报              │           │ ·营销部门报告      │
│ ·各种业绩报告      │ ┌───────┐ │ ·各种市场研究与分析│
│ ·各种分析报告      │ │使命、价值、│ │   报告            │
│ ·行业或标杆报告    │ │愿景、战略 │ │ ·战略报告          │
└─────────────────────┘ │·使命陈述│ └─────────────────────┘
                        │·企业理念和│
                        │  价值观  │
┌─────────────────────┐ │·发展历史│ ┌─────────────────────┐
│    内部流程         │ │·战略规划│ │    学习与成长        │
│ ·生产报告          │ └───────┘ │ ·人力资源基本数据   │
│ ·供应部门]报告     │           │ ·企业内部信息化报告 │
│ ·产品和研发技术报告│           │ ·管理机制分析报告   │
└─────────────────────┘           │ ·员工成长计划等     │
                                   └─────────────────────┘
```

图 4-9　平衡计分卡所需要收集的资料

（4）第四步：生成考核表。

根据战略地图的关键成功因素分解考核指标（需要注意的是并不是每个关键成功因素都对应一个考核指标），然后由公司管理层讨论确定每个指标的责任部门，再分类汇总成表（见图 4-10）。

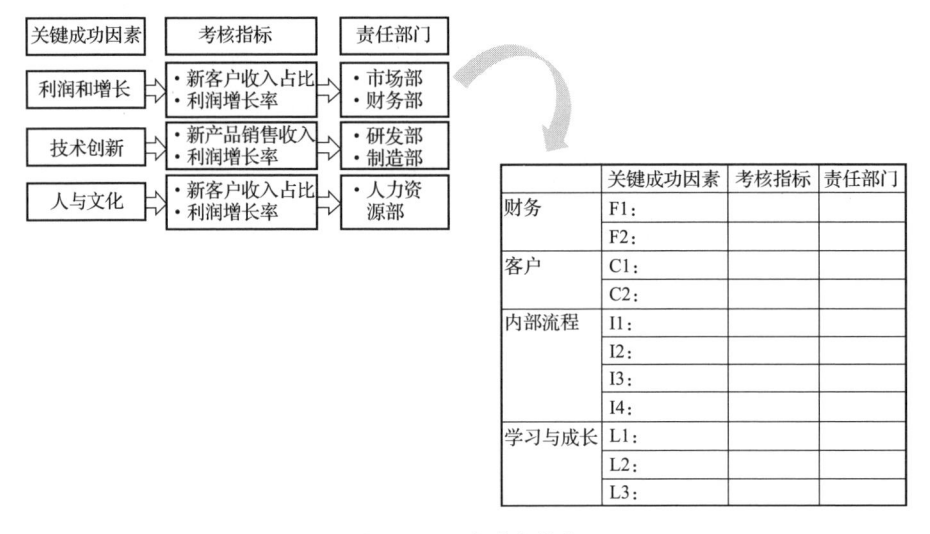

关键成功因素	考核指标	责任部门
财务	F1:	
	F2:	
客户	C1:	
	C2:	
内部流程	I1:	
	I2:	
	I3:	
	I4:	
学习与成长	L1:	
	L2:	
	L3:	

图 4-10　生成考核表

（5）第五步：部门指标分解。

公司管理层与各部门领导沟通确定各考核指标的权重、目标值和评价标准,形成部门绩效考核表(见表4-3)。

表4-3 部门绩效考核表示例

部门:品质管理部					
考核指标	权重	目标值	评价标准	实际完成值	得分
直通率	40%	90%	每提高1%,加2分; 每降低1%,扣2分		
客户投诉次数	30%	6次	每减少1次,加5分; 每增加1次,扣5分		
客户满意度	20%	90分	每增加1分,加2分; 每减少1分,扣2分		
净利润	10%	1 000万元	每增加2%,加1分; 每减少2%,扣1分		

(6)第六步:开发行动方案。

根据关键成功因素开发各责任部门的行动方案。

(二)平衡计分卡设计的角色及职责

高层参与是平衡计分卡设计的一项重要原则。在平衡计分卡设计过程中,高层领导和各级管理人员的参与非常重要,各主体需要承担各种角色和职责以保证平衡计分卡的开发与落地效果(见表4-4)。

表4-4 平衡计分卡设计的角色与职责

角色	职责
高层发起人	主导平衡计分卡项目; 为平衡计分卡提供有关使命、战略和方法论的背景信息; 与内外部利益相关者沟通; 保证团队的资源(人力资源和财务资源); 使整个组织产生对平衡计分卡的支持和热情

续表

角色	职责
平衡计分卡设计团队领导	协调会议； 计划、跟踪并向全体员工报告团队的绩效； 提供平衡计分卡方法论思想指引； 确保团队获得所有相关背景资料； 为高层发起人提供反馈信息； 通过指导和支持建立一支高效的团队
平衡计分卡设计团队成员	提供有关业务部门的专门知识； 为各自高层领导提供信息并影响他们； 在所在单位或部门充当平衡计分卡推行大使； 以团队整体的最佳利益行事
组织变革专家	提高组织对变革问题的认识； 调查影响平衡计分卡项目的变革问题； 与团队一起工作，提出处理变革相关风险的思路

（三）非营利机构的平衡计分卡设计

在当前的环境下，为了能解释、证明成果，非营利机构需要准确地评价组织的真实绩效，仅展示接受服务的人数或支付的金额是不够的，还需要展示组织在实现使命的高层次目标上所取得的进展。这些进展可以通过对平衡计分卡四个维度的绩效监控获得短期和中期的信息，以期帮助组织向实现使命的方向前进；在绩效结果报告中，非营利组织还可以向外界展示其组织的效率和效果，有助于吸引各种稀缺资源，包括资金和人员。

但与企业不同的是，作为公共部门和非营利机构，它们的绩效评价系统不仅要反映出投入产出，更重要的是能评估组织在实现使命方面取得的进展。这带来了平衡计分卡在营利机构、公共部门和非营利机构之间的差异。

首先，在非营利机构中，使命位于平衡计分卡的最顶层。尽管非营利机构依然需要高效地配置资金，但却服务于更高的使命目标，如降低艾滋病感染率等。其次，从使命出发，非营利机构更为关注的是组织的客户，而非财务利益相关者。正如美国费城红十字会的一位首席战略官所说："我们将客户维度置于最顶层，这意味着我们所做的任何与财务、收入有关的事情都是为了支持我们的客户。"最后，财务指标被视为客户维度成功的有力支撑和组织经营的限制条件，以最低成本提供服务或者以最高效率提供服务才能帮助非营利机构获得更多的关注和捐赠，从而实现多赢的局面。在内部流程和学习与成长维度，非营利机构同样从组织使命出发，选择和评价那些能够改善顾客价值并帮助组织实现使命的关键流程，致力于创建一个具有合适技能与动机的员工、有利于快速决策的信息系统和支持创新的氛围的组织。

四、平衡计分卡的中国化

（一）平衡计分卡在中国的应用与挑战

1. 应用现状

自20世纪90年代末平衡计分卡被引入中国至今，从对人和事的定性评价到强调定量化考评，再到定量与定性相结合的评价方式，中国企业走过了一条体现中国文化特色与管理传承的绩效管理之路。当平衡计分卡进入中国企业的视野时，中国企业正处于从定性评价向量化评价转变的阶段，平衡计分卡基于财务、客户、内部流程和学习与成长四个维度以及各维度之间因果关系的核心思想，为中国企业的绩效评价注入了新的思想体系与工具元素。但是实践的结果并不理想，就像卡普兰在2003年的一项采访中所称："根据我们的估计，在所有宣称已实施平衡计分卡的公司中，只有不到50%的公司真正发挥了其威力。许多公司只是从平衡计分卡所强调的四个方面选择了一组KPI，以为这样就够了，并还是常常认为财务指标比其他更重要。另外大多数公司并没有严格遵循动员、沟通、协调一致、激励以及监控的基本原则。"中国企业在实施平衡计分卡的过程中也存在这些问题。

20世纪90年代末到21世纪初，中国企业对平衡计分卡的基本认知是，平衡计分卡就是一种衡量工具。因为财务报告传达的是已经呈现的结果、滞后于现实的指标，建立在财务体系基础上的绩效评价体系已无法涵盖绩效的全部动态特点，无法向管理层传达未来业绩的推动要素是什么，以及如何通过对客户、供应商、员工、技术创新等无形资产的投资来创造新的价值。如果一味鼓励财务要素的发展，或者完全依赖于财务指标，管理者就会为了追求短期业绩而引发短期行为，进而牺牲公司长期的发展。平衡计分卡就是一个通过财务、客户、内部流程、学习与发展四个维度及其因果驱动关系将目标与衡量标准有机结合的体系。它帮助企业设定包括财务在内的所有正确的目标，并且通过指标体系牵引与激励人们的行为，以最终达成目标。平衡计分卡为中国企业引入了"平衡观"，实现了短期目标与长期目标、财务指标与非财务指标、定量分析与定性分析、结果与动因、外部与内部、企业与客户等之间的平衡。

但是，建立指标之间的因果关联适用于处于什么成长阶段的企业？使用好这样一个系统工具需要具备怎样的条件和基础？个体层面是否适用？对于这些问题，平衡计分卡的理论体系并未做出回答。因此平衡计分卡在被引入中国的最初的一段时间内，除了帮助许多中国企业改造了其绩效考核指标体系之外，在帮助企业总体绩效改善与提升方面的效果并不理想。

当越来越多的企业遭遇战略执行的难题时，卡普兰和诺顿在平衡计分卡框架下继续提出的战略地图的核心思想，通过可视化的工具以及更加完整的沟通与行动一致性操作方法，将平衡计分卡从纯粹的业绩衡量范畴带入战略管理层面，成为一套在逻辑上更加严密的战略战术表达系统。借助"基于战略地图的平衡计分卡"，目标和路径都可以被直观表达，同时目标的执行效果也可以被清晰检视和及时纠偏，是企业内部与战略有关的全部人、财、物的资源得到整合与联系的载体。

2. 面临的挑战

在"基于战略地图的平衡计分卡"的实践中，参与部门也不再只是企业人力资源部，而是由企业管理部门牵头组成的跨部门工作团队，该团队基于常态的沟通机制（包括会议、信息流转、工具表单等）开展工作，以保证平衡计分卡所记录的各环节、各时间节点、各责任人都能够在合适的时间与地点输出所需要的结果。虽然一切看上去都很完美，但本质上作为一套工具体系的平衡计分卡，在为企业执行战略定义了完美的路标系统之后，却无法帮助企业定义"战略本身是什么""基于战略应该考核什么"，更加无法定义"沟通战略的最佳方式与效果是什么"。因此对于许多中国企业而言，在考虑如何执行战略、提升绩效之前，形成可持续的、可执行的并在管理层之间达成共识的战略，是首先需要面对的问题，没有了这一个前提，平衡计分卡的所谓战略执行力便无从谈起。此外，让基层员工真正读懂战略地图的含义并有效执行，对于基层管理者而言也是不小的挑战。

平衡计分卡在实施过程中遇到了以下困难：

（1）公司原有的管理基础相对薄弱，战略管理的思想刚刚被接受，而相应的一些关键职能部门也才刚刚完善，这就需要公司必须做到团结一致，统一公司的文化和价值观念，加快对有关人员的培训，同时明确岗位职责，从而为实施平衡计分卡提供有效的内部保证。

（2）在平衡计分卡推进过程中公司中，高层管理人员接受新知识新概念的能力较弱，增加了实施的困难。因此对当前中高层人员进行管理知识的培训势在必行。只有具备人才和知识的保证，平衡计分卡才能被较好地理解和运用。

（3）由于平衡计分卡推进速度过快，相应的交叉考评制度和指标评价标准体系没有得到及时修改和完善，导致在绩效评估过程中产生争议，出现了许多沟而不通的现象，影响了工作效率。因此建立相应的交叉考评制度和指标评价体系是当务之急。有了制度保障，平衡计分卡才能被更好地应用，绩效评估才能更真实客观地反映工作业绩，从而保证各项工作的开展都不偏离战略目标。

（二）平衡计分卡在中国成功实施的三要素

有效的战略实施需要员工的认同和参与，以帮助公司实现其战略目标。使员工与战略达成协同需要三个步骤：就企业战略与员工进行沟通，对员工进行教育；将员工的个人目标和激励与战略挂钩；根据战略对员工培训与发展课程进行调整，使员工具备实施战略所需要的知识、技能和综合能力。

基于上述分析，平衡计分卡在中国企业的实施至少需要以下要素。唯有条件适宜，平衡计分卡才具备植入与产生价值的土壤与环境，并且取得成效。

1. 文化

平衡计分卡实质上是一个循环渐进的变革过程。变革的成功与否，不仅取决于变革的流程以及方法，企业文化是否能够接纳组织变革更为关键。当执行平衡计分卡所需要的绩效导向、组织协同、战略专注等因素缺少文化价值体系的认同与支持时，平衡计分卡所提出的行动一致性、沟通整合也便缺少了落地的土壤。卡普兰和诺顿说："那些采用平衡计分卡成功进行战略实施管理的公司，也都无一例外地执行了更新的文化价值体系和运作程序，这也是必要条件。"

2. 制度与流程

平衡计分卡的运用需要组织内部具备配套的制度与流程支撑，包括财务体系运作、内部信息平台建立、岗位权责划分、业务流程管理以及与绩效考核相配套的人力资源管理的其他环节等。平衡计分卡所强调的四个维度之间的因果关系实质上就是企业的战略路径图，它是企业内部有关战略执行的一系列数据、信息与资源流向的完整说明，因此各项数据的提取、更新与管理基础是否完备，直接影响平衡计分卡所指向的因果链的有效性。对于执行平衡计分卡的人而言，企业人力资源管理体系的配套能力也是影响平衡计分卡落地的条件。

3. 能力

对于一个组织而言，成功的决定因素除了文化、制度与流程之外，最关键的还是组织各层级的自主权和积极参与。从本质上讲，平衡计分卡不仅仅是一个"计量计划"，更是一个关于改变的计划。对于高层而言，需要具备环境应变与分解、沟通战略的责任意识与能力；中层需要具备业务创新与绩效沟通的责任意识与能力；基层员工则需要具备绩效改进与自我发展的责任意识与能力。特别地，在当今外部机遇和挑战不断发生变化的情况下，战略是一个连续的过程，组织各层级唯有一致改变与行动，方能成功。

（三）对平衡计分卡在中国应用的再认识

平衡计分卡在中国的应用可以说并不顺利，除了企业缺乏上述应用平衡计分卡的三要素之外，如何科学合理地认识平衡计分卡也是能否成功实施平衡计分卡的一项关键，在中国当前的管理现状下，企业还应该建立正确的"平衡观"和"计分观"。

首先，企业应该建立怎样的"平衡观"？平衡计分卡本身所倡导的是一种相对动态的平衡。中国企业当前仍然面临充满不确定性因素的外部市场环境，如果一味追求内部管理的平衡与面面俱到，将管理凌驾于经营之上，将会极大地抑制企业的发展，丧失诸多稍纵即逝的市场机会。因此，在一定程度上讲，对于大多数中国企业，特别是在那些市场发育尚不成熟的产业的企业，当前尤为重要的，不是思考平衡计分卡所提出的财务、客户、内部流程、学习与成长等四个维度的平衡，而是思考如何建立经营与管理之间的平衡，以管理服务于经营，如何寻求经营的"偏执"与管理的"中庸"之间的平衡。

其次，企业应该建立怎样的"计分观"？平衡计分卡强调了通过指标体系对战略这样一个"模糊不清的定西"进行分解，进而有效执行战略的思想。事实上有限度的衡量才是王道，平衡计分卡无论如何也不能取代管理者的责任意识与行为能力，全面的量化也根本无法解决所有的管理问题。在管理理论与实践越来越走向专业化与精细化的今天，对于管理者而言，也到了必须要正视和回归本源、思考"什么是管理？什么是管理者？"的时候了。

05

第五章

标杆绩效管理：模仿学习也是创新

一、标杆管理概述

（一）标杆管理的起源

对标的思想由来已久，有人类社会就有对标。"知己知彼，百战不殆"，历来被军事家们奉为圭臬，也是商战的基本原则。"见贤思齐，见不贤而内自省"，指的是个人修养的精进之道。在管理思想领域，标杆管理也不是一个新名词。从管理学的历史来看，泰勒（Taylor）的科学管理在很多方面都体现了对标的思维。将标杆管理作为企业不断追求卓越的系统管理方法来研究、实践，始于20世纪70年代末，标志性的案例是美国复印机业巨头施乐公司实施的对标管理。面对当时日本企业的强有力竞争，一直在世界复印机市场保持垄断地位的施乐公司发现自己的市场份额从82%直线下降到35%。施乐公司痛定思痛，在成本控制、开发周期、人均效能等方面与佳能、NEC等日本企业进行全面对标，寻找差距，持续改进，最终赢回市场，反超日本企业。此后，摩托罗拉、IBM、GE等公司纷纷效仿，标杆管理逐渐在企业界兴盛，后经美国生产力和质量中心的系统总结和规范，标杆管理作为一项企业的基本管理工具和方法，逐渐制度化、系统化、流程化，与企业流程再造、战略联盟并称为20世纪90年代全球三大管理方法。

什么是标杆管理？我们将其定义为：企业将自己的产品、服务和经营管理方式，不断与行业内或者行业外优秀企业的最佳表现和最佳实践进行比较，找出差距，制定措施，并实现持续改进的一种系统方法。

从标杆管理的定义可以发现，标杆管理的特征包括：

（1）标杆管理强调向组织外部参照物学习的价值。

（2）企业可以将自身的产品、服务和经营流程做逐项的分解和对标。

（3）标杆管理本身是一个系统方法，具有结构化、正式化的操作流程。

（4）标杆管理强调不断完善与持续改进，是一个循环往复、追求卓越的过程，也是一个不断模仿、学习和创新的过程。

（二）标杆管理的类型

在具体实践中，标杆管理有不同的类型和应用范围。根据标杆对象的差异，标杆管理的类型可分为内部标杆管理、竞争性标杆管理和非竞争性标杆管理三类（见表5-1）；根据对标内容的差异，标杆管理的类型可分为战略标杆管理、业务标杆管理、职能标杆管理和流程标杆管理四类（见表5-2）。

表 5-1　根据标杆对象的差异划分的标杆管理类型

	适用范围	特点
内部标杆管理	通常用于辨识企业内部最佳职能或流程及其实践，然后推广到组织的其他部门	具有成本低、信息获取准确的优点，但容易产生封闭思维，因此在实践中与外部标杆管理结合起来使用
竞争性标杆管理	通常用于与有着相同市场的企业在产品、服务和工作流程等方面进行比较	直接面对竞争对手，实施较困难，除了公共领域的信息容易获取外，其他关于竞争企业的信息不易获得
非竞争性标杆管理	通常用于与跨行业、无直接竞争关系的企业或组织在战略及相似的职能、流程等方面进行比较	由于不存在直接的竞争关系，标杆对象常常比较愿意提供和分享技术与市场信息

表 5-2　根据对标内容的差异划分的标杆管理类型

	适用范围	特点
战略标杆管理	通常适用于某个完整的组织，如集团化组织内独立的业务单元	分析经营环境、市场、技术等领域的变化，在业务模式、竞争策略、研发模式等战略层面与标杆企业进行对标
业务标杆管理	组织内的各级经营单位	在产品、生产（和服务）、销售、产品的交付、管理客户等方面与标杆企业进行对标，多表现为直观的数据对比
职能标杆管理	组织内的各项职能系统和相关部门	在提供支持功能的职能管理领域与标杆企业进行对标，包括人力资源管理、财务管理、信息管理、知识管理、外部关系管理等
流程标杆管理	适用于各个部门，包括致力于改善流程中的某个特定环节	对业务中的某个特定环节或一系列环节进行对比，谋求整体最优，而不是局部最优；包括上至战略规划流程、下到车间操作程序等所有可遵循的条理化流程

企业在推行标杆管理时，往往较多关注竞争性标杆管理和内部标杆管理，而对非竞争性标杆管理往往容易忽视。越来越多标杆管理实践发现，非竞争性标杆管理，即进行跨界学习、对标、模仿和超越，为公司创造的价值同样是巨大的。

> **案例：美孚加油站业务的非竞争性标杆管理**
>
> 20世纪90年代，美孚石油公司的加油站业务采取迅速扩大销售战略，挤占竞争对手的份额。但是很快美孚遇到了销售瓶颈，销售业绩停滞不前。
>
> **1. 发现问题**
>
> 在进行了大范围的顾客访谈和调查之后发现，美孚管理人员所想象的吸引顾客的因素，与顾客的实际想法存在很大差异。顾客不看重"设施先进，规模足够大"，甚至不看重价格，80%的顾客认

为服务是最重要的。美孚分析发现，顾客最需要的是"能够提供帮助的员工""快捷的服务反馈""对他们的消费忠诚的认可"。

2. 确定改进方向

美孚分析了这三点背后的流程，并确定了三个关键的改进要素，组建了三个标杆管理项目团队：速度（经营）、微笑（客户服务）、安抚（顾客忠诚度）。

3. 跨行业寻找和学习标杆

美孚起初在行业内寻找标杆，比如BP、壳牌，但美孚发现，在加油站行业并没有企业能把这三点做得足够好，甚至于多数企业都还没有意识到其重要性。美孚把目光转向行业之外，于是惊喜地发现，行业外有很多卓越的实践。

（1）关于速度：F1赛事为比赛中的赛车加油程序很复杂，有时还需要配合更换轮胎，但可以在十几秒甚至更短时间内完成。工作人员身着统一的显眼的制服，分工细致，配合默契，使用对讲机，小组成员之间保持及时联络。

（2）关于微笑：美孚在考察了卡尔顿酒店的各个服务环节后发现，酒店员工都能深深地铭记这样的信条：自己的使命就是照顾客人，使客人舒适。美孚同样可以通过各种培训建立顾客导向的价值观，来实现自己的目标。

（3）关于安抚：家得宝超市在美国有大量忠实度极高的顾客，美孚考察发现，家得宝认为公司最重要的人是直接与顾客打交道的员工，要把时间和精力投入到招聘和训练这些员工身上，领导者认为自己的角色就是支持一线员工。在美孚，一线员工一直被轻视。

4. 管理改进

在找到三个外部标杆后，美孚开始着手加油站管理改进，并推出新的加油站概念——"友好服务"：

（1）快速：设立特设通道，希望得到快速服务的顾客只需几分

> 钟就可以完成加油和收费的全部流程。
>
> （2）微笑与问候：顾客来到加油站，迎接他们的是服务员真诚的微笑与问候。
>
> （3）满足顾客需求：所有服务员都穿着整洁的制服，配有对讲机，及时将顾客的需求传递到收费处。
>
> **5. 改进成效**
>
> 在进行系统化对标学习并应用于管理提升后，美孚加油站的业务开始稳步增长，年增长率在10%以上。1992年，美孚经营额仅670亿美元，至2000年，美孚全年销售额为2 320亿美元，成为当年全球500强第一。

（三）标杆管理的作用

企业在推进标杆管理的过程中，经常会遇到管理团队意识不统一或认识不到位的情况，这些不一致包括：

（1）自我满足：我们部门一直在持续增长，跟公司其他部门比，我们已经不错了。

（2）逃避竞争：竞争太激烈，我们公司资源有限，又有很多客观限制，能做到现在的状况已经很不错了。

（3）沉迷过去：我们公司已经是行业第一，不用跟其他公司比，我们已经不错了。

（4）看不清自己的位置：与以前相比，我们公司跟对手的差距已经缩小很多了，已经很不错了。

（5）没必要：不用跟别的公司比，大家都会很自觉的。

（6）不知道：我们跟别的公司不一样，没法比。

（7）拒绝学习：那些好的企业不过如此，没有什么新花样。

（8）没信心：我们公司太小了，起点太低，起步太晚，没法跟别的公司比。

（9）不可能：我们公司已到增长极限了，能保住现在的增长势头就可以了。

而标杆管理的价值恰恰是帮助企业通过与优秀企业实践的对比分析，去发现企业内部的各个薄弱环节和需要改进的经营管理短板，使企业摆脱自满情绪，不断从优秀走向卓越。如同一句谚语所说的：最能使怀疑者改变态度的办法，就是让怀疑者亲眼看到自己认为不可能完成的任务已经被他人做成了。所以标杆管理的作用就在于帮助企业看到差距、激发潜能、明确目标、系统改进。

美国管理学者詹姆斯·哈里顿（James Harrington）发现，组织在实施标杆管理前后，无论是组织绩效还是员工对待工作的意识，往往会有明显的差异，这种差异如表5-3所示。

表5-3 实施标杆管理前后组织的差异

实施前	实施后
这没什么新花样	让我们试试这种新想法
每个问题只有一个答案	每个问题都有许多不同的解决办法
关注组织内部	关注组织外部
基于历史制定目标	基于可能达到的最佳绩效水平制定目标
对市场理解不透彻	洞悉市场及其变化
内部导向（内部优先）	外部导向（关注顾客）
被动反应的绩效改进	前瞻性的绩效改进
关注问题	关注环境与机会
以自我为中心	以行业最佳实践为动力
（经营管理）选择阻力最小的路径	（经营管理）基于价值最大化原则
我们是最好的	我们可以变得更好
凭经验和直觉进行管理	以事实为基础进行管理
行业追随策略	做行业领导者

资料来源：詹姆斯·哈里顿.标杆管理.欧阳袖，张海蓉，译.北京：中信出版社，2003.

二、标杆绩效管理的内涵

(一) 标杆管理与标杆绩效管理的关系

企业实施标杆管理的核心是通过和优秀企业的最佳实践进行比较，找出差距，制订、实施改进计划，那么对这种改进的结果进行科学评价就显得尤为重要，这就要求企业建立基于标杆思维的绩效管理体系，从而保障标杆管理能够有效实施和落地。梳理现代企业绩效考核体系的发展历程，可以发现理论界、企业界对于绩效考核内容和考核主体的关注较多，而对绩效评价的标准研究不够。无论是从早期的单一财务评价到综合性评价，从 KPI 到平衡计分卡再到 EVA，还是从直线纵向评价到 360 度评估反馈，这些绩效评价体系的创新始终没有摆脱企业从自身系统出发来看待绩效问题的思维，却忽略了企业存在与发展的一个重要前提：除了看到今天的自己是否比昨天好，更要问今天的自己是否比别人强。将标杆管理应用到绩效管理中去，建立基于对标思维的绩效评价体系，恰恰为解决上述困惑提供了可能。一方面，标杆绩效管理要求企业更多从外部标准来审视自身的业绩水平，因为这种外部标准往往是优秀企业已经实现的、客观存在的，因此更容易让内部团队就绩效目标达成共识，也能够保证评价标准的相对客观性和公正性；另一方面，标杆绩效管理促使经营者主动去发现企业经营管理过程中的短板，从而找到企业绩效改善的驱动因素。

什么是标杆绩效管理？我们将其定义为：通过与行业内或行业外的优秀企业的最佳实践进行比较，来设定绩效指标的评价标准，从而找出差距，制定措施并实施改进，在此基础上客观评价业绩表现并兑现评价结果。

(二) 标杆绩效管理的作用

绩效标准是对评价对象分析评判的标尺，是绩效管理体系的关键。

标杆绩效管理因其在设定绩效标准上的天然优势，使得绩效考核的客观性和公正性得到有效提升，这具体体现在：

（1）在绩效目标的设定过程中，被考核者主要关注绩效目标的可实现性，而考核者关注目标是否具有挑战性。因为标杆管理的绩效标准是组织外部已经实现的、客观存在的且被证明通过努力可以达到的，这对被考核者而言接受该目标具有足够的客观说服力。而标杆管理的本质又是与最佳实践对标并最终超越竞争对手，这是企业提升核心竞争力的具体表现，其本身所蕴含的挑战性足够让考核者信服。

（2）受外部市场波动和行业的不可控因素影响，在考核初期设定的目标往往被质疑其准确性，于是造成在考核周期内对绩效目标不断进行调整和修订，这影响了绩效考核的严肃性。而标杆绩效标准是一种相对业绩标准，通过选择与相同市场环境下的可比性强的标杆，能够有效抵消那些市场与行业的系统性风险，从而更容易做出客观公正的评价。

（3）标杆绩效标准具有层级性，如区域最佳、全国最佳、全球最佳等，这为处于不同发展阶段的企业在设定业绩标准时提供了更多选择，从而保证了绩效考核中的客观性和灵活性的统一。

绩效考核指标的目标值设定一直是绩效管理的重点和难点。企业对于绩效目标值的设定，一般都会强调与历史值、预算值进行比较。与历史值比，是为了鼓励业务超越自我，解决业务的自身增长问题；与预算值比，是强调目标设定意识，解决业务的计划性问题。但与历史值比，带来的问题是组织容易过于关注内部甚至滋生自满情绪，同时外部市场环境的波动也容易削弱考核的科学性和准确性。与预算值比，又往往存在着考核者与被考核者之间对预算目标的认知差异，双方难以达成共识。基于标杆管理思维的绩效评价体系认为，组织只有以市场、竞争对手、标杆企业为依据来设置目标值，才能解决业务的市场竞争力问题，也只有那些在市场上越来越有影响力的、超越竞争对手的、与标杆企业缩小差距的业务，才算是好的业务，团队取得的业绩才算是真正的好业绩。

（三）标杆绩效管理系统的配套机制

标杆绩效管理体系要能顺利推进，必须要有配套的管理系统支持。这一方面要求标杆绩效管理本身成为一个制度化、流程化的系统，包括成立以高层领导为核心的标杆绩效管理工作小组、开发统一的标杆绩效管理的工具和体系、组织标杆考核理念和工具方法的培训、建立标杆企业的数据库、制定基于标杆评价的奖惩和督促措施等。另一方面，标杆绩效管理需要其他各项运行系统的保障，这包括建立基于标杆思维的战略规划、预算管理、运营分析、内部审计等基础管理子系统，从而实现标杆绩效管理系统与各个子系统间的相互支持。

案例：××集团推进标杆绩效管理的配套机制设计

1. 组织和机制保障

（1）组织人员保障。

成立集团标杆绩效管理工作推进小组。总裁×××担任组长，副总裁×××、×××担任副组长，办公室设在集团绩效评价办公室。

（2）政策制度保障。

出台《××集团关于全面推行标杆绩效管理的意见》，形成集团推进标杆绩效管理的整体方案，作为政策指导。

（3）管理工具保障。

基于标杆思维，制定和完善以下管理工具：

1）标杆管理操作手册；

2）各经营单位战略质询模版；

3）各经营单位管理报告模版；

4）各经营单位预算模版；

5）标杆企业数据库。

2. 管理措施保障

（1）措施一：在战略管理中落实标杆管理。

1）在战略制定和战略滚动中，强化经营单位对标杆企业和竞争对手的分析；

2）集团层面提升对竞争对手的分析，建立竞争对手数据库（即标杆数据库）；

3）在战略质询中，强化对标杆企业和竞争对手分析的硬性要求，进一步完善战略质询模板。

（2）措施二：在预算管理中落实标杆管理。

1）基于标杆管理的要求，制定集团主要预算指标；

2）在预算管理中，强化对标杆企业和竞争对手分析的硬性要求，鼓励经营单位基于与竞争对手的对标制定预算目标；

3）进一步完善预算流程和模板。

（3）措施三：在运营管理中落实标杆管理。

1）在运营管理中，强化对标杆企业和竞争对手分析的硬性要求；

2）进一步完善运营管理报告模版，在月度报告中加大对标分析的内容；

3）在季度、半年度运营分析会上，由集团战略部对主要业务进行专门的对标分析，找出差距，分析原因，形成对策。

（4）措施四：建立集团标杆管理数据库。

1）针对考核建立考核指标对标数据库，逐步扩展，建立更为全面的运营指标数据库；

2）标杆管理数据库包括对标企业、对标指标、对标企业过去五年数据，行业过去五年数据；

3）数据库实现动态跟踪和更新。

（5）措施五：在绩效考核中落实标杆管理。

1）在经营中心和业务单元的考核中引入对标考核，对标考核指标所占权重不低于30%，有多项业务的经营单位，逐项业务进行对标；

2）选取关键运营指标，与主要竞争对手进行对标；

3）对下属上市公司进行市值对标考核，权重20%。

三、标杆绩效管理实施程序

标杆绩效管理应本着战略驱动和价值导向，通过分析现状，找准位置，并基于标杆基准设定有挑战性的目标，不断挖掘组织潜力、激发团队潜能，向最佳实践学习和提高。标杆绩效管理一般通过五个步骤来推进（见图5-1）。

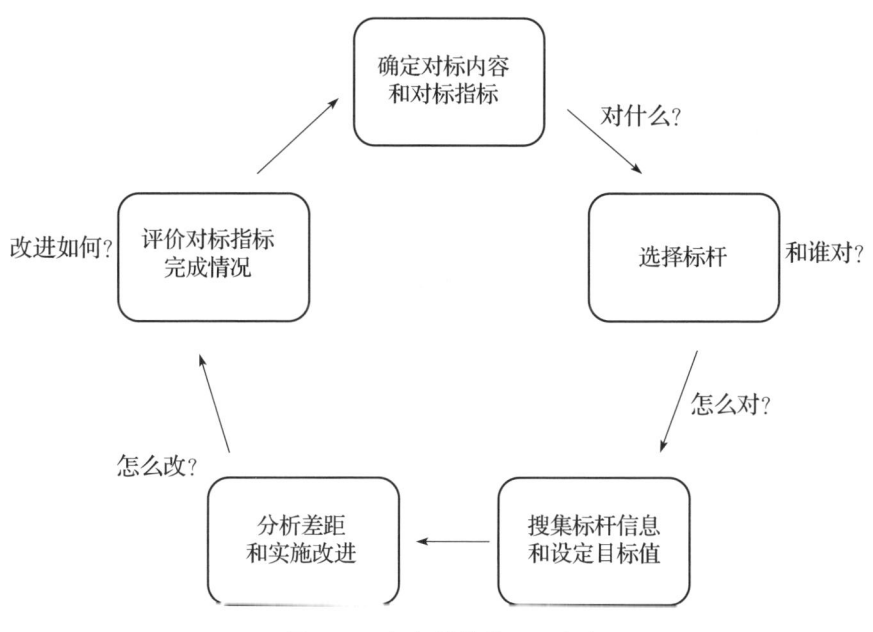

图5-1 标杆绩效管理五步法

（一）确定对标内容和对标指标

推行标杆绩效管理，首先要从组织的战略目标出发，基于关键成功因素分析和组织现状对比，来确定需要提升的价值链短板，这些短板往往就是绩效对标的内容和范围。在这个阶段，若企业已经对标杆实践有足够多的关注和思考，则可在分析对标内容的基础上进一步确定对标指标，即根据"战略目标—关键成功因素—短板分析—对标指标"的价值路径来进行逐级分解（见表5-4）；若企业尚未明确对标企业或尚未搜集到足够丰富的对标信息，则可在后续步骤中再明确对标指标。

表 5-4　确定对标内容的分析路径示例

战略目标	关键成功因素	短板分析（鱼骨图分析）	对标指标
中国两片罐包装行业领导企业（市场占有率第一）	新产品开发 采购 生产 销售	经项目组内部研讨分析，一致认为企业生产效率和行业一流企业尚有差距，包括开机速度、换模时间、过程质量、设备故障率等	• 主材成本 • 能耗成本 • 人力成本 • 人均产值 • 废品率 • 一次合格率 • 换模时间

在确定业务的关键成功因素时，企业可以通过以下自问的方式进行系统思考：

（1）当组织的业绩达到最佳状态时，是什么原因使它做得这么好？

（2）当组织的业绩处于低水平时，是什么原因导致它做得这么糟糕？

（3）有哪些外部因素对上述两个问题的结果产生了影响？

（4）组织目前最大的困扰是什么？

在分析某项关键成功因素时，可根据鱼骨图法对其进行深入的短板分析，以便企业进一步明确无法达成关键成功因素的系统性原因，并建立和对标指标的逻辑关系。

（二）选择标杆

确定了对标内容和对标指标,再选择对标对象。合适的标杆对象便于企业制定KPI进行学习赶超,并在绩效考核时能够合理地体现赶超的成绩。

标杆选择的一般标准是：绩效优秀的企业、容易获取信息的企业、可比性强的企业、容易获得团队认可的企业。可选择内部标杆,也可以选择外部的竞争性标杆和跨行业标杆；既可以在所有指标上选择同一家企业做标杆,也可以针对不同的指标选取不同的标杆或者标杆企业群。而在实际的选择中,还需具体问题具体分析。比如公司内部业务相同的不同部门间有明显差距,适合选择内部竞争性标杆；业务处于激烈市场竞争并追求行业领导地位,可以选择外部竞争性标杆；本行业外有最佳实践可供借鉴的,可选择跨行业的标杆。越来越多的标杆管理开始关注跨行业对标带来的价值,标杆企业选取的范围越广,有可能激发出越多的想法,对组织的帮助可能越大。表5-5是基于跨行业的视角就对标行业和对标内容的一些建议。

表5-5 基于跨行业的视角就对标行业与对标内容的建议

对标内容	对标行业
订单处理	航空行业
现金管理	银行行业
新产品开发	服装行业
仓储物流	零售行业
供应商关系	汽车行业
安全操作	核能工业
顾客服务	快餐行业

在企业实际选择标杆的过程中,还需要注意一些相关问题,如

表5-6所示。

表5-6 选择标杆需要注意的相关问题

问题	建议
找不到合适的标杆企业	■ 与行业整体对标 ■ 选择跨行业标杆 ■ 在不同的范围与不同的企业对标
标杆管理更适合某一类型的企业，如加工企业，而不太适合某些无法进行标准化生产的企业	■ 所有的企业和业务都可以进行标杆管理，差别只在于标杆管理的内容 ■ 管理越规范，越容易跟其他企业对标
部门包括好几项业务，没法选择一个统一的标杆	■ 按业务，而不是按法人实体或组织实体实施标杆管理
我们在行业内是最好的，是否还要向其他人学习？	■ 没有一个组织在所有方面都是最出色的 ■ 总会存在短板
是不是哪家企业的盈利好就选择哪家企业做标杆？	■ 选择标杆最主要的考量因素，是该企业在对标的领域表现优秀，盈利好的企业不一定在所有的方面都是最优

（三）搜集标杆信息和设定目标值

很多企业标杆绩效管理无法深入推进的一个重要原因是缺乏有效的标杆数据支持，数据收集并不是一件容易的事情，要顺利推动标杆绩效管理，企业必须花费人力、财力对各类信息进行持续跟踪、记录，以保持对数据库的动态更新。根据数据来源的差异，标杆数据可分为一手信息和二手资料（见表5-7）。标杆数据的性质可具体分为：定量数据，如数值、比率信息，说明标杆企业达到的状态和绩效；定性数据，如用文字描述的信息，说明标杆企业如何达到目前状态，使用了什么技能、流程和方法等。

表5-7 标杆数据根据数据来源分类

标杆数据	数据来源	
一手信息	• 上市公司年报 • 标杆企业官方网站 • 与标杆企业的信息共享和交换	• 市场和客户调查 • 标杆企业人才引进 • 逆序制造分析
二手资料	• 产业报刊 • 产业协会报告 • 券商及投行研究报告 • 政府统计数据	• 图书馆数据库 • 行业研讨会信息收集 • 咨询公司的第三方数据

在标杆数据信息收集的基础上，企业需要进一步对这些数据进行分析和研讨，来设定对标指标的目标值和相应的计分规则。表5-8是某地产公司的对标指标评价体系。

表5-8 某地产公司的对标指标评价体系

业务	对标指标	计算公式	对标企业	数据来源	计分方法
住宅地产	住宅地产存货周转率	住宅地产存货周转率=住宅地产业务本年主营业务成本/住宅地产存货平均值	行业规模前30家上市房地产企业的50分位	对标上市公司年报	较标杆企业的差距每增减1%，增减1分，封顶150%
商业地产	持有项目租金收入增长率	持有项目租金收入增长率=(本年持有项目租金收入-上年持有项目租金收入)/上年持有项目租金收入×100%	太古股份公司A（0019.HK）、新鸿基地产（0016.HK）、恒基地产（0012.HK）、恒隆地产（0101.HK）、方兴地产（0817.HK）、华润置地（1109.HK）	对标上市公司年报	较标杆企业持有项目租金收入增长率的简单平均值每增减1%，增减1分，封顶150%

续表

业务	对标指标	计算公式	对标企业	数据来源	计分方法
酒店地产	酒店可用房平均房价增长率	酒店可用房平均房价＝酒店业务总客房收入/可出租房间夜数	××酒店的对标企业为三亚红树林、亚龙湾5号别墅；××酒店的对标企业为喜来登度假酒店、丽思卡尔顿；××公寓的对标企业为美爵酒店	行业协会和××管理顾问公司出具的相关报告	每个酒店分别与各自的标杆企业的酒店经营毛利率增长率简单平均值比较，每增减1%，增减1分，再将各酒店比较结果进行简单平均，封顶150%

事实上，标杆信息收集并不仅仅是标杆绩效管理中的一个节点，在标杆绩效管理的全过程中，都要有关注标杆信息的意识，包括在对标内容确定和对标指标设定时，就需要结合最优标杆实践对企业现状做分析。

（四）分析差距和实施改进

在明确了对标对象、对标内容（指标、目标值、计分规则等）和搜集相关对标信息的基础上，企业要进一步对自身与标杆企业在相应评价指标上的差距进行量化对比，深入分析差距产生的原因，确立改进目标，制定改进措施并在考核周期内推动实施。可通过对标分析和改进方案计划表（见表5-9）进行体现。

表5-9 对标分析和改进方案计划表

指标体系	本企业	标杆企业	标杆企业最佳实践描述（定量或定性）	改进方案	负责人
对标内容					
项目1					

续表

指标体系	本企业	标杆企业	标杆企业最佳实践描述（定量或定性）	改进方案	负责人
评价指标 1					
评价指标 2					
项目 2					
评价指标 3					
……					

（五）评价对标指标完成情况

在一个完整的绩效考核周期的末期，上级评价机构需要再次搜集行业及标杆企业的相关数据信息，以便对被考核单位对标指标的完成情况进行评价打分，兑现评价结果。而被考核单位一般需要向上级评价机构进行绩效述职，陈述业绩达成情况，并且反思未达成的原因，提出下一年度的对标改进计划。

经过上述一个完整的绩效管理过程，实现了经营目标从标杆中来、最后又回到超越标杆中去的闭环过程。

四、标杆绩效管理的实施：以中粮集团和中国移动为例

（一）中粮集团基于标杆思维框架的绩效管理实践

1. 推行标杆绩效管理的背景

中粮集团是中国最大的粮油等农产品贸易、加工和食品制造企业，是中央管理的国有重要骨干企业之一。集团旗下拥有中国食品、中粮控股、中粮包装和蒙牛乳业等香港上市公司以及中粮屯河、中粮地产和中粮生化等内地上市公司，拥有厨房食品"福临门"、乳

品"蒙牛"、面粉"香雪"、方便面"五谷道场"、肉食"家佳康"、葡萄酒"长城"、巧克力"金帝"、商业地产"大悦城"等众多知名品牌。

自2008年以来，中粮集团积极推进战略转型，打造业务核心竞争力，主要经营指标连续七年实现了快速增长。无论在经营规模、盈利水平，还是在管理能力上，中粮集团基本建立起了在国内粮油食品行业的综合领导地位。尽管从规模上来看中粮集团已经是一个比较大的企业，但是从运营效率、增长质量、市场竞争力、回报水平等方面来分析，与国际一流企业相比还有差距，大部分业务还有进一步的提升空间。有些业务虽然处于行业第二、第三的位置，但是与行业领导者有着一定的差距，有的差距还在继续扩大；还有部分业务是行业的新进入者，处于培育和追赶阶段。集团的多数业务面临激烈的市场竞争，亟须通过学习标杆经验来提升自身经营管理能力和市场竞争力。而从集团阶段性发展的驱动因素来看，经过近年来的外延式扩张，集团正在着力于向内涵式发展转变，即从数量转向质量，从战略规划转向系统建设，从投资转向运营，从宏观转向微观，从领导力转向执行力和产品力，从关注内部转向关注市场和客户，在此情况下引入标杆管理和标杆考核，正是为了激发团队持续学习改进，全面提升业务的运营管理水平。

2. 推行标杆绩效管理的指导原则和主要步骤

标杆绩效管理不仅是一种评价方法，更是一种提升经营管理水平的工作方法，中粮集团推行标杆绩效管理遵循以下原则：一是重点推进。标杆绩效管理要从业务的战略目标和关键成功因素出发，抓重点领域和关键指标进行对标，而不是零散的、被动的对标。二是融入管理。标杆绩效管理要融入业务各层面的运营管理中，通过运营管理体系层层分解指标，避免标杆绩效管理与日常经营管理的"两张皮"现象。三是重在学习和改进。标杆绩效管理不仅是通过数据对比找出差距，更重要的是分析差距产生的原因，学习优秀企业的做法，实现绩效改进。

中粮集团推进标杆绩效管理坚持价值导向、战略驱动，参照标杆管理的一般做法，将标杆绩效管理分解为五个步骤来推进，分别是：确定对标指标、选择标杆、搜集标杆信息、分析差距和实施改进、评价对标指标完成情况。

3. 实施标杆绩效管理的两个关键点

标杆绩效管理区别于传统的考核模式，重点研究和分析标杆情况。这其中，标杆选择、标杆数据搜集是两个关键点。

（1）标杆选择。

中粮集团在推行标杆绩效管理的过程中，针对标杆选择遇到的典型问题做了及时的梳理和解决，这些问题和解决思路如表5-10所示。

表 5-10　标杆选择的典型问题与解决思路

序号	典型问题	解决思路	示例
1	企业当前与行业领先企业的差距太大，没法直接比较	● 比较增长率（缩小差距）而非绝对值 ● 与标杆企业群进行对标而非与行业第一对标	● 中粮对饲料业务规模的绩效管理：以"饲料加工营收增长率"为考核指标，对标企业为新希望、通威股份、正邦科技、海大集团（各占25%权重） ● 中粮对住宅地产业务运营效率的绩效管理：以"存货周转率"为考核指标，以当年国内上市房地产公司周转率排名前20家企业的50分位为基准进行对标考核
2	企业在国内已经做到了最大，如何找对标企业	● 在国际企业范围内进行对标	● 中粮对番茄业务成本控制的绩效管理：以"大桶番茄酱单吨完全销售成本"为考核指标，对标企业为美国亨氏、美国晨星

续表

序号	典型问题	解决思路	示例
3	因为业务特性，在市场上确实找不到合适的标杆企业	• 可以与行业的整体市场份额进行比较或者在企业内部选取标杆	• 中粮对菜籽业务规模的绩效管理：以"菜籽加工量的市场份额"为考核指标，计算公式为：中粮国产菜籽收购量除以国产菜籽市场化收购总量。其中国产菜籽市场化收购总量依据国家粮油信息中心最新报告 • 中粮对持有型商业物业（大悦城）运营质量的绩效管理：以"年度出租率""租售比"为考核指标，集团近年来新开业的大悦城以西单大悦城开业时的出租率、租售比为标准来设置目标值
4	企业有多项业务组合，没法选择一个统一的标杆企业	• 有多项业务的企业，逐项对业务进行对标 • 根据与对标企业的业务相似度，对标杆企业组进行权重分配	• 中粮对工业包装业务的绩效管理：铝制两片罐业务对标美国波尔中国区业务、马口铁业务对标奥瑞金、塑胶业务对标通产丽星 • 中粮对生化能源业务的绩效管理：考虑到业务、产品线的重叠度和相似性，选择吉林燃料（50%）、大成生化（30%）、中国淀粉（20%）为对标公司，放弃处于同一行业但业务相似度不高的西王糖业、鲁州生化等企业

（2）标杆数据搜集。

中粮建立了专门的机构来对主要竞争对手的各方面信息进行跟踪、搜集、分析，不断丰富、充实标杆数据库。在多方搜集信息的同时，集团也会对各类数据做互相验证，以求做到相对的客观、准确。一般性的各类标杆数据搜集渠道，中粮集团在实践中都有涉猎，又以下述三种方式的数据应用最多：

1）上市公司数据。这是实施标杆绩效管理的主要数据来源。

2）经考核者与被考核单位一致认可的第三方的行业数据（如 AC 尼尔森的快消品卖场数据、国家粮油信息中心的数据）。

3）经集团与被考核单位一致认可的估算数据（如华南和长三角的玉米流通量）。

4. 中粮集团标杆绩效管理体系要点

自 2012 年以来，中粮集团所有经营单位均引入标杆绩效管理，对标指标的考核权重从 30% 到 70% 不等，选取的对标指标包括市值、成长速度、市场份额、运营效率等。

为了更好地引导上市公司关注资本市场，更好地实现国有资产的保值增值，中粮集团对各上市公司进行市值考核。市值考核也完全与竞争对手和行业对标，鼓励上市公司跑赢对手、跑赢大市。以中国食品（00506.HK）为例，年度考核内容包括了市值增长率，对标对象为：香港恒生指数增长率（25%）+ 香港恒生中国企业指数增长率（25%）+ 张裕股价增长率（10%）+ 王朝股价增长率（10%）+ 康师傅股价增长率（10%）+ 旺旺股价增长率（10%）+ 长寿花食品股价增长率（10%）。

具体到各项业务，中粮集团都确定了主要的对标对象，制定了对标范围和对标指标体系，具体示例见表 5-11。

表 5-11　中粮集团各项业务对标情况示例

业务类型	对标范围	对标对象
粮食加工业务	按照小麦、玉米、大米、大豆、油菜籽、饲料、大麦等不同产品线建立对标指标体系	与益海、ADM、邦基、嘉吉、路易达孚等国际粮商全面对标
粮食贸易业务	按照小麦、玉米、大米等不同产品线建立对标指标体系	把提升市场份额作为主要目标
品牌食品业务	按照销售、供应链、品牌、渠道、研发等领域建立对标指标体系	与雀巢、达能、嘉里等国际企业全面对标

续表

业务类型	对标范围	对标对象
肉食业务	按照养殖、屠宰、品牌业务、贸易等环节建立对标指标体系	与泰森、荷美尔、双汇、雨润全面对标
番茄业务	按照种植、收购、贸易、加工、品牌业务等环节建立对标指标体系	与美国亨氏全面对标
包装业务	以工厂运作为基础，将工厂层面的对标指标细化为120项	与波尔等国际企业逐项对标

5. 标杆绩效管理的效果

标杆绩效管理促使团队从关注自身向关注外部转变，从满足于行业追随者向立志于做行业领导者转变，从而激发了团队的斗志和企图心，更加自觉地面对市场竞争，在提升考核的公正性和准确性的同时，也不断提升运营管理水平，不断追求卓越。标杆绩效管理的具体成效表现为：

（1）促进业务持续快速发展。

与竞争对手和行业对标，激发了经理人和员工不断挑战更高的目标，建立并不断强化行业领导地位。目前中粮集团有十余项业务位居国内行业领先地位，成为国家宏观调控重要的市场化渠道。

（2）推动集团战略转型。

过去，中粮集团的很多业务以贸易和政策性业务为主，随着发展战略和考核导向的转变，这些业务已发展成为集资源掌控、生产加工和品牌营销为一体的"全产业链"模式，行业影响力和控制力显著提升。例如，中粮集团的大米业务过去主要面向日韩和非洲出口大米，近年来已转向以满足国内需求为主，集团要求其在"市场份额""业务营收增长率"等指标上与竞争对手全面对标，考核导向直接推动了业务的超常规发展，目前的市场份额已超越竞争对手，成为国内最大的小包装米供应商。中粮的小麦业务过去以进口小麦为主,近年来以"扩大国内粮食贸易份额"为考核导向,大力拓展订单农业和收储体系,积极参与小麦收购,成为服务"三农"的骨干力量。

(3)强化组织业绩文化。

标杆绩效管理的推行过程,使得公司上下对于什么是好的业务、好的业绩有了更明确的共识,这使业绩文化进一步深入人心。以中粮的食品领域为例,"福临门"食用油一直将"金龙鱼"作为主要竞争对手,并以此来设置考核标准。尽管"福临门"与"金龙鱼"在市场份额上仍有不小差距,但经营团队近年来抓住机会,不断扩大销量和市场份额,缩小与竞争对手的差距,在绩效考核中取得了较高得分。与此对照,中粮的"长城"葡萄酒业务尽管对集团利润贡献较大,但过去几年的发展速度落后于竞争对手,绩效考核得分并不高。"长城"葡萄酒业务痛定思痛,通过与竞争对手的全面对标,进行了大规模的渠道变革,这为业务的后续快速发展奠定了基础。

(4)推动持续改进过程。

标杆绩效管理不是一次性活动,也不是短期行动。标杆绩效管理一旦开始,就不会结束,因为它建立起了一种持续改进的机制。在竞争如此激烈的市场环境下,持续改进已变成了企业生存发展的基本要求。以中粮包装为例,在中粮集团尚未开展大规模标杆绩效管理的时候,团队就率先在内部推行了对标管理和自我评价。其中皇冠盖是包装产品线中毛利最低的产品,行业竞争激烈,为了适应竞争环境的不断变化,中粮包装的皇冠盖业务主要经历了三个发展阶段:第一阶段(2005—2007年),以"紫泉"为标杆,不断学习、创新,实现了业务的高速成长和规模的迅速扩张;第二阶段(2008—2009年),在超越标杆后有所松懈,对标杆没有进行及时更新、调整,导致发展停滞,规模和盈利明显下降;第三阶段(2010年至今),重新选择"欣业"为标杆,深入进行业务价值链分解,实现业务的二次发展,盈利能力重新提升。

（二）中国移动的对标绩效管理体系

2006年初，进入下一个五年发展期的中国移动确立了从优秀到卓越的"新跨越"战略体系。为了能够相对有效地评估公司"新跨越"战略的实施状况，及时发现和改进存在的不足，并为中国移动在从优秀迈向卓越的进程中提供方向指引和行动参照，"卓越指标体系"应运而生，并在此基础上形成完整的标杆绩效管理流程。

中国移动的"新跨越"战略定位于"做世界一流企业，成为移动信息专家"；长期战略目标是"成为卓越品质的创造者"，实现"从移动通信专家向移动信息专家的跨越"；战略方案是"打造卓越的组织、卓越的运营体系、卓越的人"；重要举措是实施"一个中国移动"卓越工程。

中国移动的标杆绩效管理流程如下所示：

1. 确定对标指标

首先，中国移动将"新跨越"战略体系分解为"战略定位""战略目标""战略途径""战略举措"四个模块，定义及描述四个模块的内涵，识别出其中涉及的关键要素，然后将这些关键要素转化为具体指标，最终形成卓越指标体系及卓越指标库。按照体系、内涵、要素、指标的提炼思路，归纳形成中国移动的各项卓越指标，并且在此基础上构建形成了包括综合实力指标、软实力指标、硬实力指标等在内的中国移动卓越指标体系。这些指标能够全方位反映中国移动"新跨越"战略的实施情况。最终得到的指标如下：

（1）战略定位。

"做世界一流企业"和"成为移动信息专家"的主要衡量指标为《福布斯》电信行业排名、《财富》电信行业排名、《商业周刊》电信行业排名、移动信息化拓展进程、《财富》最受尊敬电信行业排名等。

（2）战略目标。

"成为卓越品质的创造者"衡量指标为客户满意度、品牌综合排名（包括忠诚度、影响力、领导力等子项）。

（3）战略途径。

"卓越的人"和"卓越的组织"衡量指标主要有学习型组织、员工满意度、员工生产效率；"卓越的运营体系"衡量指标包括网络覆盖率、网络质量、计费准确率、每客户运营费用、新增专利数。

（4）战略举措。

"打造卓越运营体系"衡量指标为CAPEX（资本性支出）比例、市场份额、利润率、EBITDA（税息折旧及摊销前利润）、ROA（资产收益率）、离网率、ARPU（每用户平均收入）；"形成创新型增长模式"衡量指标为增值业务收入比例、净增用户数、研发投入比例；"实施走出去战略"衡量指标为国际拓展进程、海外市场收入比例、海外用户比例；"开创移动多媒体事业"衡量指标为移动媒体份额、移动信息份额；"构建卓越组织"和"培育卓越人才"的衡量指标为关键流程标准化程度、风险管理体系完善程度、每员工培训时间；"做优秀企业公民"衡量指标为社会责任指数等。

根据对企业软硬实力的研究界定以及各个指标的属性，中国移动将上述指标进行聚类，分别划入综合实力指标、软实力指标和硬实力指标三大类别之中，如表5-12所示。

表 5-12   中国移动卓越指标体系

综合实力指标	《福布斯》电信行业排名、《财富》最受尊敬企业排名、《财富》电信行业排名、《商业周刊》电信行业排名、社会责任指数
软实力指标	品牌综合排名、客户满意度、研发投入比例、关键流程标准化程度、离网率、新增专利数、增值业务收入比例、风险管理体系完善程度、学习型组织、每员工培训时间、员工满意度、员工生产效率
硬实力指标	网络覆盖率、市场份额、ROA、移动信息化拓展进程、网络质量、净增用户数、EBTTDA、国际拓展进程、计费准确率、海外用户比例、利润率、移动信息份额、ARPU、每客户运营费用、移动媒体份额、CAPEX比例、海外市场收入比例

2. 选择标杆

为了有效地与国外优秀电信运营商开展卓越指标对标分析，中国移动从四个维度进行考量筛选来确定卓越对标企业：国际排名、地域代表性、企业类型、运营特色。

首先，根据《财富》全球 500 强、《商业周刊》全球 100 强以及《福布斯》全球 2 000 强等知名排行榜，选择 Verizon、Vodafone、AT&T 等连续多年上榜的电信企业为候选对标企业。其次，根据地域范围选取各大洲优秀的运营商，分别从欧洲选取了 France Telecom、Deutsche Telecom、Telefonica 等，从亚洲选取了 NTT DoCoMo、KDDI、SKT 等，从美洲选取了 AT&T、Verizon、Sprint & Nextel 等。再次，根据运营商的类型，选择了 AT&T、Verizon、France Telecom 等综合运营商，Vodafone、NTT DoCoMo、SKT 等移动运营商，以及 BT 固网运营商。最后，根据运营商的专长和特点，分别选取了善于资本运营的 Vodafone、Singtel 等，善于业务创新的 NTT DoCoMo、KDDI 等，以及管理能力出众的 Verizon 等，处于战略转型的 France Telecon、Deutsche Telecom 等，以及新兴市场的代表 Bhzrti 等。

综合上述因素，最终确定了 Verizon、Vodafone、AT&T、France Telecom、Deutsche Telecom、Telefonica、NTT DoCoMo、KDDI、SKT、Sprint & Nextel、Singtel、Bhzrti、BT、Telecom Italia 共 14 家对标企业（见表 5-13）。

表 5-13 中国移动的 14 家对标企业

企业名称	地域	类型	特色
AT&T	北美洲	综合运营商	内部整合
Verizon	北美洲	综合运营商	股东回报、客户管理
Sprint & Nextel	北美洲	以移动业务为主	技术业务/商业模式创新

续表

企业名称	地域	类型	特色
Vodafone	欧洲、北美洲、非洲等	移动运营商	资本运作、内部整合
Fance Telecom	欧洲、非洲等	综合运营商	战略转型
Telefonica	欧洲、南美洲等	综合运营商	海外拓展
Deutsche Telecom	欧洲、北美洲等	综合运营商	战略转型
Telecom Italia	欧洲、南美洲、非洲等	综合运营商	战略转型
BT	欧洲	固网运营商	战略转型
NTT DoCoMo	亚洲	移动运营商	技术业务创新
KDDI	亚洲	以移动业务为主	业务创新
SKT	亚洲、北美洲等	以移动运营商	业务创新
Singtel	亚洲、大洋洲等	综合运营商	海外拓展
Bhzrti	亚洲	以移动业务为主	快速成长

3. 搜集标杆信息和明晰差距

中国移动与国际对标企业进行卓越指标对比分析后，清晰地发现自己的综合实力指标、硬实力指标、软实力指标呈现出不均衡的分布状态——硬实力指标表现出众，多数已经达到世界一流水平；软实力指标表现有所欠缺，多数相对较弱；而软实力与硬实力指标的不匹配又表现为企业的综合实力指标的相对靠后。

从硬实力来看，由于多数指标处于靠前的位置，表明中国移动硬实力基本上已经达到世界一流的水准，但是部分成长指标靠后，说明中国移动需要进一步壮大实力。

从软实力来看，多数指标处于相对靠后的位置，表明中国移动在影响力、组织管理、服务理念、技术创新等软性方向与国际电信运营商存在一定的差距，需要不断努力改进。中国移动指标分布当中，利润率、市场份额、每员工培训时间等指标表现优秀，但增值业务收入比例、研发投入比例等指标表现一般。

从综合实力来看，由于受到软实力指标的影响，除了《商业周刊》电信行业排名之外，其他几项指标处于中后位置，表明企业综合实力与对标的国际领先企业有一定的差距。

综合上述情况，中国移动决定首先解决软实力与硬实力不匹配的状况，在加大软实力建设的同时，继续保持和发展硬实力，实现软硬实力的协调发展，以进一步提升公司的综合实力。

4. 实施改进

明晰自己与对标企业之间的差距之后，中国移动从提升软实力和硬实力入手实施改进计划。

（1）提升软实力。

从长远来看，中国移动结合公司发展战略准备锻造以"卓越品质"为核心的软实力。中国移动提出了"成为卓越品质的创造者"，围绕值得信赖的品牌、最优的网络质量、精准的计费系统、深入的客户理解、满意的客户服务、创新周到的产品服务这六大方面锻造自己的核心软实力。

中国移动以与对标企业相比相对薄弱的方面作为切入点，来提升软实力：

1）通过实施"走出去"战略，提升国际知名度，扩大影响力。

2）加大研发力度，提升创新能力。

3）提高资产管理使用水平。中国移动的流动资产周转率尚有较大的提升空间，因此中国移动将增强资产管理能力作为提升软实力的有效途径之一。

4）积极承担社会责任，提高影响力。中国移动在从优秀迈向卓越的过程中需要考虑更多利益相关方，肩负起更多社会责任，才能获得社会各界的认可。

（2）提升硬实力。

如何进一步扩大规模，发展企业硬实力？从对标企业的经验借鉴来看，开展综合运营的纵向扩张和走出去的横向扩张是两条可能的途径。

从国外电信运营商的实际运营情况来看，综合运营是扩大企业规模的一条途径，但存在一定的不确定性。

通过分析考察几家典型综合电信运营商的业务收入构成及增长率情况，我们可以发现：AT&T 有线部分的收入增长高达 48%，而移动部分只有 8.9%；Verizon 有线部分的收入增长率为 35.9%，而移动部分为 17.8%。有线业务增长率高于移动业务增长率的趋势很明显。

而另外两家综合运营商 DT 和 FT 则呈现出相反的趋势：战略转型并不成功，最终还是形成以移动业务为发展支撑点的局面；个人业务呈现高增长率的同时，其家庭和企业业务均呈现出负增长的态势。由此可见，开展综合运营是扩大企业规模的一条途径，但却存在一定的不确定性和风险性。

许多国际运营商进行横向的地域拓展，成为扩大企业收入规模的一种比较现实的选择。对比部分海外运营商的业务收入比例可以发现：在移动运营商中，只有 Vodafone 的收入排在前列，而其 80% 的业务收入来自国外市场。新加坡电信从一个规模较小的运营商通过海外扩张成为一个国际知名的电信运营商。这些都为我们提供了很好的发展例证。

结合国际电信运营商的经验，新兴市场是收入贡献增长的动力源。例如，Vodafone 在南非、罗马尼亚和埃及几个新兴市场的收入增长率分别达到 38.1%、35.3% 和 33.5%，新兴市场成为支撑老牌国际电信运营商发展的重要力量。因此，中国移动确立了进军新兴市场的横向扩张战略，以期提升自己的硬实力。

06

第六章

EVA 绩效考核体系

企业存在的目的是赚钱，而不少企业习惯以"做大"作为自己的基本战略，销售收入、资产规模成为企业负责人的关注点。

同时，"股东价值最大化"或"企业价值最大化"被很多企业奉为使命或愿景，但现实是价值最大化更多地停留在"理论说法"的层面，企业的核心目标很少能够在业绩衡量中得到体现。传统的业绩衡量体系，无论是以利润为核心的会计指标体系还是以股价为核心的市场指标体系，都很难满足上述的衡量要求：前者缺乏同企业价值和价值创造的必然联系，后者又往往包含过多的"市场噪声"。

以投资报酬率为核心的现代财务评价体系产生于20世纪初，它适应了现代化大生产背景下企业多元化扩张管理的需要，在管理和财务史上写下了浓重的一笔。但是，随着多元化的范围和广度日渐加大、加深，投资报酬率本身的技术缺陷也日渐显露。传统的业绩衡量指标如净利润、股东权益收益率、净资产收益率（ROE）、每股收益、市盈率都缺乏同企业价值创造的必然联系，以这些指标评价企业业绩并对经理人实施考核，可能引发非价值最大化的导向，这一点已得到理论界的公认。

股东和经理人都希望能够找到一类新的指标，它们可以作为公司价值创造水平的指示器，告诉股东和经理人：公司是否在创造价值以及如何创造更多的价值。在所有价值衡量指标中，影响最大的是经济增加值（EVA）。正如1995年彼得·德鲁克（Peter Drucker）在《哈佛商业评论》上的文章中所指出的：EVA的基础是人们所熟知的利润，也就是企业为股东剩下的金钱。只要一家公司的利润低于资本成本，公司就处于亏损状态。

一、EVA 的含义和特点

(一) EVA 的含义

EVA 即经济增加值（economic value added），是一个计算企业真实经济利润的财务方法。它是基于税后营业净利润和产生这些利润所需资本投入总成本的一种企业绩效财务评价方法。公司每年创造的 EVA 等于税后净营业利润与全部资本成本之间的差额，这种差额可以是正值，也可以是负值。其中资本成本包括债务资本的成本，也包括股权资本的成本。

EVA 的计算公式如下：

$$EVA = 税后净营业利润 - 资本成本$$
$$= 税后净营业利润 - 资本占用 \times 加权平均资本成本率$$

如果 EVA > 0，表明企业获得的营业利润大于投入的资本成本，为股东创造了财富；如果 EVA < 0，表明企业获得的利润不足以弥补投入资本的成本。

考虑了投入资本的机会成本，是 EVA 指标的基本特征；衡量超过一般收益的超额收益，是 EVA 的基本内涵。由于考虑到了包括股权在内的所有成本，EVA 能真正反映在一个经营周期内企业创造或丧失的财富。从这个意义上来看，EVA 计算利润的方式正是股东所期待的财富定义方法。

(二) EVA 的特点

EVA 和传统财务指标的最大不同，是它考虑了投入资本的机会成本。机会成本的理念已广泛地被财务理论界所接受，但在业绩评价和考核中却长期得不到体现，EVA 填补了这一空白。机会成本的引入，使

EVA 有以下几个突出特点：

1. EVA 衡量的是资本利润，而不是企业利润

EVA 是从资本的提供人角度出发，衡量资本在一段时期内的净收益。"逐利"是资本的本性，"流动"是自由经济体制下资本的重要特征，这两点决定了资本始终处于一种从低收益区向高收益区"聚集"的过程（在资本承担相同风险前提下），而最终的结果是一种"均衡"状态的形成：资本获得和其规模相匹配的社会平均收益。在理想的经济环境中，平均收益是资本的必然收益，也是资本要求的最低收益，是资本维持"保值"的基本要求。资本要实现增值，即要获取"利润"的话，资本的收益就必须高于平均收益。企业利润的考察对象是企业，它反映了企业在一段时间内的净产出。这一净产出的实质是产出和耗费的差异，和资本的规模、投入时间、风险均没有关系。

2. EVA 衡量的是资本的"社会利润"，而不是资本的"个别利润"

不同的资本持有人在不同的环境下，对资本有着不同的获利要求。EVA 是将资本从资本持有人和资本所处的具体环境中"分离"出来，剔除掉资本的"个性"特征，仅考虑资本的共性部分，对同一风险水平的资本，其最低收益要求并不因持有人和具体环境的改变而改变。因此，EVA 衡量的是资本的"一般"利润，也可以叫作"社会利润"。正是由于这一点，我们可以根据 EVA 的高低来评价资本的创利能力。

3. EVA 衡量的是超额收益，而不是一般收益

只要企业的盈利率低于相同风险的其他企业一般能够达到的利润水平，投资者就会把他的投资转移到其他盈利更高的企业中去。所以，为了使企业继续经营下去，企业必须至少保持这个"最低限度的可以接受的"利润水平。这个最低限度的利润，称为正常利润。EVA 衡量的是正常利润水平之上的超出部分，而不是利润总额。

(三) EVA 核算的难点之一：会计调整事项

传统的会计指标评价体系在评价效果上具有短期性、滞后性、易操纵性的缺点。EVA 来源于会计报告，为使 EVA 免受这些会计信息缺点的影响，计算 EVA 时要对会计核算遵循的通用会计准则进行调整。

按调整目的，通用性的调整事项包括两类：

一是消除会计稳健主义影响的调整事项。通用会计准则更多的是为企业债权人而不是为企业股东服务的。通用会计准则往往站在企业清算的角度去记录企业的经营活动，而没有足够关注企业的持续经营与发展。例如，商誉的摊销、研发支出的一次性核销、资产减值准备的计提等，这些会计处理对债权人准确判断企业的偿债能力是有利的，但对企业价值衡量和股东决策往往产生不良影响，因此企业在进行 EVA 计算时需有针对性的调整办法。

二是消除或减少管理当局进行盈余管理的机会和防止经理人的短期倾向的调整事项。会计核算的权责发生制原则在收入确认、费用配比方面引入了大量的主观判断，不可避免地为管理当局操纵利润提供了空间。EVA 的个别调整就是针对权责发生制进行的。例如，对递延税款、准备金等事项的调整，就是使这些经济事项引发结果的记录更依赖于可靠的现金流而不是会计师的人为判断。通用会计准则中关于研发支出、战略性投资、重组损失等事项的处理，会使经理人为满足眼前的利益而牺牲股东长远利益，EVA 的调整事项试图使经理人实现长远利益和短期利益的平衡。

EVA 评价体系的积极推动者——斯腾斯特财务咨询公司（Stern Stewart & Co.）认为，根据 EVA 建立的评价体系已经超越了会计评价体系的范畴，该公司提出的建议调整事项多达 164 项。调整事项的种类包括：确认支出和营业收入的时间、对可转让证券的消极投资、证券化资产和表外融资项目、重组费用、通货膨胀、外币折算、存货估值、会计储备、坏账识别、无形资产、税收、年金、退休后支出、营销费用、商誉和其他收购问题、战略性投资等。本书认为，在 EVA 调整事项中，企业最需要关注的应该是以下三项：

1. 研发支出的调整

研发支出的会计处理一直是会计理论界争论的热点。考虑到研发支出未来收益的高度不确定性及基础性研发支出在项目归集分配上的难度，规定研发支出在发生当期作为费用核销。但这一处理办法会带来三大问题：一是研发支出当期核销会使支出与收益在各期不匹配，会大幅波动，失去均衡；二是经理人会存在压缩研发支出、牺牲股东长远利益来换取短期盈利的倾向；三是研发支出从账面核销后，会使经理人忽视研发支出需要补偿这一股东要求。本书认为 EVA 的调整方案应该是：将研发支出资本化后分年摊销，而不是一次性计入费用。计算税后净营业利润时，要先将当期研发支出作为报表上税后营业利润的加项，然后将前期资本化研发支出的本期摊销额作为减项。资本化研发支出余额则作为资本加项。

2. 折旧的调整

直线折旧法的运用在企业里较为普遍。本书认为直线折旧法下的 EVA 结果不能准确反映固定资产在各期的创值能力，因为随着固定资产净值的减少，扣减的资本成本也会越来越少，EVA 会逐期增加，而固定资产运作效率可能并没有变化。在一些拥有大量长期设备的公司中，运用直线折旧法来计算 EVA 将不利于设备更新，因为对经理人来讲，使用旧的资产看起来比新的资产更"便宜"。因此本书建议采用"沉淀资金折旧法"对直线折旧法的结果进行调整修正。在"沉淀资金折旧法"下，每年提取的折旧额与资产净值产生的资本成本之和保持不变，在固定资产创造现金流能力恒定的情况下，固定资产使用期间的 EVA 也将保持恒定。这种办法下的折旧变化模式与抵押贷款的偿还模式相同，即在前几年提取很少，在随后的几年里迅速增加。

3. 战略性投资的调整

战略性投资项目一般不会马上产生收益，由于要计算投资的资本成本，这些投资项目的初期往往是负的。经理人为了使近期 EVA 免受影响,可能会在投资决策上犹豫,尽管项目未来的回报十分诱人。对上述问题的一种解决办法是:对这些投资项目不是从投入之日起就开始扣减资本成本,而是通过一个临时账户的设置将该项投资暂时"搁置"起来。投资的机会成本在该账户累加,而不是作为初期计算的减项。当投资项目开始产生回报时,计算才考虑临时账户的资本成本。这项调整可以在一定程度上扩展经理人的视野,鼓励他们考虑那些长期的投资机会。

由于调整事项的存在而使得管理体系变得相对复杂,因此有必要对因为调整事项存在而引发的管理成本及这些调整事项的可替代性进行分析。还有一种变通的方式是,可以在 EVA 评价指标外再辅之以其他财务指标,来达到调整要实现的目的。例如,将研发支出占销售收入的比重与未经调整直接计算的结果同时作为评价指标,管理层忽视长远利益压缩研发支出的问题就可以很好解决。又如,用直接计算的 EVA 与反映现金流量的相关指标(如"经营活动现金净流量与利润比率")共同组成考评体系,EVA 针对权责发生制的调整事项就可以避免。

(四) EVA 核算的难点之二:资本成本率的确定

加权平均资本成本率(WACC)反映的是投资者对投入资本的最低回报率要求,计算公式如下:

$$WACC = 股权资本比例 \times 股权资本成本率 + 债务资本比例 \times 债务资本成本率 \times (1-所得税税率)$$

债务资本成本率主要是银行借款和发行金融债券等外部融资的资本成本率,如果公司筹措的是债务资本,债务资本成本率一般是在债权债务关系成立之前通过契约的方式加以规定的,公司在未来的经营期间只需要在每个计息周期结束的时候向债权人支付既定的报酬即可。因此,债务资本成本比较容易确定,而且一般比较稳定。

股权资本成本的确定则相对复杂,股权资本成本可以用来衡量企业的风险水平，准确确定股权资本成本在财务决策过程中起着至关重要的作用，与 EVA 的准确与否直接相关。计算股权资本成本比较传统的模型是资本资产定价（CAPM）模型。

资本成本率则需要根据不同企业的经营风险与财务风险进行估算。严格来说没有哪两家企业的资本成本率是完全相同的。而资本成本率的估算是否正确，直接影响到 EVA 方法的应用。资本成本率设定过低或过高，都会误导管理者的经营决策，减损企业价值，不利于资源的优化配置。

> **案例：国务院国资委如何确定中央企业的资本成本率**
>
> 根据国务院国资委《中央企业负责人经营业绩考核办法》的规定，央企将 EVA 指标列为企业业绩评价指标之一，与会计利润考核并重。加权资本成本率分为以下三种：（1）中央企业资本成本率原则上定为 5.5%；（2）对军工等资产通用性较差的企业，资本成本率定为 4.1%；（3）资产负债率在 75% 以上的工业企业和 80% 以上的非工业企业，资本成本率上浮 0.5 个百分点。

> **案例：TCL 公司如何确定资本成本率**
>
> TCL 公司认为资本成本率的确定最重要的是体现公平性，应该遵循以下三个原则：
>
> 第一，计算资本成本是手段而不是目的。资本成本的计算是为了扭转经理人"股权资本免费"的意识，引导经理人更有效地使用集团资金，行为牵引是根本，而不在于将资本成本计算得精确无误。
>
> 第二，简单易行。按照金融经济学理论，比较认可的资本成本计算方法是资本资产定价模型，但是，这一方法复杂烦琐，而且缺少规范、透明的市场数据作为支撑。公司在实际操作中采用了变通

方法，使过程简单化，力求资本成本率的确定能为被考评单位理解并接受。

第三，要公平，这也是最重要的一点。公司需要考核与激励的业务覆盖多个行业，每个行业的成熟程度、平均利润率，以及资本承担的风险度是不一样的，要通过资本成本率的设计，将各经营单位和各业务尽可能放到同一个竞争起点上去。

此外，由于债务资本成本率要低于股权资本成本率，为了减少财务风险，避免企业为减少加权资本成本率而过分负债，公司还规定，当负债比例超过一定限额后，股权资本成本率将上浮。

案例：许继集团如何确定资本成本率

许继集团对单位股权资本成本计算采用净资产乘以股权资本成本率的办法。股权资本成本率的确定是将三年期银行贷款利率5.85%上浮1.15个百分点。计算股份公司内部单位占用的未收息流动资金的机会成本时，不管时间长短统一以5.85%作为成本率。

按照EVA基本理论，股权资本成本率的计算一般应根据CAPM进行，而许继集团认为，计算股权资本成本的目的是培养经理人提高资金运用效率的理念，引导经理人在资金投放和利用方面精打细算。因此，资本成本率无须非常精确，也不可能很精确。故而采取了三年期银行贷款利率适当上浮的简化办法。

二、EVA绩效考核体系的设计

（一）EVA绩效考核体系的作用

基于EVA的绩效考核体系认为，不论是利润、ROA还是ROE，指标的增长并不一定代表企业价值的增长，以它们为评价指标容易造成企业非价值最大化的经营导向。比如，企业可以通过大量举债而不是经营绩效的提升来实现净资产收益率的提高，这样做的结果是表面上股东回报增加了，但实际上企业经营风险被逐渐放大，股东的真正财富甚至可能减少。

而综合的绩效考核体系的问题在于多指标和多目标，多重目标即是无目标，在没有一个整体的目标时，决策者无法做出合理的选择。面对十几个、二十几个指标，不知道如何在其间进行权衡，管理者将无法有目标地行动，其结果也将是混乱的。而 EVA 绩效考核体系则提供了一个单一的、协调的目标，使得所有决策都模式化，都可以监测，都可以用同样的尺度来评价一个项目是增加了还是减少了股东的财富。

EVA 绩效考核不仅通过会计项目的调整，减少传统会计指标对经济效率的扭曲，消除了现有会计核算体系带来的信息失真现象，还原了企业价值本相，而且通过 EVA 的价值理念建立一套价值驱动关系与指标体系，从而引导企业将经营的重心聚焦到价值创造与价值增长上。

（二）EVA 绩效考核体系的适用条件

基于 EVA 的绩效考核体系不仅能较好地从股东价值创造的角度反映企业的经营绩效，有效地促进企业规模和效率、长期利益和短期利益的统一，同时还可以在企业内部进行纵向分解，成为一种有效的内部绩效管理工具。目前，以 EVA 为核心的价值管理体系的运用已经相当广泛，全球大量的知名企业都采用 EVA 作为业绩评价和奖励经营者的重要依据，其中包括淡马锡、美国邮政、新加坡港务局、西门子、索尼、可口可乐等国际知名公司。

对资本密集型企业来说，EVA 绩效考核是非常有效的，企业比较容易分离和测量实物资产的资本成本，获得投入资本的价值。但在知识密集型企业中，由于使用的是以知识和智力为主的无形资产，在准确计量投入与产出的成本与价值方面就相对比较困难。

EVA绩效考核尤其适用于集团化的国有企业。从EVA的计算方法上，国企负责人可以看出国有资产不是无偿使用的，必须考虑该项目的投资回报是否高于资本的机会成本。因此，EVA绩效考核体系有利于规范投资行为，促使国有企业谨慎投资，实现国有资产的保值增值和股东价值最大化，这对于国有企业在做大的同时考虑做强的问题有着极为重要的引导作用。

(三) EVA绩效考核体系的设计思路

要建立EVA绩效考核体系，就不应仅仅把EVA看作一个财务指标，而应该将EVA落实到企业日常经营活动中，建立起日常经营活动和价值创造的联系；揭示价值增值的基本来源、动因，指导经营活动的组织和管理改善；就企业各时期、各部分、各环节的价值创造情况做出判断，为企业决策提供依据。

1. 推进EVA绩效考核体系的步骤

企业在推进EVA绩效考核体现的过程中，一般要经历以下几个步骤（见图6-1）：

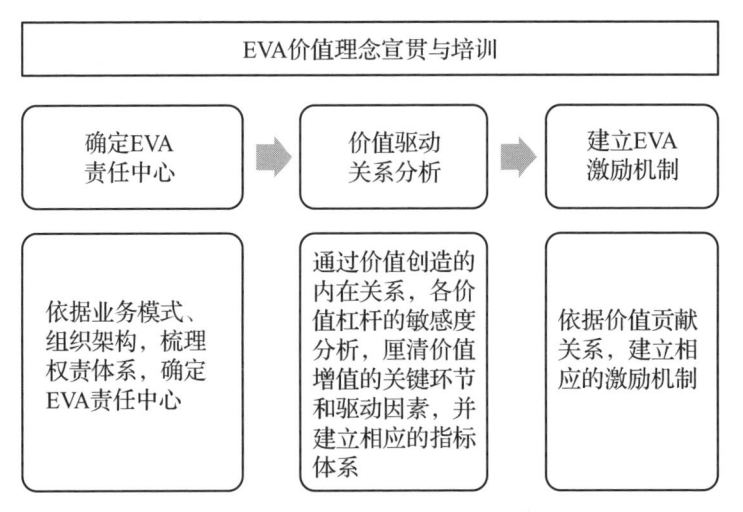

```
┌─────────────────────────────────────────────┐
│           EVA价值理念宣贯与培训                │
└─────────────────────────────────────────────┘

┌──────────┐    ┌──────────┐    ┌──────────┐
│ 确定EVA   │ ⇒ │ 价值驱动  │ ⇒ │ 建立EVA   │
│ 责任中心  │    │ 关系分析  │    │ 激励机制  │
└──────────┘    └──────────┘    └──────────┘

┌──────────┐    ┌──────────┐    ┌──────────┐
│依据业务模 │    │通过价值创 │    │依据价值贡 │
│式、组织架 │    │造的内在关 │    │献关系，建 │
│构，梳理权 │    │系，各价值 │    │立相应的激 │
│责体系，确 │    │杠杆的敏感 │    │励机制     │
│定EVA责任  │    │度分析，厘 │    │          │
│中心       │    │清价值增值 │    │          │
│          │    │的关键环节 │    │          │
│          │    │和驱动因素，│    │          │
│          │    │并建立相应 │    │          │
│          │    │的指标体系 │    │          │
└──────────┘    └──────────┘    └──────────┘
```

图6-1 企业实施EVA绩效考核体系的流程

（1）EVA 价值理念宣贯与培训。

本阶段的重点是要在企业内部建立一种全体员工认可的价值文化，自上而下推广基于价值的管理理念，确保各层级管理人员以及员工在对 EVA 价值体系有一个完整了解的基础上达成认识上的统一，明确企业价值的核心与内涵，引导各级员工共同为提高 EVA 价值尽自己最大的努力。

（2）确定 EVA 责任中心。

组织中的各个业务单元或者部门不仅是一个权责中心，而且要能对价值创造负责，通过投入与产出分析，确定 EVA 的责任主体角色，当然责任中心的工作应该可以计量，体现权责利的一致性，否则就要结合其他管理手段来实现，不同的业务模式、组织管控特点以及责权体系都会影响 EVA 的主体角色划分。公司整体是一个最大的 EVA 责任中心，按照组织层级与价值创造模式特点可以逐层分解。

（3）价值驱动关系分析。

借助价值树工具，挖掘深层次的价值驱动因素，并结合 EVA 责任中心将相关的驱动关系按照逻辑形成价值传递链，用来反映公司整体 EVA 价值的关键影响因素，最基层的驱动因素转化为责任指标以及行为要素，包含各种经济类和非经济类指标。依据价值图，利用价值敏感度分析方法明确合理配置资源和界定责任，并通过指标转化为行动，为企业的规范运行提供支撑。

其中，价值管理对企业的价值在于不仅能够传承落实公司的愿景，更能设定企业员工行为准则等方法，在组织内部进行各种层面的沟通，凝聚组织、团体、团队与个人的目标成为共同信念，以提高 EVA 价值，做好顾客服务，保持组织的竞争力和获得长久的事业成功。

通过 EVA 价值管理体系，将管理者的决策重点放在价值的驱动因素上，强调在各个层面上都能做出有利于增加价值的决策，从而要求纵向建立一体化创造价值的概念，并能深刻理解影响企业价值的关键性变量，将价值最大化战略转化为具体的长期和短期目标，以期在组织内部传达管理部门的期待目标。

（4）建立EVA激励机制。

将EVA绩效考核机制和薪酬激励进行联动设计，是EVA绩效体系落地实施的重要组成部分。基于EVA的薪酬激励体系，能够将管理者的奖励与股东财富的创造进行挂钩，并创造一种"所有者企业文化"，使员工和股东的利益一致，共同为创造企业价值而努力，并让更多的员工参与到提高企业的价值成果分享中来。

2. EVA绩效考核指标体系开发

一般基于EVA的绩效考核指标体系开发可以分为三个阶段（见图6-2）。

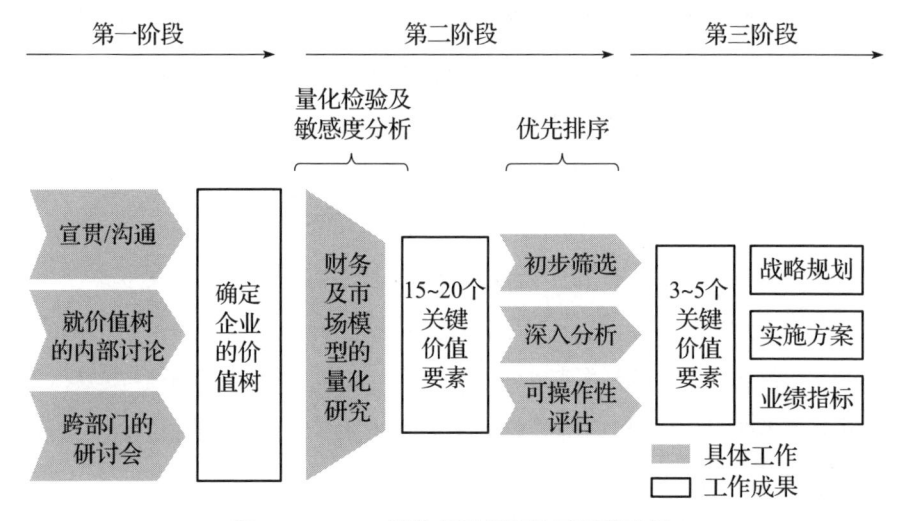

图6-2 EVA绩效考核指标体系开发阶段

（1）第一阶段。

EVA价值管理理念的实现，很重要的一点就是要寻找到EVA驱动，在基于企业战略的基础上构建公司的价值树模型，通过价值树模型厘清公司的关键价值驱动关系（见图6-3）。

（2）第二阶段。

基于价值树构建公司的财务及市场模型，即能揭示公司所有业务的收入、成本、资产构成的图表，按照可追溯的原则，形成可控的管理要

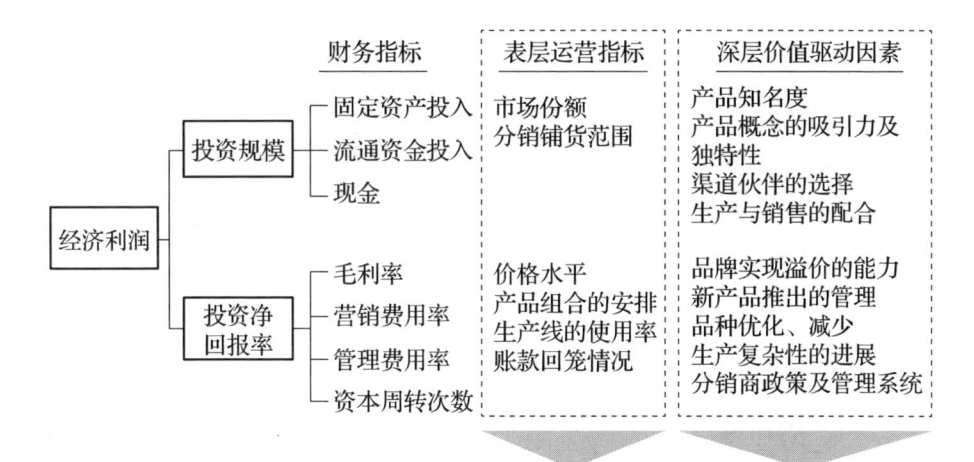

```
                          财务指标      表层运营指标       深层价值驱动因素
                        ┌ 固定资产投入  市场份额          产品知名度
                投资规模 ┤ 流通资金投入  分销铺货范围      产品概念的吸引力及
                        └ 现金                           独特性
                                                        渠道伙伴的选择
     经济利润                                            生产与销售的配合

                        ┌ 毛利率       价格水平          品牌实现溢价的能力
                投资净  │ 营销费用率   产品组合的安排    新产品推出的管理
                回报率  ┤ 管理费用率   生产线的使用率    品种优化、减少
                        └ 资本周转次数 账款回笼情况      生产复杂性的进展
                                                        分销商政策及管理系统

                                      战略规划所应       战略规划的核心内容，
                                      提出的目标         回答怎么去做的问题
```

图 6-3 构建价值树模型

素，即价值驱动要素。由于并不是所有的价值驱动要素都是同等重要的，因此，还应该通过敏感度分析，例如根据各价值驱动因素对于整个公司 EVA 变化 1% 的影响进行排序，从而确定公司最重要的价值驱动因素，筛选并最后确定关键价值要素（15～20 个）(见图 6-4)。

根据确定的关键价值要素，提炼出相应的绩效管理指标，即公司层面的 EVA 绩效考核指标体系（见图 6-5）。各细分单元的 EVA 加总即为公司的价值创造。

（3）第三阶段。

制订相应的战略行动计划，即建立有效的 EVA 激励机制，通过可执行的战略方案提高 EVA 价值，并制定相应的分层分类的激励方案。EVA 激励模型的核心思想是关注 EVA 的持续改进以及 EVA 价值的保持，倡导的是一种"所有者文化"，以价值责任中心为主体，制订价值分配计划。不同的 EVA 区间对应不同的激励方式，上不封顶，激励可以分成短期、中期和长期。目的在于通过使各级管理者的个人利益与企业的利益相一致，鼓励员工改善行为、提高决策质量，督促不同级别、不同部门的经理人能按照统一的、价值最大化的方向努力。

178 / 绩效管理十大方法

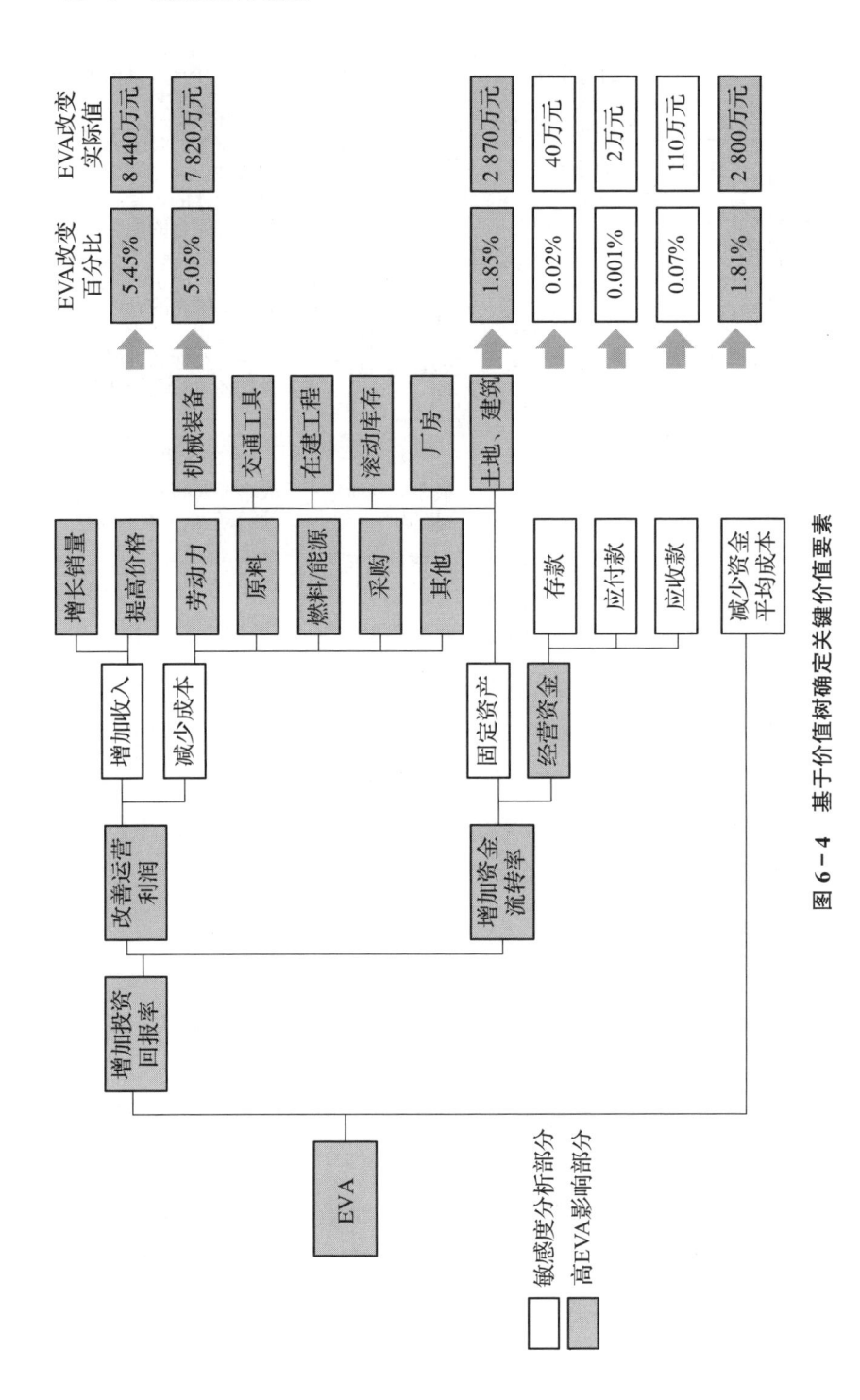

图 6-4 基于价值树确定关键价值要素

第六章 EVA 绩效考核体系 / 179

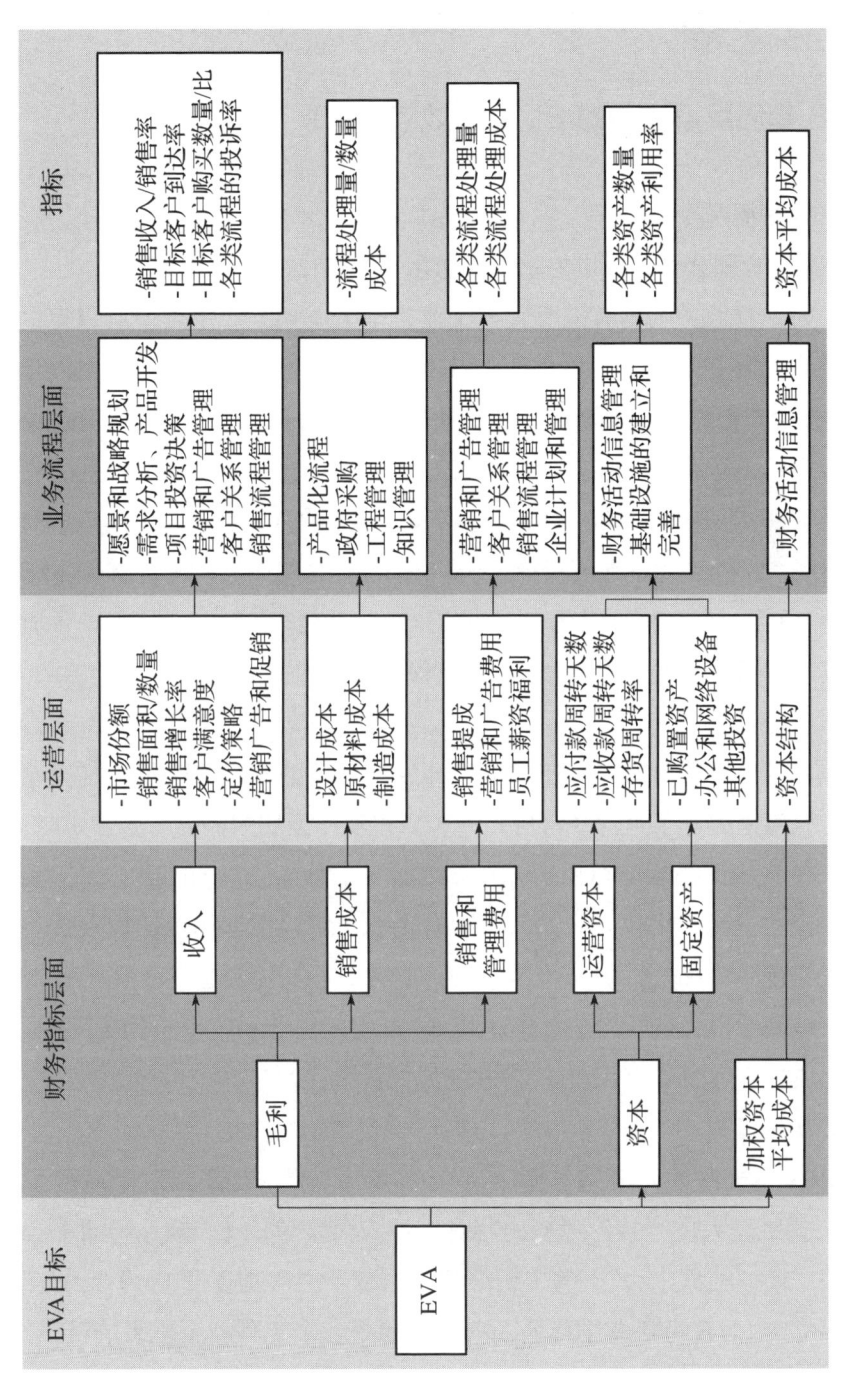

图 6-5 EVA 绩效考核指标体系

三、EVA 绩效考核体系的实施：以两个集团公司为例

(一) B 集团层层渗透的 EVA 绩效考核体系 [①]

1. 公司概况

B 集团有限公司是以电力系统自动化、保护及控制设备的研发、生产及销售为主营业务的国有控股大型企业，是国家 520 户重点企业和省重点组建的大型企业集团之一。下设 21 个子公司，包括 2 家上市公司以及 8 个中外合资公司。B 集团坚持把主业做强做大的同时，不失时机地跻身民用机电、电子商务、环保工程、资产管理等行业，并取得了喜人的成绩。近年来，B 集团的经济效益高速增长，销售收入、利润、市场占有率等重要经济指标连续多年居行业第一。2023 年 B 集团实现销售收入 48.5 亿元（含税）、利润 3.03 亿元，比 2022 年分别增长 21% 和 10.3%，各项经济技术指标再创历史最好水平，继续保持行业的龙头地位。

2. 实施背景

十几年来，B 集团一直在尝试内部生产关系的调整和改革，这些改革一定程度上促进了企业经营机制的转变和整体素质的提高。尽管如此，多年来在 B 集团高层脑海里却一直萦绕着一个悬而未决的问题：如何实现国有资本的"人格化"？如何让国有企业员工以激情和责任投入企业的价值创造活动？

正是基于以上的思考，B 集团将 EVA 引入内部经营单位的考评中，建立起独具特色的基于 EVA 的考核激励制度。

3. 实施流程

EVA 考核激励制度共分两个层次：第一个层次是集团对下属各子（分）公司经理人的考核，考核内容是经理人负责单位（一般是利润中心或者是"模拟利润中心"）的关键绩效；第二个层次是各子（分）公司在内部建立的 EVA 考核激励体系，考核对象是各个工程乃至班组的员工，

---

① 黄卫伟，李春瑜. EVA 管理模式. 北京：经济管理出版社，2005.

考核内容是班组或者工段对所属经营单位整体 EVA 的贡献。

（1）对子（分）公司经理人的 EVA 考核。

在调整项目和资本成立的计算口径上，B 集团、B 电气公司（集团下属上市公司），以及除 B 电气公司以外的其他子（分）公司各有不同，如表 6-1 所示。

表 6-1　B 集团及其子（分）公司 EVA 计算的调整项目

	子（分）公司	调整项目组成	资本成本组成
B 集团	B 电气公司	1. 存货期初减期末数 2. 当期研发费用 3. 当期市场开拓费	1. 当期财务费用 2. 期末所有者权益 ×7%
	其他子（分）公司	存货期权减期末数	1. 当期财务费用 2. 期末所有者权益 ×7%
B 电气公司	子公司	1. 存货期初减期末数 2. 当期研发费用 3. 当期市场开拓费	1. 当期财务费用 2. 期末所有者权益 ×7% 3. 欠股份公司结算款 ×5.85%
	分公司	1. 存货期权减期末数 2. 当期研发费用 3. 当期市场开拓费	1. 占用股份公司结算款 ×5.85% 2. 固定资产净值 ×7%

（2）EVA 考核的"向下渗透"。

考核激励向下渗透，主要采用"EVA 中心"分解法。

一是表面处理分公司"EVA 中心"的横向分解。表面处理分公司是 B 电气公司所属的一家专业性分公司，主要负责 B 电气公司产品的电镀处理，兼有少量对外业务。从责任形式上，表面处理分公司属于利润中心。表面处理分公司有镀锌、电泳、镀铬等五条电镀线，分为五大工段，每个工段都可独立生产、直接服务客户，相互之间基本上不存在承接关系，处于平行并列状态。

二是结构分公司基于作业成本法（ABC）的 EVA 中心纵向分解。结构分公司是 B 电气公司所属的另一家专业性分公司，主要为 B 电气公司提供产品的外部构架,兼有部分对外销售,其责任形式为"利润中心"。

(二)A 集团公司实施 EVA 绩效薪酬体系 [①]

A 集团公司成立于 2009 年,在我国装备制造业中具有举足轻重地位,并在全球拥有重要影响力,具有中国最优质的动力系统与工程机械资源,现有 7 家子公司、4 家上市公司。A 集团的战略定位为全球领先、拥有核心技术、可持续发展的运输和工业装备国际化企业集团,成为世界装备制造业的重要一极,进入世界 500 强。

通过一个时期的大规模兼并重组、战略协同和优势互补,A 集团销售收入和利润大幅增长。在兼并重组快速增长的初期,A 集团审时度势,未雨绸缪,对产业战略发展历史经验案例进行了重点研究,防范企业单纯追求规模(收入、利润)的快速增长,忽视价值平衡增长的扩张策略,在资本腾挪转换的同时,导入企业价值增长和资本回报的理念。面对竞争愈发激烈的全球经济形势和集团庞大的组织体系以及重组整合后的复杂产业网络等多重压力,A 集团迫切需要基于 EVA 价值平台进行整合资源和业务流程优化重组,构建以 EVA 为核心的更加科学、合理的业绩目标管理体系和薪酬激励约束机制。

1. 试水阶段:以 EVA 理念设计与制定绩效薪酬的考核体系

EVA 管理体系的作用主要体现于价值导向,其实施过程强调激励、考核等配套机制的统筹建立。

因此,EVA 绩效薪酬理念最重要的是将价值创造体现到考核体系中,与个人切身利益息息相关的薪酬收入、岗位调整或职位任免结合起来,强化 EVA 管理实施过程的权威和实效。

A 集团首先针对既有人力资源管理薪酬激励分配的现状和利弊开展研究,建立描述 EVA 激励方案模型与原绩效薪酬的模型进行差异化对

[①] 郑勇,刘冬惠,李征.EVA 绩效薪酬考核在管理应用中的改善提升:以 A 集团上市公司为例. 中国人力资源开发,2014(14):8-17。

比。尤其结合集团实际，选择集团战略实施与人力资源管理规划在员工文化、实施条件、激励方式、员工认可（满意）度和亟待改进等方面进行深入分析，明确实践 EVA 绩效薪酬方案的目标与可行路径。同时立足人力资源现状和 EVA 业绩考核体系，确定 EVA 业绩考核过程、结果都与绩效薪酬挂钩的原则，运用 EVA 奖金库原理，形成集团的年度和中长期 EVA 薪酬奖励制度等激励机制，并以详细的政策和配套制度措施推进执行。EVA 绩效薪酬体系结构设计包括绩效薪酬总量、员工绩效、管理者团队绩效和薪酬管理体制四个方面。

EVA 绩效薪酬总量分配根据单位考核重点而有所不同，A 集团按照 EVA 考核增量兑现指标及分配形式特点，设置不同类型的指标体系，使价值创造与薪酬收入紧密联系，企业内部创造实际收益与占用（使用）资本或资产量成比例关系，实现了资产（经营）使用者的绩效薪酬激励与股东资产增值的目的相一致，极大地激发了经营者（企业或部门）与所有者（股东）的互动与能动性。

EVA 绩效薪酬的收入结构一般包含三个部分，公式如下：

薪酬收入 = 基本工资 +EVA 季度（年度）奖金 +EVA 中长期激励

其中，基本工资和 EVA 季度（年度）奖金是 EVA 绩效薪酬的主要部分，是集团绝大多数部门或职位员工收入的主要来源。A 集团根据单位、部门岗位或职级不同将绩效薪酬分为不同类型（见表 6-2）。

表 6-2　A 集团 EVA 绩效薪酬类型表（节选）

分类	EVA 绩效薪酬考核流程	EVA 指标体系	EVA 增量（±）
集团产业板块、各子(分)公司、各事业部	1. 推进 EVA 价值理念导向，分析战略管理和绩效评价现状，根据 EVA 业绩管理体系整理、调整财务数据和会计政策，确定实施主体 EVA 的调整项目和资本成本率，将测算结果与对标企业、行业结果对标分析	1. 资产（资产）规模、净资产收益率、市场占有率、现金流量等	1. 以上年度实际完成数为基础，核定 EVA 初始基数

续表

分类	EVA绩效薪酬考核流程	EVA指标体系	EVA增量（±）
集团产业板块、各子(分)公司、各事业部	2.设计EVA经济指标、权重及薪酬考核模型，完成业绩考核与薪酬激励方案 3.以参数目标值计算模型初步核算薪酬结果，并与相关具体薪酬政策措施挂钩施行	2.EVA绝对值指标、EVA回报率指标及其他关键指标	2.按EVA考核结果提取EVA增（减）量薪酬
职能部门	按照岗位绩效工资制考核，执行个人业绩绩效考核表和部门自评系数、部门业绩考核系数与公司EVA目标完成挂钩	1.公司EVA业绩指标 2.岗位、部门考核系数等指标	EVA增量工资按照公司EVA绩效薪酬提取变量加权平均比(率)兑现
研发部门	按照研发部门岗位绩效工资制实施结果核定工资基数，分析研发岗位特性，以研发预期收益及专利申请等设定EVA绩效薪酬目标；将研发费用作为长期投入列入资产中，设定5年摊销期分期核销	1.公司EVA业绩指标 2.EVA技术项目、技术创新指标，专利指标等研发预期收益等考核指标	EVA增量工资按照其承担的产品研发项目考核兑现
销售部门	按照销售业绩（销售收入、市场占用率等指标）、费用指标与EVA目标完成挂钩综合考核，绩效承包考核后再分配	1.公司EVA业绩指标 2.销售完成率、回款完成率、客户满意度等	EVA增量工资按其销售业绩与费用指标考核兑现

  为进一步驱动经营者对所有者（股东）远期利益最大程度的关注，A集团针对内部核心或关键（专业）职位实行了EVA中长期激励政策。实施EVA中长期激励前，A集团选定在总部及其产业板块、各子（分）公司高级管理人员或部分核心专业人员中，已多年采用期权和年金等企业

年薪激励方式。受制度结构缺陷的必然制约,其实施结果很难真正实现奖励与长期实际绩效的真实挂钩。其中,期权激励容易受外部环境因素影响,市场价格不透明,人为因素影响较大,经营者片面追求奖励诱使短期行为股价上升,造成经营者按照约定随时可行权获得奖励,与所有者(股东)最终实际收益可能脱节,不能达成利益一致性。

企业年金激励考核行权周期过长,过度强调经营者在企业的终身忠诚度,对经营者创造精神造成很大伤害。EVA 长期激励有效避免了上述环境和市场价格影响等诸多问题,是股东资本财富(资产)当期创造后的兑现,完全反映了经营者经营结果的好坏,不会造成所有者(股东)任何利益损失,是对创造的新价值的当期奖励。关键职位 EVA 绩效薪酬收入结构如表 6-3 所示。

表 6-3 A 集团关键职位 EVA 绩效薪酬收入结构表

分类	主要内容	比例
基本工资	体现员工原技能工资标准和年功工资、各项补贴	10% 左右
EVA 季度(年度)奖金	即 EVA 岗位绩效奖金。岗位绩效奖金根据不同单位或职位的经营与管理工作薪酬绩效评价体系(季度、年度评价表)评价考核。与本单位或分管工作 EVA 绩效目标完成率挂钩	50% 左右
EVA 中长期激励	分 EVA 增量奖金和年金两个部分(按业绩或只执行部分)。经营单位(主体)实际完成 EVA 目标后的增量部分,核定产业规模系数、贡献比列系数、职级系数与单位综合系数(安全、员工收入增幅比例、社会荣誉等)等,与企业一个核算年度的 EVA 增量加权平均值乘积兑现。设定 EVA 增量奖金的兑现上线,超额部分列入企业的年金实施办法管理	40% 左右(年金占 5% 左右)

实现EVA理念设计与制定绩效薪酬考核体系的管理，全员日常工作围绕为所有者（股东）获得比其投入资本所要求的最低风险报酬高的价值理念思考和处理问题。建立以EVA为中心的目标管理体系，组织完成以EVA为基础的业务流程再造，集团的治理结构和企业文化得到了梳理和提升，取得了良好的经济效益。所有者（股东）价值（资本价值）与集团盈利出现了同步增长。

但是，集团应用EVA绩效考核体系，毕竟改变了原有的管理机制和行为，尤其彻底推翻了以财务利润经济指标考核绩效的目标架构，其延伸的薪酬分配观念发生了质的改变。在运行初期，许多问题显现出来，主要表现在：

（1）EVA价值管理思想宣贯理解不到位，集团部分权属企业推进EVA考核管理存在功利或任务色彩，导致EVA管理理念与集团传统观念无法紧密融合。特别是内部薪酬考核结构的改变，评价结构复杂，业绩难度加大，触动了个人利益的"蛋糕"，使个别利益群体产生消极情绪。基层员工对当期眼前利益（薪酬收入）更为关注，EVA绩效薪酬考核部分需延后支付相关收入，更引起一般员工的误解。

（2）由于根据会计准则编制的财务报表对公司绩效的反映存在部分失真，因此EVA绩效薪酬考核目标设定对原有财务指标的合理调整，对于EVA成功推广十分重要。实施初期，A集团多数公司EVA目标设定简单用原财务数据或行业（标杆）数据替代，对EVA绩效考核公式只做浅显变通，EVA导向与薪酬绩效考核结果相关不明显，EVA绩效导向作用备受抵触，造成EVA绩效薪酬实施方案缺乏科学性和权威性，效果大打折扣。

（3）EVA绩效薪酬考核引入存在环境适应的问题，集团不能将其作为放之四海而皆准的真理简单笼统来使用。A集团作为一个动机总成、重卡整车、工程机械、汽车零配件、豪华游艇等多产业综合型全球大型制造企业，具有其战略特殊性，战略调整升级、产业发展机遇、地域文化融合等诸多因素都会影响考核制度的适用性。EVA绩效薪酬考核推行中部分实施主体对收入考核结果的公平性和合理性产生怀疑，不免产生水土不服的症状。

2. 改善和成熟阶段：细化 EVA 绩效薪酬指标及考核框架，全员参与提升 EVA 考核的实效

EVA 管理体系是一套以价值增值为导向的业绩评价、激励与管理系统。作为"舶来品"引入中国，自然就有适用性和操作性的问题，深入理解 EVA 业绩考核流程与评价实质（效果）是成功实施绩效薪酬考核的关键。因此，为应对初步阶段推行 EVA 绩效薪酬考核体系出现的问题，A 集团对实施过程进行了细致的梳理和调整。

首先以求真务实、追求实效的态度来认识和接受 EVA 绩效薪酬考核理念，企业分期（批次）、层级（先高管后基层）、岗位专业系统培训宣贯新的价值管理理念。EVA 绩效薪酬考核体系也一定要坚持从企业实际出发、循序渐进的推进方式。企业高级管理人员必须要统一观念正确认识，不仅要透彻理解 EVA 价值管理理论，还要认识到 EVA 的实施不是一蹴而就的，而是长期渐进提高的过程。集团选择一些管理机制健全、财务管理完善、产业业务过硬、文化基础扎实的企业先行继续试点，制定 EVA 绩效薪酬考核的过渡方案和详细保障措施，完成薪酬考核体系的平稳过渡。从集团高层开始，自上而下锲而不舍，极致追求 EVA 绩效薪酬方案的不断改进。通过宣贯培训、OA 信息平台、有奖问卷普及等各种通俗易懂的形式，让员工主动理解 EVA 绩效薪酬考核对企业和自身当前及长远利益的帮助，体会到 EVA 绩效薪酬考核为企业持续发展带来的好处，最终实现企业全员管理理念向追求价值增值的转变。

EVA 绩效薪酬业绩的考核指标在精准的同时，也力求简便易行。A 集团设计指标结构在保证考虑资本成本特别是权益成本，尽量剔除会计失真带来的影响基础上，避免过多进行会计项目的调整（10 项以内）。只针对部分重点关键价值驱动因素和财务指标进行分析的基础上，在确定计算税后营业利润和资本占用时做出主要适当的会计调整。企业绩效薪酬考核指标从以利润为中心的 KPI 管理及 360 度评估反馈，逐步被 EVA 目标及个人素质综合指标体系所代替。业绩难度适当调整，核算标准形象统一，评价过程易懂可控，彻底改变了企业部门之间，特别是人力资源、投资运营等管控部门与财务部门之间因数据采集应用互不信任的情况，得到了集团绝大多数员工及中高层管理者的理解和支持。

同时，将结合集团的行业、战略、责任、文化等因素的细致分析，作为初步设计与制定集团 EVA 绩效薪酬考核体系的出发重点。当前发展比较稳定、有形资产占较大比重的内部企业，是集团选定初期实施 EVA 考核的主要对象。而对集团战略新兴（或战略亏损）进入、业绩周期性强或有很好预期、正在战略性调整的内部企业则不太适用，这就需要区别对待。集团兼顾运用 EVA 业绩考核管理，全面考虑其影响因素，根据行业特性和运营实际，不夸大、不盲从，做好 EVA 财务指标调整，化解实施主体的消极和抵触态度。

最后，结合初期阶段的问题改进，集团对 EVA 管理体系进行了再次细致分析梳理，对 EVA 业绩考核体系推进过程按照三个阶段步骤流程进行了完善与细化，最终明确了集团规范的 EVA 绩效薪酬考核体系流程运行架构（见图 6-6），并依据架构流程利用 PDCA 管理工具后期实现实施效果评价循环改进提升。

在改进完善后的 EVA 绩效薪酬考核体系架构基础上，集团根据不同产业、部门、岗位、专业的考核特点、形式与要求，并融合不同岗位员工的差异化职业（业务）发展诉求，进一步分类分析与分解，梳理建立了因地适宜、分类有效的产业、部门、岗位三个维度的目标考核分类体系（岗位维度特点的目标考核分类表见表 6-4），不同维度分类体系又均建立了对应实效的考核目标结构、制度、分配结构和具体制度办法，力求 EVA 绩效薪酬业绩目标设定与实施的准确、时效，得到集团员工的理解和积极配合。

① EVA价值管理体系流程

1. 宣贯培训，设计不同层次部门及业务特点培训内容，保证时间和资金投入。EVA成功推行重点：高管人员、非财务人员、实施关键岗位人员；内容：理念、4M体系、资本考核项目、调整项目、公式等。
2. 分析集团及权属公司战略管理、绩效考核现状、规划行业优势等（借助SWOT分析）。
3. 整理集团及权属公司财务数据及会计政策，分析评估价值影响会计项目。
4. 确定EVA价值调整项目，分析集团及权属公司产业特点模型及资本占用，核算资本成本率。
5. 导入现实和历史数据验证测算EVA数据，予以沟通及效果分析。与行业对标及历史业绩对标，分析并改进。
6. 推行实践价值体系管理内容。

② EVA绩效考核体系流程

1. 整理分析集团及权属公司绩效考核方案，分组分业务组织专题讨论，收集绩效考核方案建议及实施EVA考核初步意见。
2. 以EVA价值体系分析调整数据，设计集团及权属公司EVA指标和其他配套关键性指标，并建立指标模型。
（1）明确战略定位、规划、任务，设计EVA绝对值指标和回报率指标及其他关键指标。
（2）确定考核方案指标权重。
3. 确定目标值确定原则、参数及模型。
（1）分析所有计划数据，对财务预算进行EVA模拟预测。
（2）设计考核目标确定原则，建立对比目标参数数据库并描绘目标值计算模型。
（3）计算考核指标具体目标值和设计指标计分区间。
（4）与管理层进行讨论，改进方案，确定人事激励考核原则。

③ EVA绩效薪酬体系流程

1. 宣传引导，通过文化媒介对EVA知识、理念及薪酬绩效考核思想进行全员宣贯。例如：OA、知识竞赛、问卷调查等。
2. 理顺集团及权属公司战略规划及人力资源规划应对EVA价值考核的相应调整。
3. 分析现有人力资源管理绩效薪酬体系现状，做出对比模型与EVA薪酬激励方案模型进行对比。确定人力资源薪酬激励实施条件、激励方式、员工认可度、改进项，并与人力资源战略目标契合。
4. 依据EVA绩效考核建立EVA薪酬绩效方案，以EVA奖金库确立月度（季度、年度）分配方案、标准及详细政策。
5. 初步测算结果，交流达成共识。实施过程跟踪监督，进行效果评价分析，总结整改（借助PDCA）。

图 6-6 A 集团 EVA 绩效考核改进流程

表 6-4 A 集团 EVA 绩效薪酬岗位维度分类表（节选）

岗位分配形式分类	EVA绩效薪酬目标考核基本内容	实施范围
一般职员岗位（EVA岗位绩效分配）	设定公司一般员工薪酬通用基本工资、岗位绩效和EVA年度奖金三个部分。岗位考核执行企业通用个人KPI考核表和部门自评系数、部门EVA绩效考核系数、公司EVA绩效考核系数。	公司一般职员

续表

岗位分配形式分类	EVA绩效薪酬目标考核基本内容	实施范围
部室专业管理岗位（EVA专业绩效分配）	按照一般职员薪酬结构，设定部室专业人员EVA专业岗位考核目标，建立专业岗位EVA绩效考核，使用专业岗位特殊目标要求核定EVA绩效薪酬。EVA目标设置由公司专业评审委员会专家组每半年核定一次，目标效果评价每年评审一次。	企业管理（部室）关键专业岗位
直接（一线）员工岗位（EVA计件承包分配）	采用计件考核形式，结合公司生产计划承包考核再分配。其EVA目标设置与单位EVA贡献率挂钩，再分解到单件贡献工时，使员工明确了解单件EVA贡献价值。	直接生产单位等
销售人员岗位（EVA销售业绩分配）	利用上年度基础数据，核定单位年度销售收入、价格的EVA目标指标。人员销售业绩（销售收入、市场占用率、新产品等指标）与费用指标综合考核，EVA绩效承包考核再分配。	销售团队、进出口公司、市场推广团队等
研发人员岗位（EVA技术研发分配）	实行技术研发人员与技术研发项目EVA贡献率挂钩考核办法。公司自主组合术研发小组，年初公司审定研发课题、新产品开发计划、产品改进计划、专利申报计划、科技创新计划、技术革新计划等，确定不同项目权重分值，由不同技术研发小组投标获取，按照审定的技术研发项目产生EVA年限（3～5年）划分薪酬兑现数额及期限，可设定EVA技术期权或年金。真正实现技术研发项目贡献与薪酬收入挂钩。	技术研发团队（关键核心技术开发）等
外聘专业人员岗位（EVA外聘人员分配）	外聘专业人员分高级职业经理人、特需专业技术研发人员等。与招聘目标设定挂钩，目标审定与EVA贡献率由公司绩效薪酬委员会确认。每半年对完成效果评价一次。	高级职业经理人、高级专业技术研发人员、公司特需人才等
高级管理人员岗位（EVA年薪考核分配）	设定单位年度EVA绩效考核综合指标，年终考核再分配。确立基础薪金、EVA绩效薪金和中长期激励。	公司级领导、各事业部（或子公司）负责人

细化 EVA 绩效薪酬指标及考核框架的完善阶段，EVA 绩效薪酬考核的初步分配方案进一步改进。集团出资人（股东）、董事会、经理层与内部员工在 EVA 绩效理念引导下，自我约束、同心协力提升公司价值，资产流动性和资金周转率得到了提高，员工整体收入也实现了同步增长。特别是集团建立了一致的衡量评价总部及各权属公司的运营质量和绩效薪酬体系挂钩关系审定标准，财务部门、运营管控部门与人力资源管理部门可以协商合作，共同修订集团内部的业绩财务绩效指标架构及考核目标，集团内部管理实现便捷高效。

07

第七章

基于 OKR 的绩效管理体系

在不确定时代，处于新兴产业的企业未来发展方向模糊不清，战略目标难以明确，企业绩效目标难以准确设定。而在此背景下，企业面临的管理对象是大量的知识型员工，他们大多是"80后""90后"，经历计算机、互联网热潮，接受过良好的教育，忠于自我、勇于质疑、敢于创新创业是他们共同的"基因"。知识型员工的内在驱动力相比一般员工具有明显的不同。例如，知识型员工更具有事业精神，看重工作带来的自我价值实现与自我超越机会，而非简单将工作视为谋生手段。组织如果不能为员工提供发挥才能的机会并做到科学评价和有效激励，将丧失创造价值的活力。而知识型员工的工作成果形式多样，难以准确衡量。处于新兴产业的企业，尤其以知识型员工为主体的企业，其传统的以KPI为核心的绩效管理体系出现了一定程度的不适用。

近年来，人力资源管理实践领域出现了以OKR（objectives and key results，目标与关键结果）为代表的绩效管理体系，能够激活员工的整体需求，打造组织的持续竞争优势。OKR由英特尔公司在1999年创立，全世界很多互联网公司、高科技企业，如谷歌、甲骨文、领英、今日头条、滴滴出行、知乎等都在应用OKR并创新OKR绩效管理体系。其价值在于：第一，适应变化，灵活配置资源，促进组织内部协同与外部匹配；第二，激活员工的整体需求，通过自我挑战和机制平台引领，让知识型员工从"组织人"身份向"自主人"身份转变，最大限度激发知识型员工的价值创造活力。

一、脱胎于目标管理的 OKR

（一）彼得·德鲁克的目标管理

德鲁克1954年在《管理实践》一书中提出目标管理（management by objectives, MBO）的概念，指出目标管理是一个流程，由目标设置、参与决策和目标反馈三部分构成，以期用共同目标激励组织中的人。[1] 埃德温·洛克（Edwin Locke）在1968年系统化提出目标设置理论，他指出，为了实现某个目标而工作的意愿是工作动机的一个主要来源。[2] 他还指出，具体、困难的目标，再加上自发的反馈，会导致更高的绩效。企业中广泛应用的目标管理是来自德鲁克的观念并系统化地利用目标设置理论，更强调员工参与的方法和工具。

目标管理是组织中的上级和下级一起协商，根据组织的使命确定一定时期内组织的总目标，由此决定上下级的责任和分目标，如图7-1所示。

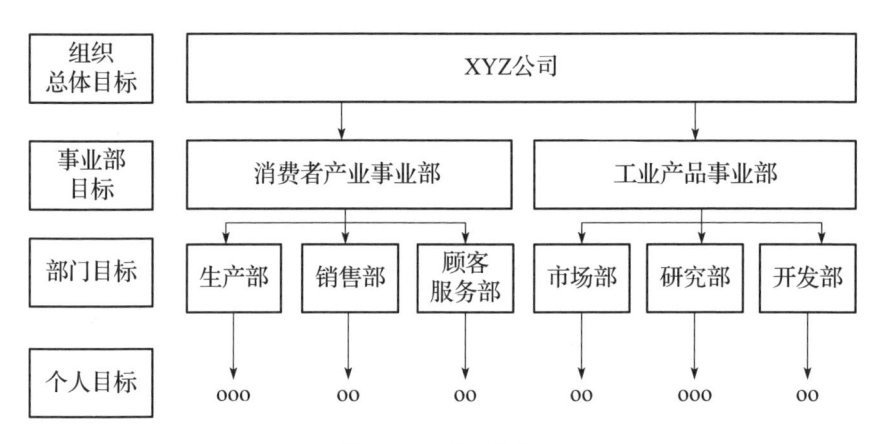

图7-1 目标分解

资料来源：斯蒂芬·罗宾斯. 组织行为学：第16版. 孙健敏，王震，李原，译. 北京：中国人民大学出版社，2016.

---

[1] RODGERS R, HUNTER J E. Impact of management by objectives on organizational productivity. Journal of Applied Psychology, 1991, 76（2）: 322-336.

[2] LOCKE E A. Toward a theory of task motivation and incentives. Organizational Behavior and Human Performance, 1968, 3（2）: 157-189.

由于低层级单元中的管理者共同参与目标的设置过程，目标管理不仅是自上而下的，也有自下而上的影响。最后，把这些目标作为考核组织绩效、部门绩效和个人绩效产出对组织贡献的标准。

目标管理方法和工具设计的初衷是促进组织内跨部门协作和激发个人创新，确保组织内所有员工同公司整体目标保持一致。然而大多数企业并未通过目标管理达到上述目的。其核心原因是：不切实际的期望、缺乏高层的认可和推动、管理者无法或不愿根据目标的完成情况分配报酬等。这些原因使得大多数企业的目标在制定后被束之高阁。

（二）安迪·格鲁夫：OKR 的缔造者

安迪·格鲁夫（Andy Grove）是德鲁克的继承者。他看到了 MBO 的价值，对其推崇有加，并在 20 世纪 80 年代对 MBO 进行了一定的改进。他认为成功的 MBO 要回答两个问题：

第一，我想要去哪（即目标）？第二，我如何调整节奏以确保我正往那里去？

第二个问题看似简单，却掀起了一场思想上的变革，这就是 OKR 中关键结果的本质。格鲁夫应用 OKR 的宗旨是"聚焦"。在格鲁夫的著作中，他用目标管理的视角重新讲述了哥伦布发现新大陆的例子，其中蕴含着 OKR 的思想精髓。

> **案例：从目标管理视角分析哥伦布发现新大陆**
>
> 1491 年，西班牙王室在年度计划中下了结论：如果他们没办法多弄点钱买武器和火药，他们将没有能力打一场他们觉得非打不可的仗——将摩尔人驱逐出西班牙。这是当时西班牙伊莎贝拉女王的使命，但她需要财源才能办这件事。她认为大幅促进对外贸易将

有助于充盈国库，所以她找了哥伦布来谈她的目标。哥伦布答应女王会回家好好想一想。过了几天，他回来向女王提了几项建议，其中包括寻找一条通往东方的新航线。经过充分且广泛的讨论后，女王和哥伦布就此决定寻找通往东方的新航线。

决策制定后，哥伦布开始忙着计划如何才能达成这项目标以及找到所需要的资源。在目标管理的系统中，女王已界定了她的目标——为西班牙王室开辟财源；而女王和哥伦布也在他的目标（找寻通往东方的新航线）上达成了共识。哥伦布由此便开始设定他在达成目标沿途必须验收的成果，诸如建立船队、训练水手以及试航等等，并且明确制定了每项成果验收的时间以确定进度。

女王的目标和哥伦布的目标之间的关系很明显。女王想充实国库，而哥伦布想找到通往东方的新航线。我们可以看出这两者之间的层级关系：当下属达成他的目标时，上司的目标也同时达成。

虽然哥伦布成功地一项一项地验收了成果，但最后还是可能无法达成目标。建立航队、训练水手等对哥伦布而言并非难事，但众所周知，他最后并没有找到到达东方的航线，没有达成他的目标。以严格的目标管理标准来评判，哥伦布的表现到底是好是坏？他毕竟发现了新大陆，且为西班牙王室带来了不计其数的财富。因此，即使下属没能达成所设定的目标，他的绩效仍有可能被评为卓越。

资料来源：安迪·格鲁夫.格鲁夫给经理人的第一课：新版.巫宗融，译.北京：中信出版社，2011.

在案例中，格鲁夫抓住了目标和关键结果的关系、下属与上级目标的关系，以及目标管理系统与绩效管理系统的关系。德鲁克的目标管理思想非常强调员工参与，即兼顾自上而下和自下而上的决策制定和执行。一方面，基层员工离实际问题最近、最了解问题，因而把决策的制定和执行交给基层员工；另一方面，对于知识型员工，自我管理、自我驱动的方式更能提升他们的动机水平。通过这种做法，可以使下属和上级在目标的达成上实现统一。

目标管理的用意是让人能按进度行事，好比秒表在手，自己估量自己的表现。目标管理并不用来决定奖惩，它只是衡量绩效的方法之一。如果上司只用目标管理来决定下属的升迁赏罚，会使下属只专注于制定好的目标，而错失了其他可能。

在目标管理的基础上，格鲁夫提出 OKR：一方面，格鲁夫建议以更频繁的节奏设定 OKR，推荐以季度甚至月度为迭代周期，这样既可以快速响应外部变化，也能在工作中快速反馈。另一方面，他强调目标挑战性的重要性。

（三）新瓶装旧酒？ OKR 与目标管理的区别

总的来说，德鲁克的目标管理是一个理念框架，OKR 是对德鲁克目标管理落地细化的整套理念、方法论、工具。

当 OKR 是一个目标管理工具时，与目标管理有区别但不明显。区别包括：第一，对有挑战性的目标进行了细化，同时限定了目标的数量；第二，OKR 要保持一定的自下而上设立目标的比例；第三，OKR 目标设定的节奏更频繁。

当 OKR 不仅是目标管理工具，还是一个绩效管理工具时，OKR 与目标管理有着本质区别。OKR 是一个管理绩效产生过程的工具，它的结果不能作为评价表现的依据来确定员工最后的绩效评价结果，更不应该和其中的薪酬体系直接相对接。华夏基石观点认为，OKR 是激活人的全面需求的绩效管理体系。

二、全方位了解什么是 OKR

(一) 设定激进而聚焦的目标

目标是驱动组织朝期望方向前进的一种简洁描述，它的本质是回答"我们想做什么"。一个好目标应该具有这样的特质：有时限要求、鼓舞人心、能激发团队达成共识。那如何创建一个好的目标呢？一个可供选择的思路是目标设置的 SMART 原则。其中，S 代表的是 specific，是指目标必须是具体而明确的；M 代表的是 measurable，是指在制定目标的同时考虑到量化进度；A 代表的是 attainable，是指目标是根据员工自身能力来量身设定的，既不是唾手可得，又不是遥不可及，最好的目标是员工经过一定的努力能够达到，确保目标的可控性；R 代表的是 relevant，是指目标必须和其他目标具有相关性，它们之间互相匹配，是一个完整的体系；T 代表的是 time-bound，是指目标要有明确的时限，避免拖拉散漫。

OKR 中的目标设置继承了 SMART 中的可达到原则，但相比之下，OKR 更加强调目标在鼓舞人心方面的作用，即利用目标激发动机，进而驱动目标达成。此外，OKR 中的目标最好是定性化的，以一种简洁的陈述形式出现。OKR 中的目标要足够有野心，为什么 OKR 更强调设置有野心的目标呢？我们以洛克的观点为基础，总结了以下五点原因：第一，态度方面，充满挑战的目标有助于员工集中注意力和发挥自身潜力，更容易引起重视，使员工在时间精力有限的情况下摒弃无关事项，更加聚焦。第二，动机方面，有挑战性的目标更能发挥激励作用，使员工为之付出更多的努力，有助于目标的实现。举一个常见的例子，相比难度低的考试，学生更容易为难度高的考试去努力学习。在上级布置了具有挑战性的目标之后，员工会产生"被领导重视"的感觉，有助于激发他们努力工作。第三，过程方面，攻克一个有挑战性的目标相对需要更长的过程，因此，在实现目标过程中产生的沟通反馈、碰撞和调整的机会也就更多，这也有利于目标的实现。第四，创新方面，困难的目标能促使员工发现更有效执行工作或任务的策略。在目标超越当前能力范围的时候，员工会更倾向于去寻找更多资源、寻求合作、学习提高。第五，文化方面，国家层面、组织层面的文化都普遍推崇创新与冒险精神，因此有挑战性的目标往往更能得到支持。

但在制定有挑战性的目标时要注意度的把握。由于有挑战性的目标会带来压力，压力与个体绩效之间则呈现出倒 U 型的关系，因此，过于困难的目标对绩效而言是不利的。

目标设定的周期要短。世界著名创业营 YC 建议创业公司每周设定一个具体目标。创始人保罗·格雷厄姆（Paul Graham）认为，野心勃勃的创业者最讨厌失败的感觉，哪怕一丁点儿失败也不行。他在 YC 的用户手册中写道："如果你在这个星期失败了，那么下个星期你就会每天思索如何避免再次失败。"

目标设定注意事项：首先，目标要与公司的战略总体目标相吻合，目的是让目标与战略相连接。其次，目标制定时要进行上下左右的对齐，目标应对齐上级目标以支撑其实现；如果还参与其他部门或团队的项目，项目经理创建项目目标后，可以创建目标对齐项目目标以支撑项目的完成；目标要有利于分解，便于下属支撑上级的目标实现。最后，目标尽可能用正向积极的语言来表达，因为根据吸引力法则，人们更愿意去追求他们想要的，而不是避免他们不想要的。例如：产品经理的目标为"产品体验优化"。关键结果：（1）所有页面打开时间 <1 秒。（2）软件包大小 <20MB。（3）Crash 率降低 80%。该产品经理团队中的一位开发人员在制定目标时，分解了经理的目标和关键结果。于是，开发人员的目标为"产品体验优化之页面打开速度落实"。

可将上述内容总结成自查清单，如表 7－1 所示，供管理者使用。

表 7-1 目标设定自查清单

序号	自查式问题
1	制定的目标是否与公司的战略总体目标相吻合？
2	是否对齐了上级的目标？
3	是否对齐了团队、项目负责人的目标？
4	目标是否便于分解，以便下属有效支撑你的目标？
5	目标是否用了正向积极的语言来表达？

（二）设定可衡量的关键结果

1. 关键结果的创建

关键结果用于衡量指定目标的达成情况。如果目标要回答"我们想做什么"，关键结果要回答的是"我们如何知道自己是否达成了目标的要求"。

如何创建关键结果？关键结果也符合目标设置的 SMART 原则，包括，制定可量化的目标（例如日活跃用户数达到 1 000 万人），制定相关性的目标，与进度、上下左右目标对齐（领导团队上下对齐，你所依赖和依赖你的团队水平对齐）。不同之处是关键结果更有挑战性。洛克目标设置理论强调设置较高水平的目标，使员工需要"够"一下才能实现的目标是最能激发员工动机和努力的。此外，关键结果由员工自主制定，而非直接由上级给下属制定。

例如，针对某打车 APP 早期为实现增长设定的三个目标分解关键结果：

目标1：更多司机。

关键结果：（1）所有活跃城市的覆盖率提升至 75%。（2）交通高峰期，所有覆盖地区的每次接客时间降至 10 分钟以下。

目标 2：更多地区覆盖。

关键结果：（1）所有地区的司机基数提升 20%。（2）所有活跃地区司机的平均工作时长提升至每周 90 小时。

目标 3：更快获客，提升司机满意度。

关键结果：（1）定义并评估司机的满意指数。（2）提升满意指数到 75% 以上。

2. 关键结果的类型

关键结果可分为度量型、里程碑型和基准型。最常见的关键结果类型是度量型，另外两种类型都可以看作度量型的特殊情况。

（1）度量型：可以描述目标完成程度的关键结果。程度的描述可以是正向的、负向的，也可以是一个范围。

（2）里程碑型：描述目标完成与否的关键结果。里程碑型关键结果即完成与否，具有二元性，可以看作度量型关键结果的一个特例。

（3）基准型：探索全新度量标准的关键结果。对于一些新战略，尚缺乏度量的经验，没有历史数据可供参考，此时需要摸索着设定出基准，以便今后设定度量指标。

3. 评分标准

建立关键结果的评分标准体系，例如：

1 = 不可思议的成果：感觉近乎不可能实现，要求我们改变思维定式，用不同的方式去思考。

0.7 = 我们希望可以做到这个程度，这有些困难，但并非不可能实现。

0.3 = 我们知道，自己不需要付出比处理常规工作更多的努力就可以完成。

案例：某公司技术副总裁第二季度 OKR 示例

目标：销售支持。衡量并提高工程师对销售的支持力度。

> 关键结果：
> （1）记录工程师对可带来 10 万美元以上年收入的潜在客户提供的全部销售支持（评分标准：1 分 = 全部记录；0.7 分 = 有 1 个销售支持没有被记录；0.5= 有 2 个销售支持没有被记录；0.3= 只记录了 1 个销售支持）。
> （2）在第二季度末之前，获取技术合格率指标的基线（评分标准：1= 获得基线指标；0= 没有获得基线指标）。
> （3）第二季度末，第一大区 60% 的客户经理完成针对于产品 X 销售技术的培训和认证（评分标准：1=60% 以上的客户经理完成培训；0.7=50%～59% 的客户经理完成培训；0.3=3 个及以上的客户经理完成培训）。

4. 设定关键结果注意事项

首先，关键结果的个数根据复盘周期的不同，以 3～7 个为宜。关键结果过多会导致自己在短期内难以聚焦。其次，关键结果需上下左右对齐。最后，关键结果制定要遵循进步原则，哈佛商学院的特蕾莎·阿马比尔（Teresa Amabile）认为，在所有能激发员工情绪、动机和感知的诸多因素中，最重要的是能在有意义的工作上取得进步。长期而言，人们越是频繁地感知到进步，他们就越有创造性。因而，关键结果在制定上应该能够在迭代周期内（例如 1 周、2 周）看到进度的变化，从而让人们不断地看到自己的进步。

接着前述目标设定的例子，开发人员在设定目标时分解了产品经理的目标，然后设定了相应的关键结果。开发人员的关键结果：（1）提升页面加载速度检测工具的兼容性。（2）筛选打开时间 ≥ 1 秒的页面。（3）自己修改或推动相关人员修改。

可将上述内容总结成自查清单，如表 7-2 所示，供管理者使用。

表 7-2 关键结果设定自查清单

序号	自查式问题
1	每个目标的关键结果数量是否在 3～5 个？
2	是否对齐了上级的 OKR？
3	是否对齐了团队、项目负责人的 OKR？
4	是否便于下属支撑你的 OKR？
5	关键结果是否能在短期内看到进度的变化？

（三）沟通：目标设定和进度更新

每个人通过沟通理解上下左右层级的 OKR。OKR 的沟通强调方向的一致性。下面我们引入目标制定的四个计划性问题。

第一个问题：你想要得到什么？

这一问题是在帮助员工聚焦，员工在道出目标时，教练式领导者应确保员工说的目标是自我倡导、自我保持的，并且目标是在自己掌控范围内的。如果目标是改变他人，则需要进一步探索，直到让员工意识到自己是解决问题的关键。

第二个问题：你怎样能够得到它？

这一问题是具体到行为的，在帮助员工聚焦目标时，教练式领导者要检查目标是不是具体明确的，目标能不能落实到扎实的行动上去。

第三个问题：什么对你来说最重要？

这显然是对重要性的提问，也是对价值观的提问，这一步要检查员工的目标在实现过程中是否考虑了周围人对他的影响、他对周围人的影响，以及是否考虑到了实现目标的一些资源障碍，即要考虑目标的整体平衡性。

第四个问题：你怎么知道自己已经实现目标？

这一步是关于有效评估的提问，教练式领导者在这一步需要让员工意识到如何评估自己的目标。以登山为例，你怎么知道自己已经到达山顶？是通过测量心跳、查看速度，还是其他方式？有效评估的提问还可以让员工知道对于一个目标的实施，什么时候应该停下来，即目标已经达成了，而不要一味追求完美，没有结束。这一步确定员工的目标是要有完成时限的。

在定期的目标回顾过程中，教练式领导者也遵循四个计划性问题，进行反馈。

表 7-3 中的每个类别的问题清单都有至少三个问题，这些问题的效果相同，只是表述方式不同，目的是给管理者提供多种选择。

表 7-3 问题清单

类别	问题
问题一清单	你想要得到什么？ （可以继续追问这样的问题：你有什么根据？从哪来的？） 你最想要的是什么？（同上，可继续进行追问） 在接下来 30 分钟的谈话当中，你最希望解决什么问题？
问题二清单	你怎样能够得到它？ 目前你为这个目标已经采取了哪些行动？ 你已经做了些什么？
问题三清单	什么对你来说最重要？ 这个目标对你来说那么重要的原因是什么？ 这个目标对你来说意味着什么？
问题四清单	你如何全力以赴地行动？ 做到什么样，就是你想要的了？ 如果实现了，你如何知道？ 做到什么程度你就比较满意了？

资料来源：玛丽莲·阿特金森，蕾·切尔斯.唤醒沉睡的天才：教练的内在动力.古典，王岑卉，译.北京：科学技术文献出版社，2013.

（四）不做评估、忘记失败、获得帮助

OKR 的特点是不与绩效考核、激励挂钩。这是由于一旦将目标管理系统与绩效薪酬系统挂钩，目标容易夹杂很多演绎的成分，催生员工钻空子的行为。谷歌的首席人才官拉斯洛·博克（Laszlo Bock）讲述了一个自己亲身经历的案例。

拉斯洛曾经共事过的一名销售部主管唐，在谷歌进行绩效评级并与激励挂钩。确定分红前的 3 个月，唐就开始来他的办公室。每年 10 月，他就开始做铺垫。"今年很困难，但是我们的团队非常努力，渡过了难关。"唐会这样汇报。到了 11 月，他会再次更新状况："销售人员的表现超出预想，逆势而上。"到了 12 月，就会听到一些详细的汇报："小型商业团队已经完成了 90% 的任务，这个团队真是像英雄一样才赢得了这些订单。顺便说一句，我真不敢相信 1 月份时竟然会定下这么疯狂的目标，简直是不可能完成的。"

拉斯洛一直都没有意识到唐在耍花招，直到后来有一年，谷歌决定将分红时间比往常推后一个季度，但是没有告诉唐。唐依旧在 10 月开始铺垫绩效谈判。这段插曲也使拉斯洛认识到体系中耍花招的程度有多严重。同样一个目标，与绩效挂钩后，可以有如此多演绎的成分在里面，能使人全身心地投入去完成工作吗？花心思去描述一个本来平庸的目标有多困难，这本身不就是内耗吗？[①]

（五）OKR 与 KPI 的区别

中国人民大学的彭剑锋教授提出，KPI 和 OKR 的区别包括以下四个方面：

---

① 拉斯洛·博克. 重新定义团队：谷歌如何工作. 宋伟，译. 北京：中信出版社，2015.

1. 工具定位的不同

KPI 本质上是一种战略落地的工具，把战略目标层层分解，细化出具体的战术目标来实现绩效目标；而 OKR 实际上是定义、跟踪目标完成情况的一种战略目标实现工具。

2. 绩效目标的不同

首先，OKR 要调动员工的野心，激发员工的潜能，鼓励目标完成 60%~70%。KPI 要求目标一定要明确、可操作、可执行，承诺 100% 完成。OKR 认为目标完成 100% 不仅不意味着优秀，反而说明目标制定得没有野心，不够具有挑战性。OKR 一定要让员工使劲"够"，不一定"够"得到，而且只能"够"到 60%~70%。其次，KPI 多为刚性指标，更关注财务指标。而 OKR 多为柔性指标，更关注过程优化，提醒员工当前的任务是什么，应该朝着什么方向前进。最后，目标调整方面，KPI 制定的目标不能轻易调整；OKR 的目标可以调整以应对变化。

3. 绩效结果应用的不同

一般 OKR 只做回顾，不做评估，往往是通过周计划和周报等方式定期评审关键结果的执行情况，以实现目标为核心，更强调兼顾结果与过程，绩效结果与薪酬、奖金、晋升弱挂钩。KPI 强调绩效结果与薪酬、奖金、晋升强挂钩。

4. 资源配置原则的不同

KPI 的资源配置采用非对称性动机原则，就是把资源压强配置在关键成功因素上，通过 KPI 来牵引组织资源，来牵引优秀的人才，牵引员工努力的方向。OKR 采用的是对称性动机资源配置原则，是根据不确定性来配置资源，根据客户的需求来配置资源，根据企业的战略发展阶段来配置资源，根据目标的进程来配置资源，所以它的资源配置是不确定的、是动态调整的。

OKR 与 KPI 的对比如表 7-4 所示。

表 7-4 OKR 与 KPI 对比

	OKR	KPI
工具定位	目标实现	战略落地
目标制定	调动员工的野心，激发员工的潜能，鼓励 60%～70% 完成	明确、可操作、可执行，承诺 100% 完成
目标类型	柔性和过程优化导向的指标	刚性的结果导向指标
目标调整	目标可以调整以应对变化	目标不能轻易调整
结果应用	与薪酬、奖金、晋升弱挂钩	与薪酬、奖金、晋升强挂钩
资源配置	对称性动机原则	非对称性动机原则

三、OKR 的设计框架与落地实施

（一）创新 O—P—R—D 绩效管理循环

基于中国标杆企业的 OKR 实践和 P—D—C—A 绩效循环，中国人民大学彭剑锋教授及团队提炼出 O—P—R—D 绩效管理循环，包含 4 个一级维度、20 个二级维度。4 个一级维度分别为：制定绩效目标和关键结果（objectives）、敏捷绩效过程管理（process）、绩效考核与评估（review）、绩效结果应用（development）。20 个二级维度分别为：未来导向性、战略对齐、周边对齐、正向积极、目标激进、目标聚焦、自我驱动、信息开放透明、合作协同、按迭代周期持续跟踪目标和回顾、频繁沟通、目标灵活调整、参考目标实现的考核、有区分度的绩效考核、确保公平的绩效纠偏、综合业绩与价值观考核、综合个体与团队考核、目标实现与奖金和晋升弱挂钩、绩效考核与奖金和晋升强挂钩、发展性反馈。[1]

---

[1] 西楠，彭剑锋，曹毅，等.柔性导向人力资源管理实践对团队绩效的影响：以 T 公司 OKR 为例.北京：首届中国人力资源开发与管理案例研究论坛，2017.

1. 制定绩效目标和关键结果

制定绩效目标和关键结果要进行战略对齐、周边对齐、目标聚焦，目标与关键结果制定要有未来导向性、正向积极、激进，激发员工自我驱动（见表7-5）。

表7-5 制定绩效目标和关键结果

一级维度	二级维度	内涵
制定绩效目标和关键结果	未来导向性	制定绩效目标和关键结果时关注企业的未来发展大方向
	战略对齐	制定绩效目标和关键结果时与公司战略目标强相关
	周边对齐	制定绩效目标和关键结果时广泛参考和对齐上下左右的目标
	正向积极	制定绩效目标和关键结果时保持正向积极的态度
	目标激进	制定绩效目标和关键结果时敢于挑战现状、打破常规，设定激进的目标
	目标聚焦	制定绩效目标和关键结果时能够聚焦
	自我驱动	制定绩效目标和关键结果时充分授权一线员工，自主制定目标及实现方式，从而激活员工，使员工自我驱动

2. 敏捷绩效过程管理

敏捷绩效过程管理不同于以往绩效循环中的绩效监控/辅导，OKR更强调信息开放透明、按迭代周期持续跟踪目标和回顾、频繁沟通、合作协同、目标灵活调整（见表7-6）。

表7-6 敏捷绩效过程管理

一级维度	二级维度	内涵
敏捷绩效过程管理	信息开放透明	在绩效目标实现过程中保持信息的开放透明，提升信息分享效率
	合作协同	在绩效目标实现过程中充分发挥团队合作、跨部门协同

续表

一级维度	二级维度	内涵
敏捷绩效过程管理	按迭代周期持续跟踪目标和回顾	在绩效目标实现过程中，员工根据迭代周期（例如，2周、1个月）持续更新目标进展及填写工作成果，经理对员工目标进行持续跟踪回顾，助力组织小步快跑
	频繁沟通	在绩效目标实现过程中进行频繁的、随时的沟通
	目标灵活调整	在绩效目标实现过程中，员工逐步认清工作到底要做什么，以及领导和自己想要什么。员工灵活调整年度目标，但严格执行季度目标

3. 绩效考核与评估

绩效考核与评估强调 OKR 与其他绩效考核方法的组合应用，包含参考目标实现的考核、有区分度的绩效考核、确保公平的绩效纠偏、综合业绩与价值观考核、综合个体与团队考核（见表 7-7）。

表 7-7 绩效考核与评估

一级维度	二级维度	内涵
绩效考核与评估	参考目标实现的考核	在考评时可以结合多种目标实现考核技术
	有区分度的绩效考核	绩效考核加大对员工绩效的区分力度，鼓励员工奋斗，而非成为"老好人"
	确保公平的绩效纠偏	绩效考核过程中通过强制分布、团队逐级校准等方式做到公平公正
	综合业绩与价值观考核	绩效考核不仅注重员工的业绩指标，还特别注重员工的价值观考核，并且价值观考核是其主要的评价依据之一
	综合个体与团队考核	考核是系统性的，最终的考核结果结合了员工的个人绩效及其团队绩效

4. 绩效结果应用

绩效结果应用既体现了目标实现与奖金和晋升的弱挂钩，又体现了绩效考核与奖金和晋升的强挂钩，同时强调发展性的结果应用，特别是发展性反馈（见表 7-8）。

表 7-8 绩效结果应用

一级维度	二级维度	内涵
绩效结果应用	目标实现与奖金和晋升弱挂钩	目标实现与绩效考核和薪酬弱挂钩：绩效结果应用阶段，目标及关键结果的实现仅作为绩效考核的参考，且与短期物质激励弱挂钩
	绩效考核与奖金和晋升强挂钩	绩效考核综合了短期与长期激励，其结果是员工获得奖金或得以晋升的主要依据
	发展性反馈	应用反馈阶段是以发展性为目的的，既评估过去的绩效，又反馈未来的预期

（二）先造势，再顺势而为

要选择合适的层面和合适的步骤来实施推进 OKR。实施 OKR 的层面，可以是整个组织，既包括公司层面，也包括事业部、团队和个人，这是难度最大的一种模式；也可以不那么贪大求全，首先选择在事业部和团队层面，由部分团队先行尝试，甚至可以不必分解到员工层面，这种模式是务实的选择。

推行 OKR 绩效管理体系，需要对公司的整体情况做一个盘点，从而做到心中有数，绩效体系关系到公司的方方面面，必须做好以下几方面的工作：

第一，统计营销总额、净利润、利润率基础财务数据。要统计近几年的数据，这些数据将作为绩效考核指标的基础数据，没有这些数据作为基础，就很难设定符合实际的指标。

第二，统计公司年度工作规划、部门月度工作计划、月度岗位工作计划完成情况，从这些数据可以看出公司的执行力怎么样，哪些工作做得好，哪些工作做得不好，能够为绩效体系推行做参考，重要的工作和没有做好的工作就是绩效考核的关注点。

（三）敏捷机制助力 OKR 落地

在介绍 OKR 如何落地实施的书籍和文章中，几乎都涵盖了有关 OKR 软件的内容，然而少有涉及组织为什么要使用 OKR 软件。

在不确定性时代，由于人们缺乏经验和历史数据，工作成果越来越难预期和计划，而且愈发依赖富有创造力的知识型员工。不断发生的变化使得长期计划变得不稳定，人们不断通过短期计划适应变化，试图控制不确定性，这是一种敏捷机制。

敏捷的特点包括两方面："适应性"而非"预见性"，"面向人"而非"面向过程"。

一方面，工程方法试图对一个软件开发项目在很长的时间跨度内做出详细的计划，然后依计划进行开发。这类方法在一般情况下工作良好，但当需求、环境等有变化时就不太有效了，因此它们本质上是拒绝变化的。敏捷型方法则欢迎变化，其实，它们的目的就是成为适应变化的过程，甚至允许改变自身来适应变化，即"适应性"而非"预见性"。

另一方面，工程方法的目标是定义一个过程，不管是谁用这个方法都有效。而敏捷型方法则认为没有任何过程能代替人的才能，过程起的作用是对人才的工作提供支持，即"面向人"而非"面向过程"。

回到组织为什么要使用 OKR 软件这个问题上，OKR 本身具有敏捷的属性，OKR 软件可以放大 OKR 的敏捷属性，有助于 OKR 在组织中落地。

那么 OKR 软件如何放大 OKR 的敏捷属性呢？以人力资源管理软件及平台北森的 OKR 软件为例：

第一，目标公开透明，促进沟通、协作。

敏捷机制的前提是在整个工作过程中，工作内容、需求等变化很快，员工需要经常不断地联系沟通以使每个人都能及时获悉变化、找准方向。在 OKR 系统中，全员 OKR 可互相查看。例如，你可以查看经理的目标了解团队的重点工作，可以查看其他部门员工的目标，你甚至可以查看 CEO 的目标了解公司的战略重心。

当然，公司可能有些项目或 OKR 是不能公开的，为保障信息安全性，可以在创建目标时将目标设为私密，将希望对其公开的员工添加为共享者，如此，只有目标负责人及共享者可以看见目标。

第二，以个人为中心，设立并对齐目标。

根据敏捷机制中"面向人"的原则，实施 OKR 绩效管理的一个关键之处是让员工自主制定而非强加一个目标。应用软件制定 OKR 时，呈现在员工面前的是自己的"工作台"，员工自主设定目标，能够充分发挥个人的能动性。在制定 OKR 的过程中，软件中有小提示，方便员工查阅学习，更科学地设定 OKR。

自主制定 OKR，在一定程度上给目标对齐增添了难度，对齐过程需要进行更多的沟通。使用 OKR 软件的另一个好处是，员工在自主设定 OKR 时，系统中可以快速查看上下左右的目标，目标的承接也会实时地同步到系统中。举例来说，每一个迭代周期（例如，1 个月、1 个季度）伊始，公司 CEO 创建具有战略意义的 OKR，高层管理者创建 OKR 与 CEO 对齐，中层、基层以此类推。在 OKR 软件中，你可以对齐上级创建 OKR 以支撑其实现，也可清晰地看到下属如何承接自己的 OKR；如果你还参与其他部门或团队发起的项目，项目经理创建项目目标后，你可以创建目标对齐项目目标以支撑项目的完成。目标创建后你可以看到你的工作如何支撑公司的战略目标，经理可以看到下级员工如何支撑自身目标的实现。

第三，定期回顾 + 实时提醒，助力组织小步快跑。

迭代式思维的要点是不断地生产出最终系统的工作版本，这些版本逐步实现系统所需的功能。虽然它们功能不全，但已实现的功能必须忠实于最终系统的要求，它们必须是经过全面整合和测试的产品。

组织在应用OKR进行目标管理时，迭代思维可以让员工不断向最终目标发起冲击，直至实现最终工作成果。回顾目标时，员工根据迭代周期（例如，2周、1个月）更新OKR进展及填写工作成果，经理可基于目标的达成情况进行指导反馈，同时可请相关人员进行协作。

为保障目标被有效地执行、更新，系统每周会以邮件方式通知目标负责人及经理，告知其负责目标的完成情况及团队成员本周更新目标的情况。

OKR在执行过程中难免会发生变更，尤其对于探索性工作，工作初期许多人很难清楚地认识这项工作到底要做什么，以及领导和自己想要什么。也即是说，探索性工作的需求是不断清晰的。敏捷机制恰恰是为应对变化而来，探索性工作后期的需求或目标变化可以通过目标回顾和快捷实施的调整进行应对。

经理目标变更后会实时提醒支撑该目标达成的相关人员，员工接到通知后可调整目标以更好地支撑新目标的实现。OKR的创建、调整及进度更新等操作会通知相关员工。

四、基于OKR的绩效管理的实施：以谷歌和T公司为例

（一）谷歌基于OKR的绩效管理

1. 谷歌的OKR是如何做的？

我们从三个维度来看：从时间的维度，谷歌最初以季度为迭代周期刷新OKR。从空间的维度，谷歌全员实施OKR，在组织、事业部、团队、个人层面均有OKR。从人的维度，谷歌的OKR透明公开，既让组织目标、部门目标、团队目标以及个人目标保持对齐，又让各层面目标

与环境相适应。这些特征让谷歌行动敏捷。

季度伊始，CEO 会设定公司的 OKR，激励每个人在制定个人 OKR 时能够与公司 OKR 相适应。每个季度末会进行 OKR 的回顾，评分体系是 0～1 分，其中关键的几档是：1 分，取得不可思议的成果；0.7 分，付出努力可以做到的程度；0.3 分，不需要付出比处理常规工作更多的努力就可以完成。

2. 谷歌的 OKR 与绩效考核是如何"合作"的？

谷歌的 OKR 仅作为目标管理的工具使用，员工会收到或自评出 OKR 的得分，但对得分不做考核，自然也不与薪酬挂钩。谷歌虽然不对 OKR 做考核，但 OKR 得分仍然是绩效考核时的重要参考。结合谷歌的绩效考核体系与流程，我们来看一下 OKR 是如何与绩效考核体系"合作"的。

（1）谷歌的绩效考核体系。

谷歌很关注考核指标内容、考核指标的形式（定量或定性）、考核周期、考核分几档、考核的系统等。谷歌的绩效考核体系最重要的是对于考核频率和考核档位的考虑和设计。从考核周期来看，谷歌在 2013 年进行过一次调整，由原来的季度考核变为半年考核。以往一年四次的绩效考核让全员苦不堪言，一年中有多达 24 周在分配考核任务和对评级进行纠偏，考核周期的变化直接节省了全员 50% 的考核时间。

从考核的分级来看，谷歌原来的考核体系在追求精确性、严谨性的路上越走越远，最夸张的时候，绩效分级多达 4 001 级，试图精确地区分员工 3.325 分和 3.350 分的表现。然而精确的分级只是给人以准确性的假象，实际上往往没能给经理提供确定员工薪酬的有效依据，在发工资和奖金时，经理们依旧要对结果进行人工调整。经过调整，目前谷歌采用 5 级分类，配合更充分的绩效纠偏，结果发现，仅有 5 级的分类在识别优秀人才和绩效欠佳的员工时与更多级并没有差别，如图 7-2 所示。

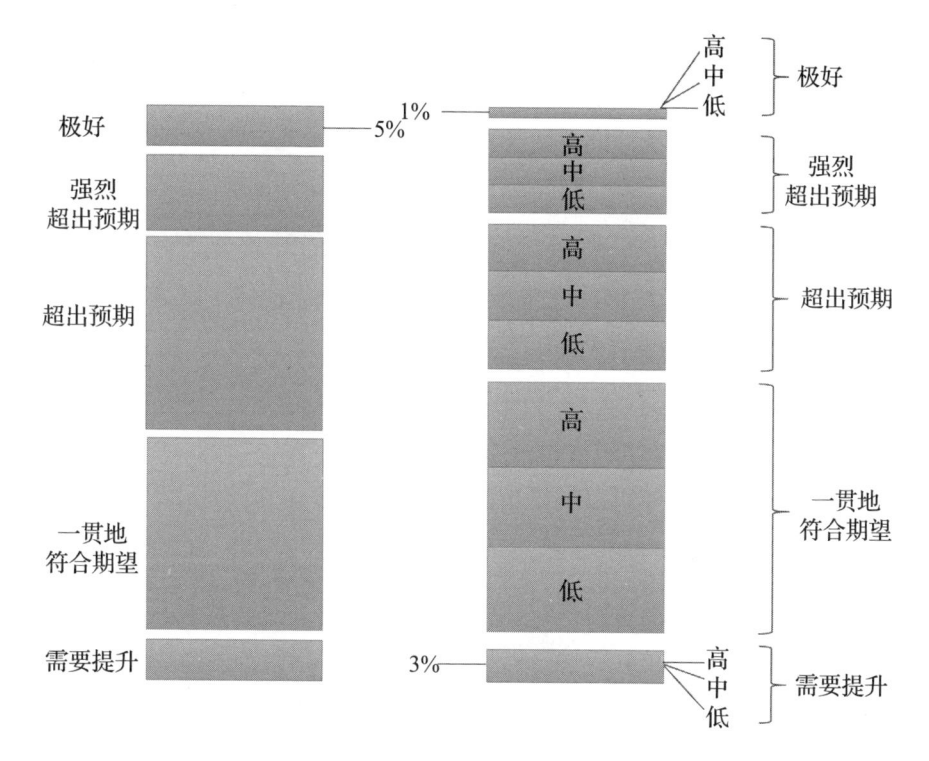

图 7-2　两种评级的考核分布

资料来源：拉斯洛·博克.重新定义团队：谷歌如何工作.宋伟，译.北京：中信出版社，2015.

（2）谷歌的绩效考核流程。

1）第一步：员工总结及自评。

员工对过去半年所做工作进行总结，在一张空白纸上列出这半年取得的成就，此时员工可以根据两个季度 OKR 的表现，从以下几个方面进行总结：

在绩效周期内参与了哪些项目工作？

在项目中担任什么样的角色？

分别取得了什么样的成就？做出了什么样的贡献？得到了哪些方面提升？

哪一件事是最引以为傲，而且今后还要继续做的？

有哪些需要改进的地方？

这种一页纸式的自评方式能让员工更主动地分析和总结自己的工作情况、成长情况，做深度的自我剖析和总结经验，关注结果的同时更关注自我的成长，能大大调动员工的积极性。

2）第二步：邀请同事进行反馈。

邀请同事进行反馈是判定绩效的一个重要环节，在这个环节中，可以邀请项目中的合作伙伴、上下级领导、其他部门协作的同事等，要求所有被邀请的人对被评估人的以下方面进行评价：

该员工过去一个绩效周期中参与项目时表现如何？

该员工在这些项目中的影响有哪些？

该员工有哪些工作可以做得更好？

同事在反馈时可以查阅员工的OKR，结合员工OKR的表现进行评价。

3）第三步：经理进行员工初评。

经理进行员工初评时，要依据员工的OKR表现，并参考其他方面如外部客观环境的影响，得出一个初评等级。总结来说，OKR影响考评，但不能决定考评。

4）第四步：经理纠偏会议。

谷歌虽然减少了考核的频率，简化了考核的量表，但仍然在绩效考核的过程上投入大量时间，特别是将时间和精力投入评级的纠偏。谷歌认为，绩效考核的灵魂就在于纠偏，如果没有绩效纠偏，考核流程的公平性、可信度和高效性都会大幅下降。纠偏的流程是经理给员工做初评，然后由校准委员会校准。校准委员会由5～8位经理组成，他们发挥群体智慧对下属员工进行绩效纠偏。纠偏过程迫使经理向彼此证明各自决定的合理性，以消除偏见。一次纠偏的会议要用3个多小时，主要比较团队评级的分布、绩效的波动和评级的边界等问题。

3. OKR与绩效发展面谈

绩效发展面谈是一个非常必要的、有效的、面对面的绩效指导过程。经理不仅要告诉员工他们的表现，还应该告诉他们未来如何做得更好。谷歌为经理准备了一份访谈提纲形式的绩效发展面谈指南，帮助经理准备、思考如何与团队进行绩效发展面谈。这份访谈提纲中的关键步骤是：

（1）概述整体绩效表现；

（2）回顾需要继续保持的部分，制订下一步行动计划；

（3）回顾需要改进的部分，制订下一步行动计划；

（4）展望长期目标（可选）。

谷歌把奖励分配面谈与绩效发展面谈分开进行，如将两项面谈混为一谈会扼杀员工学习的动力，分开进行能更有效地传递这两种信息，有利于激发员工冲击富有挑战性的目标。

4. 谷歌基于 OKR 的绩效管理的价值

基于价值创造的绩效考核是基于员工的目标、关键结果，及产生的影响对员工进行综合评估，促进员工和组织产生高绩效；通过绩效纠偏、360度评估反馈保证考核的公平性和员工满意度。谷歌的绩效考核是基于员工给组织带来的整体贡献和价值的评估，而不是基于预设目标完成度的评估，这是一种基于价值创造的绩效考核。考核结果是给员工兑现奖金、调薪、晋升、发展等内容的重要依据。

（二）T 公司：OKR 让团队战斗力飙升

1. T 公司概况

T 公司成立于 2012 年，是一家信息科技公司，目前营收已经超过 60 亿元。T 公司拥有多款产品，业务覆盖新闻媒体、音频、视频、问答、短内容创作等多个领域，并拥有一家全资子公司。2016 年，公司开始走向国际市场，旗下的一款海外版产品目前已在北美、英国、日本、巴西、葡萄牙、印度等海外地区和国家上线。目前，公司主营产品的日活跃用户数达到 7 000 万人，用户的人均月使用时间在行业中遥遥领先。

T 公司内部以产品为中心形成不同的产品团队，目前拥有 6 大产品：

T产品是公司的主营产品，也是最早上线的产品，是公司营收的主要来源。T产品是一款基于算法的新闻媒体类产品，目前实现营收×亿元，并已经成为D产品、H产品和X产品的流量入口。

D产品是一款音乐创意短视频社交软件，专注于年轻群体，允许用户自行创作，目前日活跃用户数量超过900万人。

H产品是一款原创生活小视频社交软件，通过小视频帮助用户迅速获取内容，展示自我，获得粉丝，发现同好，目前日活跃用户数量接近1 000万人。

X产品是一款影音播放类手机软件，平台上视频种类多样，全部免费观看，目前日活跃用户数量超过2 000万人。

N产品是一款包含各类短视频、图片、段子等多主题多体裁的社交软件。N产品与T产品创立时间较为相近，在前期起到了资源互补的作用。目前，N产品在搞笑类APP中用户数量遥遥领先，是市场第二名的近乎7倍。

W产品是T产品内某功能独立出的问答社区产品，目前已有5 000万用户入驻。

2. T公司OKR概况

T公司的OKR实践由创始人兼CEO最先发起，在2013年5月前后引入公司。2016年5月，公司内部自建OKR管理系统，并直接关联到公司内部的即时通信系统，提高信息管理效率。在最初引入时，公司选择一个部门进行试点，并逐渐拓展到各个产品线的不同部门。目前，OKR已在全公司实施，覆盖组织、团队、个体等层面。考虑到公司产品升级周期等方面的因素，公司的OKR采用双月迭代升级的方式，每两个月进行目标和关键结果的调整。公司自建的OKR系统结合公司的特点有很强的灵活性，可以按照列表的方式展现目标和关键结果，清晰明了，方便查看和理解。OKR系统全员透明公开，绩效评价主体可以在系统中直接对关键结果进行打分。OKR结果与绩效和薪酬都不直接挂钩。

3. OKR 如何促进团队绩效的提升

（1）激进的目标利于团队绩效快速增长。

2013 年开始引入 OKR 时，公司还仅有 T 产品和 N 产品，OKR 的作用是促进团队内的协调。2016 年公司的业务向音频、视频、社交、相册等多种产品拓展，公司及时地自主设计出 OKR 系统，进一步降低管理成本，促进跨团队的协调沟通。

T 公司作为一家新兴互联网企业面临着激烈的市场竞争。随着中国互联网行业的迅猛发展，一种产品和商业模式产生后，相似的产品便如雨后春笋涌现出来，共同竞争有限的市场份额。T 公司的产品处于不同的生命周期和市场竞争环境，除 N 产品在细分市场上占有较为明显的优势地位外，其余产品都处在市场集中度低或后发者的地位，市场环境不容乐观。在这样的背景下，T 公司坚持快速极致的发展理念，每次制定 OKR 时都在产品迭代周期、日活跃用户数量、用户留存率等运营效率指标上设定了极具挑战性的目标，同时团队成员真正以这种挑战为奋斗目标，突破思维局限性，超越不可能，虽然最终并不一定能达到关键结果的目标值，但其绩效成绩仍会非常突出。如，2017 年 7 月公司 OKR 中的一项目标为 D 产品国内激进增长，在当时 D 产品的日活跃用户数量仅为 500 多万的情况下，D 产品团队将日活跃用户数量目标设定为 900 万，近乎增长 1 倍，而团队内的关键结果则标准更高。2 个月的时间里，D 产品团队通过产品植入、广告营销等举措实现了关键结果。"天下武功唯快不破"，在激进目标的指引下，各产品团队通过各种营销活动拓展用户数量。市场份额的快速增长提高了用户的关注度，对竞争对手产生巨大冲击。因此，激进的目标设定帮助 T 公司以比竞争对手更快的速度抢占互联网市场，并显露出后来者居上的态势。

（2）按迭代周期持续跟踪目标和回顾帮助团队持续发展。

OKR 的激进目标并不是让企业昙花一现，不断的目标和关键结果的更新优化、回顾调整会帮助团队一直找到前进的标杆，推动企业快速而持续地发展。T 公司 OKR 的更新周期为 2 个月。每个单数月，公司各团队都会评价前两个月的关键结果达成情况，并设定新的目标和关键结果。与之相一致的，经统计发现，T公司的产品版本更新时间大多位于单数月。虽然版本迭代有时也会作为关键结果纳入考核，但更加重要的是单数月更新后的版本会通过提高产品响应速度、美化界面、增加与用户的交互等方式提高用户的满意度，从而在2个月的时间里对市场份额等众多指标产生积极的影响。此外，T公司产品优化具有鲜明的小步快跑的特点。产品投入市场时不求尽善尽美，更关键的是后期能根据用户需求不断地修复问题、改善布局、增加功能。在目标和关键结果的制定过程中，需要不断审视外部的市场环境，思考本产品的目标和战略，提出产品的优化方向和内容。因此OKR的双月更新帮助各个产品实现市场的持续关注和业务快速更新。T公司的各个产品平均每1~2个月就能实现0.1个版本的升级（如从版本4.2升级到版本4.3）。因此，小步快跑式地按照迭代周期持续跟踪目标会推动团队设计出更好的产品，提高用户满意度和市场竞争力。

（3）周边对齐和合作协同促进团队产生更好的业绩。

2016年以来，T公司开始寻求业务的多元化，D产品、H产品等相继发展起来，并向海外进军，发展海外业务。多产品的发展对公司的业务管理提出了更高的挑战，在互联网公司资源非常有限的条件下，多产品之间的协调变得非常重要。T公司在OKR制定过程中，注重团队间的沟通配合，尤其是OKR设定需要下一级的目标支撑上一级目标，各个产品团队的目标和关键结果需要支撑公司总体战略。因此，在公司战略设定后，各产品团队需要积极沟通，一方面讨论各个产品团队自身可以承担什么样的目标，另一方面探究产品团队之间如何能整合资源更加有效地实现上一级目标。公司发展前期只有T产品和N产品时，N产品的市场接受度较高，用户量较大；而T产品虽然是公司的核心产品，但由于所在细分市场的竞争性产品已经非常多样而成熟，T产品的市场认可度很低。为实现T产品的快速发展，公司在N产品内接入T产品入口，并开展一系列的营销活动，T产品在发展初期突破竞争对手的"围剿"，实现发展。目前，为了支持 D 产品、H 产品等新产品的发展，T 产品在迭代过程中不断整合相关资源，D 产品、H 产品也积极优化渠道和技术以便更好地利用 T 产品资源。2017 年 7 月，H 产品团队将产品进入 T 产品设定为 OKR 中的关键结果，与之相呼应，T 产品的一项关键结果为提高网络效应，增加长期留存粉丝数量 1 000 万。在这种目标驱动下，2017 年 9 月的 T 产品更新版本中，首次将 D 产品和 H 产品放入首页中，T 产品用户可以直接接收 D 产品和 H 产品的资源；D 产品和 H 产品也会按照 T 产品的算法逻辑向用户进行精准推荐。在 9—10 月两个月，T 产品的 4 次产品迭代都对 D 产品、H 产品的浏览体验、加载速度、观看界面等方面进行优化。11 月的版本中，进一步添加 D 产品、H 产品的收藏功能，实现了 D 产品、H 产品与 T 产品原有功能的全面整合。虽然 D 产品和 H 产品与市场其他竞争产品的商业模式都很接近，但各个团队之间良好的协作和资源互补发挥了"1+1>2"的协同效应，使得原本在市场上缺少竞争力的 D 产品、H 产品能在大平台的带动下高速成长。

（4）目标和关键结果的灵活调整提高产品对市场的响应速度。

除了团队协作导向，OKR 还会通过灵活的目标调整快速响应市场，调配公司资源，根据市场发展形势采取最新的市场应对策略。T 公司每 2 个月就会根据外部环境重新设定目标，在 2 个月内，还会根据市场变化随时调整关键结果。目标和关键结果的设定成为市场和公司业务发展的晴雨表，及时体现出不同产品对市场的响应。例如，H 产品及时成为某一款火爆综艺节目最新一季的赞助商以及唯一指定的短视频 APP，深度参与到节目中。这意味着其他有关视频直播类产品不能再赞助或者植入本季的综艺节目。虽然获得唯一赞助权的成本很高，但公司各产品充分挖掘这一市场机遇，及时调整 7 月的 OKR，借助多种嵌入式或关联营销的方式增加产品知名度。新一期综艺节目于 7 月上线，在 7 月到 9 月短短的 2 个月间，H 产品自身日活跃用户数量增长了 2.4 倍，T 产品、D 产品的日活跃用户数量也都快速增长。

（5）OKR的实践倡导团队自主性的发挥。

OKR改变了KPI从上到下的目标分解，而转变为从下到上思考如何支持公司整体战略的实现。在市场环境高度不确定的前提下，公司难以对每个产品和业务模块都做出准确判断，传统的自上而下分配任务的形式市场反应慢、错误概率高、失误风险大。而各个产品团队则更加贴近一线市场，它们获取市场信息更加快速全面，做出的决策也会更加符合市场需求。这种情况下，需要从传统的自上而下分派任务转变为充分发挥团队的自主性，从团队角度思考如何能更好地帮助公司整体发展。OKR管理工具最为显著的特点就是改变了自上而下任务分解的模式，充分发挥团队层面承上启下的作用。团队在公司大方向的指引下根据战略对齐原则，团队成员在清楚了解团队工作的基础上，也可以灵活地进行每2个月的目标更新。

在OKR的管理系统中，团队根据公司大的战略方向提出本产品团队的目标和关键结果。对目标和结果设置过程的高度参与，满足了员工对参与工作设计的过程的控制感的需求，同时自主设计的目标和关键结果更容易得到团队内员工的认同，激发团队的兴趣以及实现目标的决心。

4. 拥抱变革的文化会影响OKR的实施效果

T公司作为互联网创业企业，面对的是快速变化的市场环境、激烈的行业竞争以及高度的不确定性。在这样的外部环境下，公司强调敢于拥抱不确定性。倡导简单灵活的机制设计，鼓励通过公司内部系统和机制提高透明度和信息分享效率，重视员工在不确定环境下的自我驱动。T公司对员工提出六项精神要求：积极、坦诚、开放、极致、有判断力和始终创业。其中多项都体现了公司低不确定性规避的倾向。例如，在始终创业一项，公司明确提出要拥抱变化、开拓创新。为此内部创造简单、灵活而不僵化的体制予以支撑。如公司提出避免官僚化、形式化、办公室政治，不用敬语、淡化层级、弱化职位称谓，保持创业团队的工作作风，精干灵活、快速聚焦、结果说话。

凭借着良好的创业基因以及后期对企业文化建设的重视，T公司无论是员工人数、区域机构数量还是营收等财务指标都快速增长，并始终保持简单、开放、创业的企业文化。这一文化很好地契合了OKR的适用范围和管理理念。

OKR的适用范围可概括为两类：第一，外部环境变化剧烈，需要组织快速响应或者需要频繁创新的企业；第二，组织内部需要大量的协作工作，既包括跨部门协作也包括团队内协作。T公司的发展背景同时符合以上两个特点。它不仅置身于快速变化的市场环境，更是这种快速变化环境的弄潮儿。快速响应市场需求，逐渐丰富自身产品种类，多个产品快速迭代升级，并在线上线下推出一系列的营销活动。这种快速的市场响应速度是员工在不确定的环境下以开放的心态拥抱变化、主动思考、不断创新的结果，是企业积极、开放、有判断力、始终创业的文化落实到每个员工的行为结果。

公司通过一系列的管理举措来维护优化公司的组织文化，OKR就是其中的重要举措。公司的OKR系统对全体员工公开透明，员工可以查看各级组织、团队以及个人的目标和关键结果的设定，并可以对他人的OKR设定进行评论。这一设置一方面契合公司透明开放的文化，使得员工可以深入了解公司发展情况，并从自身角度思考如何能支持公司的战略；另一方面也对各个OKR的设置主体起到良好的监督促进作用，员工都希望自己在其他员工面前展现积极承担的态度和很强的工作能力，不希望别人评论自己的关键结果设定过低等。T公司的OKR设定是自上而下与自下而上相结合的方式，每个人首先需要思考自身能完成怎样的工作结果；再结合公司和团队的目标和关键结果，思考如何能支撑公司和团队的目标实现，体现战略对齐的特点；同时参考团队内其他员工的OKR，优化自己的OKR，确保上下左右目标对齐。这一过程中，对员工的自我驱动性提出了很高的要求。员工必须能够主动承担团队内的工作，分解一部分团队的目标，并且设定有挑战性的关键结果。关键结果的制定并不是为了确保员工完成，更多的是为了激励员工取得更佳的业绩，充分激发员工自我驱动的意愿。

除了 OKR 的绩效管理工具，招聘也是保障企业文化不变质的重要途径。企业在招聘过程中非常注重候选者价值观与企业的一致性。一些重要的价值观不一致甚至在招聘环节起到了一票否决的作用，如是否具有积极开放的心态和不断学习的意愿，是否有足够的自我驱动力能主动承担工作和责任。

T 公司的开放、透明、学习、自我驱动等文化特点都充分体现了其作为互联网企业的低不确定性规避的特点。这种文化一部分来自创始人的价值观和管理理念，一部分来自公司文化的宣贯，还有一部分来自以 OKR 为代表的管理方式和管理工具的保障，这三个部分相互促进、相互补充，共同实现了文化在组织的落地。

08

第八章

项目考核

2014年5月15日,《华为人》第276期头版头条刊登了时任华为轮值CEO郭平的一篇讲话《以项目为中心,促进公司长期有效增长》,其中提到了华为的运作要从"以功能为中心向以项目为中心转变"。

而早在2009年,任正非就提出"应该让听得见炮声的人来决策",一线的作战,要从客户经理的单兵作战转变为小团队作战,形成面对客户的"铁三角"作战单元,其精髓是为了目标而打破功能壁垒,形成以项目为中心的团队运作模式。

郭平将华为未来的管理体系比喻为眼镜蛇,头部可以灵活转动,一旦发现觅食或进攻对象,整个身体的行动十分敏捷,可以前后左右甚至垂直窜起发起攻击,而发达的骨骼系统则环环相扣,转动灵活,确保在发起进攻时能为头部提供强大的支撑。眼镜蛇的头部就像华为前端的项目经营,而其灵活运转、为捕捉机会提供支撑的骨骼系统,则是管理支撑体系,也是华为未来管理体系的基本架构。华为以项目为中心的组织运行方式主要实现以下三点:

(1)向项目为中心转变的最终目标是建立一个组织级的项目管理体系。

以项目为中心不仅仅是业务前端项目形式的运作,而且包括为项目提供全面支持的管理支撑系统,是拉通业务前端和后端的完整架构,涉及公司内部人、流程、知识和战略等多个维度,即组织级的项目管理体系。

以项目为中心的组织级项目管理,需要通过成熟的组织级项目管理方法、流程和最佳实践,充分发挥各项目团队的灵活性、主动性,使前端项目团队的经营活动标准化、流程化,使经营管理向可预测、可管理和可自我约束的方向发展,从而提升运营效率和盈利能力。

(2)以项目为中心包含项目、项目群和项目组合三个层次。

项目，即一系列特定的、复杂的，但又相互关联的活动结合，每个项目都有一个共同的、明确的目标。

项目群可以理解为一组多个项目关联，被统一管理的项目，项目群之间的资源调配和协调管理，是为了实现多个项目的共同目标，或者获得超过以单项目运作时实现的收益总和。

项目组合是为了实现组织目标，集中一组项目／项目群以便管理。单项目、项目群甚至单项工作，都是项目组合的一部分，彼此之间不一定存在逻辑关系，只是形成在特定的时间、特定的环境下组合在一起的整体，但所有的组成项都会影响或决定整体战略目标的达成。

组织级项目管理方式针对的不单单是一个个具体的项目，而应该包括项目组合、项目群、项目三个层次的完整管理体系。使得公司各级管理者与所对应的项目级别负责，最终解决端到端的运营方式，实现以项目为中心的转变。

（3）组织运作要从以功能为主、项目为辅的弱矩阵向以项目为主、功能为辅的强矩阵转变。

以项目为主，即从项目经理授权、资源可获得性、项目预算管理权力、项目经理角色和项目管理人员角色等五个角度对整个企业进行梳理，由功能化转向矩阵化，由矩阵化实现项目化（见表8-1）。

表 8-1 组织结构的功能化、矩阵化、项目化

	功能化	矩阵化 弱矩阵	矩阵化 平衡矩阵	矩阵化 强矩阵	项目化
项目经理授权	很少／无	少	少到中等	中等到高	高到完全
资源可获得性	很低／无	低	低到中等	中等到高	高到完全
项目预算管理权力	功能经理	功能经理	混合	项目经理	项目经理
项目经理角色	兼职	兼职	全职	全职	全职
项目管理人员角色	兼职	兼职	兼职	全职	全职

当然，华为的业务特性同房地产企业、咨询公司、科研机构略有不同，所以无法完全实现项目化的组织结构。重点在于，华为在探索项目化运作的路上，可以给予我们什么样的启发？对于项目的绩效考核又应该有什么样新的视角？下面将详细阐释。

一、项目制是组织运行方式的一种新手段

（一）以项目化运作实现组织结构柔性化

面对不确定的外部市场环境，传统的组织运行方式无法有效承载组织战略目标的实现。传统的组织运行模式强调命令执行有效、生产井井有条、管理有规可循，在这样的组织理念下，管理制度越来越健全，员工思想越来越统一，为企业的发展做出了贡献。但是，随着信息技术的快速发展和深度应用，知识和信息快速传递、实时更新，多种类、大范围、无边界的资源利用成为常态，新的商品生产和消费模式层出不穷，需要企业建立灵活、高效的项目团队，以适应用户的多元化、个性化需求。在不确定环境中，组织内部各成员的动态合作以及与外部环境的功能互补成为常态，"柔性化"也成为组织在不确定环境中求得生存和发展的不可或缺的因素。

1. 不确定环境倒逼组织柔性化升级

柔性化组织强调组织成员之间的信任、合作与信息共享，其主要管理理念表现为：组织边界网络化、管理层级扁平化、组织结构柔性化和组织环境全球化。其中，组织结构柔性化通过分工合作、共担风险，向基层员工授权，并满足员工的高层次需求，增强员工的责任意识，使其将组织目标逐步转变为个人行为，实现反应灵敏、迅速，满足多变的市场及客户需求。

柔性组织，是与动态竞争条件相适应的具有极强的环境适应性和自

我调整能力的组织方式。柔性组织无论在管理体制上还是在机构设置上，都有较强的灵活性，对企业的经营环境有较强的应变能力。

柔性组织旨在废除刚性功能型组织，推广项目化运作的柔性组织，以适应市场环境的瞬息万变。柔性组织的基本特征主要表现为：

（1）弹性领导关系。柔性组织虽也有正式的组织结构，但为适应市场竞争的需求，灵活性的临时项目团队增多，使领导关系常有变动和调整，弹性增强。

（2）决策权分散。权力下放至项目团队，让每个项目和员工获得独立处理问题的能力、独立履行职责，以应付各种突变情况和适应各种变化的条件。

（3）增强横向沟通。各部门间和岗位间的任务、职责分工比较笼统，常常需要通过横向协调加以明确和调整。

（4）结构网络化。柔性组织中的每一个成员都是独立的个体，在不同的项目团队中承担角色，不同的个体、不同的角色、不同的项目形成一个网络共同体，信息能够快速有效地传递，客户需求可以快速有效地识别并应对。

（5）开放聚合。柔性组织的出发点就是为了适应环境的变化，要求构成组织的各要素及其组成方式在不同程度上与环境的变化相同步，内部的项目小组是聚合状，而非稳态结构。

柔性组织有几种典型的应用场景：虚拟组织、项目化组织、网络组织、无边界组织和自组织。

2. 项目化组织与功能型、矩阵型组织的对比分析

面对不确定的外部市场环境，传统的职能制或直线型管理模式已经无法适应组织战略发展的需要，这样的管理模式下，组织层与任务层分离，任务层仅关注任务实现层面，而组织层仅关注对任务层的行政支持，对组织整体战略目标重视程度不足，这种分离的结果通常是项目经理不了解组织整体战略，而职能部门管理层不能明确了解每个项目的运营情况及其对组织战略的贡献（见表 8-2）。

表 8-2　组织类型的对比分析

组织类型	优势	劣势
职能型	直线沟通、责权清晰、高效执行	不重视客户，部门本位主义，员工缺乏动力
矩阵型	责任明确、协同性强、激发活力、培养人才	双头领导，责任心缺位，管理混乱
项目化	充分授权、沟通有效、客户导向	管理成本和水平要求过高，员工素质要求过高

总而言之，与直线型管理相比，项目化管理在管理效率及效能上更胜一筹，这种管理模式在房地产、IT、通信等行业得到了广泛应用。

（二）项目与项目管理

1. 项目及项目管理的定义

项目即组织在既定的资源和要求的约束下，为创造独特的产品、服务或成果而进行的临时性工作。项目是一系列复杂的、特定的，又相互关联的活动集合，它们有一个共同的、明确的目标，但又受制于一些特定因素，如时间限制、资金预算、人力资源及其他要素等。

项目的应用范围极其广泛，比如研究新产品或新服务，实施结构、人员配置或机构作风的变革，设计新的产品，建造大楼或设施，贯彻政府机关的行动，执行新的业务程序或过程，等等，都是项目方式的具体应用。

项目管理的概念最早在美国产生，是 20 世纪 50 年代末发展起来的一种计划管理方法。项目管理即运用计划、组织、控制、评估等一系列管理措施，使用及调配有限的资源要素，在特定的时间、预算及资源范围内，实现项目目标。1957 年，美国杜邦公司用这种方法进行设备维修，使维修停工时间由原来的 125 小时锐减为 78 小时。1958 年，美国人运用项目管理技术，使北极星导弹设计周期缩短整整两年。20世纪60年代以来，项目管理在航空、航天、医学、化工、制造、财务、广告、法律等领域得到了广泛应用，并且范围还在不断拓展。20世纪50年代，华罗庚教授将项目管理引进中国，项目管理曾经被称为统筹法或优选法。《财富》曾断言，21世纪，项目管理将成为主流管理模式。

2. 项目方式的优势

项目对于员工和企业都有独特的意义。对于个人而言，项目包含策划、启动、计划、执行、结束整个过程，涉及人、财、物等资源的协调，项目风向的把控等，让参与其中的员工成为项目的"动力源"，实现独立创造，分担分享，提升个人的综合能力和职业素质。

对于企业而言，项目有利于战略目标的有效落实，同时也有利于缩短交付周期，提高日常运营效率，降低运营成本。

除了能够有效提升企业的运营能力之外，项目方式还具备以下优势：

（1）过程可视，风险可控。一个完善的项目管理环节，各个计划节点都需要提前界定到位，整个项目运行过程可视、风险可控。

（2）员工发展，人才培养。项目运行中需要多种角色的参与，不同的角色类型需要的能力素质不一样，所有的员工都可以参与到项目之中，在项目中发展自己，在发展中承担更重要的项目角色。

（3）奖罚有据，有效激励。每个项目都有其立项规划书和相关结果预期，达到或超出预期的项目，在结项时可以给予一定的物质及精神奖励，而不达标的项目，就无法获得奖励。项目的评估和管控为员工的日常绩效考核提供了支撑和依据。

3. 项目方式的特点及通用分类

企业内部尽量将日常工作和项目工作做好有效区分，其中持续性、重复性、固定性和确定性的工作，不宜采取项目的方式，而临时性、独特性、创造性和不确定性的工作，可以采取项目的方式。具体而言，项目方式的特点如下：

（1）临时性：项目有明确的开始和结束时间，即使持续数年的美国阿波罗登月计划、三峡水利工程，按照项目规划，也有明确的开始及结束时间。

（2）任务性：项目的目标是以任务的形式确定的，承载企业的具体战略及业务目标，对具体的任务有清晰的描述，一般采取合同、任务书或其他正式文件的形式发布。

（3）独特性：项目有明确的目标，一般不同于日常工作，项目既有明确的目标，也规定了具体的交付成果。

（4）周期性：从立项开始到项目验收完成，项目运行就是一个向着目标逐步推进和完善的过程，一般的项目生命周期包括启动阶段、中间阶段和结束阶段，不同类型的项目具体的项目周期也有区别。

（5）唯一性：每个项目可能只会发生一次，一旦项目完成，该项目即宣告终结。

（6）不确定性：项目运行过程中涉及成本、风险和时间管理计划，外部条件和实施过程中充满不确定性，项目可能存在失败的风险。

（7）团体性：不同于传统的日常工作，项目必须依靠团队的努力才能实现，同时项目团队内部也存在多种角色类型，不同的角色承担不同的职责和任务。

项目是一种管理理念和具体方式，在不同的应用场景，项目的具体分类也有不同（见表8-3）。

表8-3 项目的分类

划分依据	具体类型
专业划分	科技研发类项目、工程建设类项目、任务类项目
管理范围	项目、项目集、项目群、项目组合、项目化组织
持续周期	短期项目、中期项目、长期项目、永久性项目
是否营利	营利性项目、非营利性项目

4. 项目管理的优劣势分析

项目管理是指，项目的管理者在有限的资源约束下，运用系统的观点、方法和理论，对项目涉及的全部工作进行有效管理，即从项目的投资决策开始到项目结束的全过程进行计划、组织、指挥、协调、控制和评价，以实现项目的目标。

项目管理一般涉及九大领域：项目时间管理、成本管理、采购管理、质量管理、人力资源管理、风险管理、沟通管理、范围管理和项目集成管理。

项目管理具备如下优势：

（1）战略目标的有效达成：项目是以目标为导向的，同时其目标也是组织总体战略目标的有效分解，所以项目是有效承接组织战略目标的工具。

（2）组织资源优化配置：项目之间资源可以实现共享，有利于打破部门专业壁垒，而多项目管理的公司通过搭建专属的信息平台，将所有项目信息纳入统一管理系统，打破地域、职能部门、专业限制，有效提升企业的反应速度。

（3）提升组织管理效能：项目制管理能有效将上下层系统、横向职能部门拉通，确保不同层面上管理沟通的改善，大大提高工作效率，也有利于落实对项目负责人的管控与考核。

当然，项目管理也存在一定的不足，比如由于共享资源的有限性和项目需求的无限性，导致内部资源的争夺，或者过分重视项目制运行而忽视了核心职能模块的专业能力提升，如产品研发、工程质量、员工职业生涯发展、客户满意度、企业社会责任等。由于企业内部的权责体系不清晰，在项目运作的过程中，极易造成推诿与扯皮现象发生，如何有效地分辨项目及专业部门的工作界面成为极大的管理挑战。

（三）项目管理的构成要素

为满足项目目标的范围、时间、成本和质量，项目管理的构成要素包括制定目标、组建团队、制订计划、处理范围变化、控制实际进展、整理／完善技术档案、形成知识网络、项目评估、项目成本控制、项目收益核算等。

1. 制定目标

制定目标时需要注意以下几点：

（1）明确性：最终目标是明确的。

（2）可完成性：在规定的时间范围内，目标是合理的、可实现的。

（3）价值性：目标是重要的、有价值的。

（4）持续性：项目目标能够让整个项目的进程可持续跟踪检查。

2. 项目计划

项目计划是明确职责的依据、沟通的标准，同时也是实现目标的承诺，好的项目计划是项目成功的有力保障。

完整的项目计划包括项目任务名称及层次、所需资源、项目成本、时间进度安排、完成标志、上游任务的约束、下游任务的配合、阶段里程碑等。

制订项目计划可采取的工具包括以下几类：

（1）工作任务分解法（work breakdown structure，WBS），将一个复杂的开发系统分层逐步细化为一个个工作任务单元，这样可以将复杂的、庞大的、不知如何下手的大系统划分成一个个独立的能预测、计划和控制的单元，从而也就达到了对整个系统进行控制的目的。

（2）计划评审技术（program/project evaluation and review technique，PERT），又称为网络分析法，是以网络图的形式制订计划，求得计划的最优方案，并据以组织和控制开发进程，达到预定目标的一种科学管理方法。

（3）甘特图（Gantt chart），罗列项目任务，标明项目任务名称、开始时间、完成时间、周期、资源等。

3. 影响项目成功的关键因素

（1）项目的目标、范围是否清晰明确；

（2）项目是否获得领导的积极支持；

（3）项目的组织是否健全、稳定；

（4）是否建立了有序的、有效的、良好的沟通渠道；

（5）是否具有有效、全面的项目管理，严格的变更控制；

（6）是否建立了良好的、积极的、团队合作的工作氛围；

（7）项目经理是否具有项目管理的经验。

此外，技术问题、不合理的预测、跨部门协作不力、计划和控制过多、责权利不清、资源配置不足等因素，都将制约项目有效实现目标。

4. 基于角色的项目职责界定

不同于职能部门的岗位设置，项目内一般是以角色来定义职责，一般的项目角色包括项目经理、项目专家、项目赞助人、项目成员等。

小项目的角色稍微少一些，例如华为的"铁三角"是一种前端项目团队，其角色主要包括交付专家、客户专家、解决方案专家，而腾讯的"三驾马车"则包括产品经理、项目经理、运营经理等不同角色。

需要注意的是，项目内部的角色不是一成不变的，例如"铁三角"的角色，可能会扩充至项目经理、区域代表、交付代表、开发代表、市场代表、财经代表、采购代表、技能管理工程师、供应/制造代表等多种角色。

研发类项目角色一般包括项目经理、架构师、软件工程师、产品工程师、销售工程师等多种角色。

咨询类项目角色则一般包括售前顾问、项目总监、项目经理、技术专家、项目顾问等。

(四) 项目管理中的难点

项目管理在日常工作中也存在一定的难点，它们一方面制约着项目的成功，另一方面也制约着项目评价的有效性。比如，系统规模和复杂性的增长，导致项目长期递延；对专业性要求的增加导致目标不可实现；市场快速变化，项目无法有效转变。这些都将影响项目的成功和评价。

二、华夏基石项目管理 PORS 模型

在重大项目开始前，定义项目成功标准并且就这个标准达成一致意见是必不可少的。定义项目成功标准可以采取多种方法：

（1）按照商业目标（或目的）确定的知识体系；

（2）按照需求（一般指技术或性能的要求）；

（3）按照 CSF 或 KPI，其中 KPI 是用来判断一个项目成功与否的标准，而 CSF 是指那些出现在项目环境中最有利于一个项目成功完成的可衡量的因素。

有人认为项目成功标准应该用量化的指标来刻画，有些人则认为应该用 CSF 和 KPI 来刻画。

KPI 主要描述项目中的以下指标：

（1）在项目开始时就被决定的指标；

（2）直接反映项目关键目标的指标；

（3）在项目过程中，提供对项目管理评测根据的指标；

（4）项目投资人认为是成功的项目及其产品的指标；

（5）可以在某些方面、某段时间、某些范围被评测的指标。

为了确保项目成功，必须在项目开始时建立必要的成功标准，不同的项目需要有不同的成功标准，这些都将用来在项目进程中或结束后对项目进行评价。

结合多年项目管理经验，华夏基石提出基于特定目标的项目管理及考核模型：PORS，即项目准备（project preparation）、项目运行（project operation）、项目评审（project review）、项目总结（project summary）的闭环管理模式（见图 8-1）。

（一）项目准备

在项目成立之初，要确定项目成员、项目目标及里程碑计划，根据

项目运行：
· 会议纪要
· 变更管理

项目准备：
· 成员
· 目标及里程碑计划
· 工作任务分解
· 风险管理
· 沟通

华夏基石
PORS模型

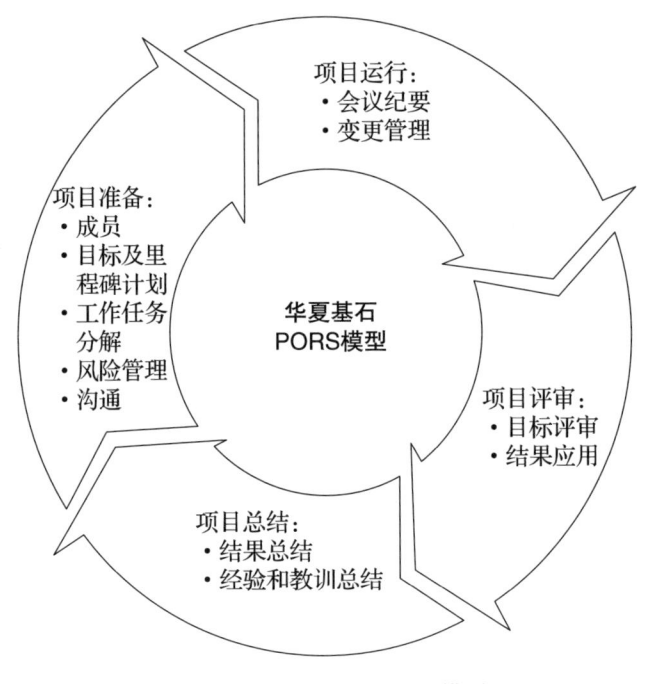

项目评审：
· 目标评审
· 结果应用

项目总结：
· 结果总结
· 经验和教训总结

图 8-1　华夏基石 PORS 模型

项目的具体事由进行 WBS 分解，并确定项目计划，同时需要提前确定好风险管理计划和沟通计划，力求做到周全且有备无患。

1. 确定项目成员

项目成员的准备工作主要包括项目角色、组织归属、职责定位、起止日期、需投入频度及工作量、各成员联系方式、主管角色等内容。

其中项目角色分为项目赞助人、项目经理、项目核心成员、项目非核心成员、项目其他人员等，角色不同，其职责也有明显不同。

2. 确定项目目标及里程碑计划

项目立项后，需要有明确的项目任务书。项目任务书一般包括项目基本情况、项目描述、项目里程碑计划、项目评价标准、项目假定与约束条件、项目主要利益相关者等维度。其中，项目描述主要包括项目的背景与目的、项目目标两个部分（见表 8-4）。项目目标影响项目评价标准，而项目评价标准则是整个项目的重要评审依据。

表 8-4　项目描述示例

项目背景与目的（必须是商业目的）： 1. 背景：我司于 2023 年 4 月 5 日正式中标 A 国 T 公司的一个 100 万线固网项目（N 项目），该项目于 2023 年 6 月开始实施，在实施过程，出现了以下三个方面的问题： （1）延迟交货； （2）发错货问题严重； （3）初验测试问题层出不穷，客户开始质疑我司软件版本管理和质量控制能力。 这些问题引起了 T 公司高层关注，对以后与我司的合作开始持观望态度。 2. 目的：改善客户关系，重建客户对与我司合作的信心。
项目目标： 在 2023 年 7 月 31 日前邀请 T 公司 CTO 带队到我司考察，打消客户关于我司供货能力的怀疑，增强客户对我司研发能力、工程管理能力的信心，项目预算 20 万元。

　　在明确项目目标和时间周期之后，在确保项目结果评价的基础上，还需要对项目过程进行把控，这就要求项目组在确定项目目标的同时，将项目的里程碑计划一并确定，项目里程碑计划一般包括时间点和对应的过程成果，很多企业除了将项目目标作为结果型评价指标外，也将项目里程碑计划作为过程型评价指标。

　　在项目背景与目的、目标和里程碑计划明确之后，就可以确定项目评价标准。项目的有效实现，需要组织资源的配套与支持，所以还需要明确项目假定与约束条件，以说明项目的主要假设条件和限制性条件，以有效推进项目的完成。

　　同时明确项目的主要利益相关者，包括高管、客户、职能部门主管、供应商、项目赞助人、项目经理、项目组成员相关者。

　　项目过程把控如表 8-5 所示。

表 8-5　项目过程把控示例

评价标准：
1. CTO 在考察人员之列，考察活动如期成行（7 月底之前）；
2. 考察期间不出现任何内容失误（如没有高层领导接待、样板点无法参观等），后勤失误不超过 1 次（如因车辆、签证等问题导致考察不能完全按照时间表进行）；
3. 客户考察之后消除了疑虑，认可我司的供货、研发和工程管理能力（客户有明确的正面意见反馈），支持我司后续项目实施（N 项目按照双方共同制定的时间表实施）；
4. 考察费用不超过预算（20 万元）。
则项目成功。

项目假定与约束条件：
1. 假定：（1）客户能成行；（2）我司内部接待资源都能落实；（3）我司以外的接待资源都能获得（如签证、国际机票等）。
2. 约束条件：（1）客户考察必须在 7 月底之前完成；（2）必须安排客户住在离公司车程半个小时以内的五星级酒店；（3）必须安排公司至少一位对等级别的高层接待。

3. 项目工作任务分解

将项目工作任务分解，并明确任务名称、包含活动、工时估算、人力资源和其他资源、费用、工期、责任人等因素。

在项目工作任务分解中，一般要将任务细化至活动，并通过工时的估算、人力资源的投入、其他资源的投入来核算整体的资源消耗情况，同时也需要明确必要的费用开支。

项目工作任务分解后，需编制项目进度计划表，将项目落实到工作日之中，并结合责任人和里程碑计划，明确项目的具体工作进度。

4. 做好项目风险管理和项目沟通工作

项目风险预判是项目管理的重要环节，明确风险描述和风险等级，并明确风险响应计划，责任要落实到人。

项目沟通也是需要关注的核心问题，需要将利益相关者、沟通信息、沟通频次、方式以及责任人明确下来。

项目风险主要分为三个等级：

（1）高风险：发生风险的可能性＞60%。

（2）中风险：发生风险的可能性为30%～60%。

（3）低风险：发生风险的可能性＜30%。

制订项目风险管理计划主要是为了避免风险发生，所以面对不同的风险点，需要思考项目发生的概率、影响程度，同时制订相应的风险响应计划，并将责任落实到人，确保项目无风险完成。

项目沟通是项目成功的生命线，一般的沟通方式包括电话、邮件、口头、项目会议、会议纪要、状态报告等。

（二）项目运行

1. 项目会议纪要

作为重要的项目保障，项目会议是最好的项目沟通方式，也是保障项目日常良好运行的重要机制。同时项目工作要做好过程留痕，因此要详细记录项目实现过程，以会议纪要为例，要包含基本信息、会议目标、参加人员、发放材料、发言记录、会议决议、会议纪要发放范围等内容（见表8-6）。

表8-6　项目会议纪要示例

一、基本信息

会议名称	T公司考察准备工作沟通会	召集人	张三
会议日期	2023年7月16日	开始时间	14：00
会议地点	总部F4101室	持续时间	1小时30分钟
记录人	张芳	审核人	张三

二、会议目标（简要说明会议的目标，包括期望达到的结果）
各项资源的负责人汇报资源的落实情况，以确认考察的前期准备就绪，可以进入考察实施阶段。

续表

三、参加人员（列出参加会议的人员及其在项目中的头衔或角色）
项目赞助人：李四（A 国代表处代表）；
项目经理：张三（总部 VIP 客户接待策划处）；
项目团队核心成员：王五（T 客户群客户经理）、赵六（总部技术服务 N 项目接口人）、吴丹（总部供应链 N 项目接口人）、刘峰（总部研发 N 项目接口人）、张芳（总部客户工程师）。

四、发放材料（列出会议讨论的所有项目资料）
1.T 公司考察日程表；2.技术服务座谈汇报材料；3.供应链座谈汇报材料；4.研发座谈汇报材料；5.高层交流发言稿。

五、发言记录（记录发言人的观点、意见和建议）
1. 王五：经过充分征求客户意见，结合公司总部的实际情况，考察日程表和客户的重要关注点已经最终确认（附 T 公司考察日程表）。
2. 张芳：根据日程表的安排，客户将入住五星级的五洲酒店，距离公司的常规车程为 20~25 分钟，其他各项后勤资源也已确认。
3. 赵六：该项目情况已向技术服务部李总汇报，李总指定了 3 名交流人员，即赵六（我本人）、技术骨干×××和有多个工程项目实施经验的×××。与客户经理王五沟通后，我们确定了技术服务座谈汇报材料，并准备在交流后向客户承诺，将 N 项目确定为公司级重大工程项目，在 8 月上旬派×××前往 A 国任大项目经理（附技术服务座谈汇报材料）。
4. 吴丹：在海外出差的供应链管理部刘总电话指示，供应链成立 N 项目供货支持小组，协调库存、组织加班生产，保障 N 项目后续发货及时率（附技术服务座谈汇报材料）。
5. 刘峰：已召集固网产品线 5 位专家开会，通报了今年一季度前承诺特性开发的开发进展情况，给开发小组加派两名业务专家，并对测试中已出现和后期可能的问题讨论出了解决办法或应急处理措施（附研发座谈汇报材料）。
6. 张三：由于原定出面接待客户的王总需紧急前往北京出差，已向张总汇报情况，协调张总出席高层交流，征求王五意见后拟定的发言稿已呈张总审阅，还在等他最终确认（附高层交流发言稿）。综上所述，考察的各项前期准备已基本就绪，可以进入考察实施阶段。
7. 李四：感谢各位通过积极有效的工作，获得了公司总部各位高层领导及时、切实的支持，为 T 公司考察做好了周密的准备，打下了良好的基础。在实施接待考察的过程中，请大家继续通力合作，保障每个环节的顺利进行。

续表

六、会议决议（说明会议结论） 考察的各项前期准备均已就绪，可以进入考察实施阶段。
七、会议纪要发放范围 报送：王总、张总、李总、刘总 主送：项目组全体成员 抄送：供应链N项目供货支持小组、固网产品组N项目特性开发小组、N项目组

单纯为了考核而进行项目评价是没有意义的，项目评价的目的是更好地完成项目目标，所以，在项目开展的过程中，还需要加强项目状态的整体跟踪反馈。通过对项目各个阶段状态的关键任务、任务状态、状态描述等角度进行界定，来对项目全过程进行有效跟踪和把控。

2. 项目变更管理

项目在实施过程中，必然会有不可控因素，因此要做好项目变更管理（见表8-7）。

（三）项目评审

在项目准备工作足够充分、项目运行过程良好的前提下，项目评审主要针对目标的完成情况进行评审。同时，针对评审结果进行相关结果的应用，例如项目的奖励、项目奖金的发放、任职资格等级的界定、个人发展的评先评优等结果应用。

（四）项目总结

项目完成后，通过项目结果总结、项目经验和教训总结，实现项目的闭环管理。

表 8-7　项目变更管理示例

一、历史变更记录

序号	变更时间	涉及任务	变更要点	变更理由	申请人	审批人
1	2023年7月16日	资源落实	迎接客户的高层领导由王总改为张总	原来安排的高层领导王总临时前往北京	张三	李四
2	2023年7月19日	考察实施	样板点讲解人员由张鹏改为李民	原来安排的讲解人员张鹏临时前往上海	刘峰	张三
3	2023年7月19日	考察实施	高层座谈的领导由王总改为张总	原来安排的高层领导王总仍在北京未返	张三	李四

二、请求变更信息（建议的变更描述以及参考资料）

1. 申请变更的内容

客户由原计划从深圳直接前往香港机场改为在香港停留一天

2. 申请变更原因

客户希望在香港游玩购物

三、影响分析

受影响的基准计划	1. 进度计划	2. 费用计划	3. 资源计划
是否需要成本/进度影响分析？		☑ 是	☐ 否

续表

对成本的影响	客户在香港停留一天，将产生交通费 12 000 元，餐费 28 000 元，住宿费 10 000 元，共计 50 000 元
对进度的影响	客户在香港停留一天，将引起项目延迟一天完成
对资源的影响	客户在香港停留一天，需要香港接待分部派一名接待人员陪同
变更程度分类	☑高　□中　□低
若不进行变更有何影响	不变更影响较大，变更对项目的影响在可接受范围内，建议同意客户变更要求
申请人签字	王五　申请日期　2023 年 7 月 22 日

四、审批结果

审批意见	同意陪同客户在香港停留一天，并由我司负责相应的后勤安排和费用
审批人签字	李四　日期　2023 年 7 月 22 日

1. 项目结果总结

项目结果总结主要是对项目完成情况进行的总结，包括时间总结、成本总结和交付结果总结。

其中针对超时、超额、未交付的项目节点，需要进行反思和复盘，分析未达到理想状态的原因是什么，并针对原因找出相关人员、机制方面的差距，作为日后相关工作的指南。

2. 项目经验和教训总结

完成良好的项目一般都分工明确、责任清晰、进度设置合理、内部沟通渠道顺畅、高层大力支持，同时风险响应计划较为得当。

而项目的教训多种多样，这里不一一列举。

通过以上 PORS 模型的项目推进和实施，项目评价会越来越精准，同时，项目管理水平也会实现循环式进阶。

三、项目考核的其他思路

前面介绍了项目及项目管理的一般原则，在项目目标和项目计划的指引下，项目考核还包括以下思路。

（一）基于里程碑或节点的项目考核评价方式

工作计划是项目关键节点的有效体现，项目工作计划主要包括标志性的成果/任务、详尽的成果/任务描述、各项成果/任务的责任人、项目任务开始和终结日期、项目任务的优先排序。

里程碑能够有效分解项目整体进程。里程碑是有日期标志的重要事件，显示的是对于项目有轻度介入的人可以一目了然的进展（如建一个新厂房、系统上线、产品发布等）。里程碑与项目评估不同，项目评估由时间驱动，里程碑由结果驱动。

里程碑可用较客观的方法跟踪实际项目相对于计划进展的情况，将项目细分成较小的更易于管理的板块，驱动项目团队组织和计划流程，使参与者感到其职责明确，从而更加有效地实现项目目标。

项目里程碑的数量和时间安排取决于具体项目，一般里程碑的间隔在 1～3 个月。

下面以某房地产企业的项目开发为例，介绍基于里程碑或节点如何进行项目考核。

1. 搭建项目计划体系

项目计划体系包括项目主项计划和项目专项计划。其中项目主项计划包括 280 个节点，分别为 7 个里程碑节点、24 个一级节点、100 个二级节点和 150 个三级节点（见表 8-8）。

表 8-8　项目计划体系示例

7 个里程碑节点：

节点名称	完成时间要求
规划设计方案确定	摘牌前 25 天
土地获取	—
开工（示范区）	示范区：摘牌次日
示范区开放	—
开售	—
竣工验收及备案	交楼联合验收前 5 天
交楼联合验收	—

24 个一级节点：

节点名称	完成时间要求
桩基础施工单位确定	摘牌前 5 天
总包单位确定	摘牌当天

续表

收地（展示区、货量区）	展示区：摘牌当天 货量区：摘牌后 25 天
启动会	摘牌后 7 天
项目经营目标管理责任书签订	摘牌后 14 天
……	……

2. 项目计划编制

（1）项目工期确定及项目计划编制。

结合工程因素和报建因素，按照公司新项目开盘保底工期，确定项目总工期。剔除特殊情况，比如总工期是指从开工日至交楼联合验收日的累计净时间（不包含春节假期一个月及冬歇期）。

在项目总工期确定之后，结合公司统一制定的项目工期模板（包括 3、4、5、6 个月），选择适合本项目的工期。

（2）分阶段编制项目计划并签订责任书。

针对项目立项、项目定案、项目摘牌等前期准备阶段，制订不同阶段的项目计划。例如：

1）立项后 4 天内出具立项版主项计划，

2）定案后 4 天内出具定案版主项计划，

3）摘牌后 5 天内出具里程碑计划，

4）摘牌后 8 天内确定审定版主项计划。

其中，里程碑计划要包括承诺节点工期、开盘保底和总基准工期范围，结合交楼批次规划和上级领导的规定时间，确定最终版本的里程碑计划。项目审定版主项计划要符合里程碑计划，同时与定案版开放工期模板一致，经审批后，项目负责人与区域总裁签订《项目经营目标管理责任书》。

（3）项目计划调整。

根据不同节点类型，项目计划调整时间点和审批权限也不同，原则上里程碑和一级节点不予调整。

里程碑节点保证项目计划的刚性，年中、年底或新项目首次开售后一个月内集中统一检讨调整，里程碑计划调整需集团总裁终审。

一级节点每月回顾，调整须与里程碑节点调整同步进行；二、三级节点，区域可根据区域内各项目情况每月回顾，每季度调整一次。

3. 项目计划执行与监控

（1）构建集团、区域、项目三级管控体系。

项目层面开展周例会，审视项目计划，区域开展双周检查和排名，集团层面进行每月排名和备案，确保计划刚性，项目制定到位。

（2）项目计划信息实时备案。

在各级节点到来之前，要求到期当天或者提前上报，逾期或未上报，视为未完成节点，到期未完成情况的原因，同样需要上报。而针对信息的准确性和真实性，也有相应的考核手段，瞒报一个工作项，处罚现金，项目当月考核归零，并在高管会通报批评，情节恶劣者，直接免职。

（3）计划执行预警。

计划执行预警等级分为绿灯、黄灯和红灯，对应不同的触发条件和处理措施（见表8-9）。

表8-9 计划执行预警

预警等级	触发条件	处理措施
绿灯	按时或提前完成	正常执行
黄灯	延迟3天内	里程碑节点：区域总牵头组织各方资源确保； 一级节点：区域运营负责人及项目总经理牵头组织区域各方资源确保；
红灯	延迟超过3天	二、三级节点：项目总经理牵头组织各方资源确保

4. 项目计划的考核

(1) 考核对象与内容。

针对项目实行精准考核，对象包括区域、项目、职能部门、子公司，考核内容全方位覆盖，包括定案版中的各级节点、审定版主项计划节点和重点工作项。不同的节点对应不同的分值，统一纳入考核范畴。

里程碑计划调整后，需要调整相应的折减系数，纳入考核计算中。

(2) 考核方式。

考核方式包括计分考核、项目归零考核、现金奖罚考核。

计分考核规则如表 8-10 所示。

表 8-10 计分考核规则

节点标准分值	绿灯分值	黄灯分值			红灯分值
		延误 1 天	延误 2 天	延误 3 天	
A	A	A×80%	A×50%	A×10%	0

项目归零考核，即某考核节点一旦延误（黄灯），项目月度考核成绩归零，出现瞒报、虚报、形式主义及合同交楼预期项目，同样归零。

现金奖罚考核指的是对不同节点采取相应的专项奖惩措施，例如：正式版主项计划上线未完成，处罚 2 万元；开售进度奖励金额 = 总供货面积（展示区 + 货量区）× 奖励单价；开售进度处罚金额 = 总供货面积（展示区 + 货量区）× 处罚单价。

7 项里程碑节点的考核方式如表 8-11 所示。

表 8-11 里程碑节点考核方式

节点名称	考核方式
规划设计方案确定	计分考核
土地获取	无须考核
开工（展示区）	计分考核

续表

节点名称	考核方式
示范区开放	计分考核
开售	计分考核+现金奖罚考核
竣工验收及备案	计分考核
交楼联合验收	计分考核+现金奖罚考核

（3）计划完成率。

计划完成率是季度考核的重要依据，主要包括项目、区域、职能部门/子公司的计划完成率。

1）项目计划完成率 = $\sum$（项目各节点得分 × 里程碑计划调整折减系数）/ $\sum$项目各节点标准分值；

2）区域计划完成率 = $\sum$项目计划完成率 ×（项目考核面积 / $\sum$区域各项目考核面积）；

3）职能部门/子公司计划完成率 = $\sum$涉及各项目节点得分 / $\sum$涉及各项目节点标准分值。

项目计划完成率同项目季度奖挂钩，各区域的计划完成率进行集团内排名，做考核处理。

（二）基于财务的项目考核评价方式

1. 项目考核的财务参考依据

（1）投资回报率。

投资回报率（ROI）是指项目建成投产后，在运营正常年获得的净收益与项目总投资之比。

（2）投资回收期。

投资回收期是指项目从投产年算起，用每年的净收益将初始投资资金全部收回的时间。其中包括：

1）静态投资回收期。

计算公式为：

$$\sum_{t=0}^{Pt}(C_I-C_O)_t=0$$

式中，C_I 为现金流入量；C_O 为现金流出量；Pt 为投资回收期。

投资回收期（Pt）的计算公式为：

$$Pt=\text{累计净现金流量开始出现正值的年份数}-1+\frac{\text{上年累计净现金流量的绝对值}}{\text{当年净现金流量}}$$

2）动态投资回收期。

计算公式为：

$$P=\sum_{t=0}^{T}(S-C-X)_t a_t$$

$$=\sum_{t=0}^{T}(C_I-C_O)_t(1+i)^{-t}$$

式中，P 为总投资的现值；T 为动态投资回收期；S 为年销售收入；C 为年经营成本（不含基本折旧和流动资金借款利息）；X 为年税金（年销售税金、资源税等）；a_t 为 t 期折现系数，基于 t 期折现率对当期现值进行计算；$(C_I-C_O)_t$ 为第 t 年的净现金流量。

动态投资回收期（T）的计算公式为：

$$\text{动态投资回收期（年）}=\text{累计净现金流量现值开始出现正值的年份数}-1+\frac{\text{上年累计净现金流量现值的绝对值}}{\text{当年净现金流量现值}}$$

（3）财务净现值。

计算公式为：

$$NPV=\sum_{t=0}^{n}(C_I-C_O)_t(1+i_c)^{-t}$$

财务净现值的意义：

1）净现值大于零，项目获利能力高于给定的贴现率，即高于资本的最低获利要求；

2）净现值等于零，项目获利能力等于给定的贴现率，即与资本的最低获利要求相等；

3）净现值小于零，项目获利能力低于给定的贴现率，即小于资本的最低获利要求。

（4）内部收益率法。

内部收益率法是指项目在计算期内，各年净现金流量现值累计（NPV）等于零时的折现率，计算公式如下：

$$NPV = \sum_{t=0}^{n} (C_I - C_O)_t (1+i)^{-t} = 0$$

式中，C_I 为现金流入量；C_O 为现金流出量；$(C_I - C_O)_t$ 为第 t 年的净现金流量。

先选定基准收益率，项目内部收益率大于或等于基准收益率，则可行。同一项目的不同方案比较，内部收益率大者优先。内部收益率法是衡量项目获利能力的很好指标。

2. 影视项目的财务核算

有人可能会有疑惑，为什么经常有票房好几亿元的影片，却宣称自己亏钱，这是什么原因？

不同于其他项目，影视项目有独特的财务核算方式，需扣除以下费用：

（1）电影事业专项基金：在国内票房分成体系下，电影票房确定后首先扣除 5% 的电影事业专项基金。

（2）特别营业税：扣除 3.3% 的特别营业税。

（3）影院和院线分成：国内大概为 57%。

（4）发行代理费：大约 3%。

（5）发行费用：5%～15%，一般取中位值 10%。

（6）其他，包括增加影院排片给的返点、发行代理费浮动等。

扣除以上费用之后，剩余的金额最终归属制片方所有。制片方在核算成本和汇率损益之后，才能确定影片最终盈利与否。

如某电影最终票房11.73亿元，在扣除电影事业专项基金、特别营业税、影院和院线分成、发行代理费、发行费、返点等各种费用后，落在制片方口袋里的金额只剩票房的三分之一，约3.5亿元。该电影的投资成本约10.34亿元人民币，制片方至少亏损6亿元。

3. 基于合伙人理念的"成就共享计划"项目评价激励机制

某房地产集团的"成就共享计划"是其首创的项目评价激励方式，其本质是"合伙人制度"，秉承"利益共享、风险共担"的原则，对获得成功的项目和区域公司实行强激励措施。

（1）成就共享奖励的两大前提。

1）一年内实现集团自有资金投入全部回笼；

2）项目累计回笼资金 >（自有资金投入 + 年化自有资金标准收益）。

以上两大前提必须同时满足，方可提取奖励。其中，自有资金投入指集团以任何形式项目投入的资金，以资金到位之日起计；年化自有资金标准收益为自有资金按年折算后的金额的30%。

（2）项目奖励计算方法。

1）区域主导拓展的项目：成就共享股权金额 =（净利润 − 自有资金按年折算后的金额 ×30%）×20%。

2）集团主导拓展的项目：成就共享股权金额 =（净利润 − 自有资金按年折算后的金额 ×30%）×（10% ~ 15%）。

其中，净利润指的是所考核项目实现的净利润，一般为预估净利润。

（3）获得成就共享的关键成功因素。

1）获取优质土地。能否实现成就共享，拿地是关键，在项目开展之前，只获取预期可获得"成就共享计划"超额收益的地块。

2）建立良好政商关系。向政府申请土地款延期、分期支付或其他减免政策，建立行政审批的绿色通道，提高报批报建速度，或报批报建费用的减免；降低预售门槛，尽快销售回款；取消或放宽预售款监管政策。

3）快速开工、快速销售、快速回笼资金。做好项目前期策划和前置工作，做好项目的定位和规划设计，尽可能缩短开盘周期；项目部和营销紧密配合，合理安排营销推广节奏，项目部把握好销售窗口期；争取尽快开盘，给销售与回款预留充裕时间。

（4）提高成就共享项目奖金。

根据核算规则，奖金＝（净利润－自有资金按年折算后的金额×30%）×20%，其中要提高净利润，降低自有资金投入。

1）一升一降，提高净利润。提升项目品质，增加项目溢价；开源节流，降低项目成本。

2）一快一慢一贷，降低自有资金投入。快：工作前置，摘牌即开工；施工策划，实现快速开盘；与政府沟通，降低预售条件。慢：延缓土地款支付；支取垫资，延迟支付工程款。贷：争取开发贷款，拓宽融资渠道。

（5）合理规避项目各类风险。

1）市场风险。主要规避国家政策、当地支柱产业、当地房地产市场出现较大变动甚至逆转，以及产品定位不适合当地情况所带来的市场风险。

2）违约风险。政府与合作方等各种原因带来的违约风险。

3）进度风险。展示区选址不当，地质复杂、拆迁难等因素导致不能按计划开工、开盘。

4）质量风险。因赶工过程中忽视工程质量，造成日后交楼存在群诉、收楼率低等情况，导致收楼阶段不能获取30%的奖金。

5）成本风险。关注成本的全过程动态管理，确保成本数据的真实性和完整性，避免因结算阶段出现亏损或大幅低于之前预估净利润等风险。

（6）项目奖金分配。

项目达到奖励条件后，奖励每半年度以现金奖励及支付购股权方式进行分配（见表8-12）。

表 8-12 奖金分配示例

员工职级	分配比例	方式占比	
		现金奖励	支付购股权
区域总裁	30%～70%	30%	70%
项目总经理	由区域总裁确定	50%	50%
项目团队	由区域总裁确定	100%	
区域团队	由区域总裁确定	100%	
参与团队	10%	100%	
合计	100%		

区域总裁的分配比例由区域总裁自行确定，报集团总裁批准，其他人员名单及金额由区域总裁确定并报集团总裁办备案。

现金奖励派发设置上限，实现预售派发 50%，完成收楼派发 30%，完成结算派发 20%。

区域总裁、项目总经理退休或因公司要求调任的，由集团财务资金中心按任职期间贡献核定奖励数额，报请总裁确定；剩余奖金在继任者中重新分配。

（7）相关项目处罚规定。

1）无论何种原因在考核期内出现亏损，亏损额的 20% 由区域总裁及项目总经理承担，其中区域总裁占 70%，项目总经理占 30%；当期从其所管辖的其他项目的成就共享股权金额中扣除，未能扣除的，从其工资、奖金中扣除。

2）若一年内现金流不能回正，则该考核单元将失去继续参加"成就共享计划"的资格。

3）如参加"成就共享计划"项目最终未能获得奖励，将视情况对区域及项目管理层进行处罚。

4）考核范围内发生重大质量、安全、成本责任事故，重大负面新闻事件或未按合同交楼的，将根据实际负面影响和损失对所提取的奖励金额进行扣减，并报总裁审定。

5）参与该项激励的主要管理人员牟取个人私利，在行权日前主动离职或因工作失误被解聘，则所持购股权自动失效，情节严重者，现金发放部分全部返还，并依法追究对公司造成的损失。

6）目标成本、费用控制不力，由于自身管理原因造成返工等导致成本增加，在奖励金额中全额抵扣。

（三）基于客户的项目考核评价方式

在产品和知识体系为主要输出物的项目中，可以采取目标、里程碑、财务等方式进行考核评价。而针对服务类型项目，建议采取以客户满意为主的项目考核评价方式，通过客户价值的实现，来获取项目本身的价值。

客户不单是指外部客户，还包括内部客户，要从相关利益者的角度思考：究竟谁是客户？客户有什么样的需求？项目应该如何让客户满足？

> **案例：安居计划——基于内部客户满意项目实践**
>
> 2012年，腾讯一个特殊员工群体的流失率引起了人力资源部门的特别关注：进公司满3年的应届毕业生的流失率达到平均员工流失率的3倍。
>
> 优秀应届毕业生一直是腾讯人才的重要来源，其享受的优越待遇及培养资源也一直为业内称道。而这些腾讯花大力气培养3年，刚刚可以独当一面的骨干，却纷纷离开，为什么？
>
> 表面上看来，排前三位的理由有：继续深造、职业发展和家庭因素。确实如此吗？以用户需求为导向的人力资源部员工没有放弃追问，他们对离职员工做了深入的电话访谈，收集第一手信息。

> 原来2012年前后深圳房价快速攀升,加薪幅度再大也远远追不上房价涨幅。而毕业3年后恰逢适婚年龄,他们灰心于高企的房价,选择了逃离北上广深,回到二线城市或家乡置业,满足"要结婚先买房子"的要求。
>
> 人力资源部和财务部立刻行动起来,进行头脑风暴,发现三个关键点:
>
> (1)基于投资回报和公司薪资增长,这些员工将来一定可以买得起房,腾讯需要做的只是提前这个周期;
>
> (2)如向银行贷款买房,以这些员工的情况贷不到很多钱;
>
> (3)腾讯账上有很多现金,本金和利息成本是腾讯在保留人才上可以承受也愿意投入的。
>
> 基于这样的分析,腾讯推出了著名的"安居计划"项目:公司拿出一笔基金,免息提供给符合条件的员工,帮助员工提早买房。
>
> 该举措的效果特别显著,实施几年之后,参与"安居计划"项目的员工流失率不到1%。既对公司保留人才起到重要作用,也为员工带来实实在在的价值,在员工一生中的关键时刻提供了帮助。

(四)基于商业实现的项目考核评价方式

随着新组织理论的不断延伸,越来越多的创新公司开始崇尚扁平化管理,韩都衣舍的小组制管理模式让管理更加扁平化、快速化和自主化。

韩都衣舍自创立以来保持快速扩张,其核心就是小组制——基于产品小组制的单品全程运营体系(IOSSP),在这套运营管理模式上,通过划分小业务单元,实现责权利的相对统一,将传统的直线职能制打散、重组,即从设计师部、商品页面团队及采购部门中各抽出一个人,由这三人组成一个小组,然后组成各个小组,每个小组对一款衣服的设计、营销、销售承担责任。相应地，小组提成根据毛利率、资金周转率计算。

韩都衣舍的小组制通过项目小组的形式，实现了全员参与经营，同时将核算细化到每个员工头上，鼓励小组之间互相聚合。成百上千个小组不仅仅拓宽了韩都衣舍的产品线，同时也为企业培养了众多优秀的人才。

1. 明确小组的责权利

每年 10 月份，在制订下一年的生产计划和销售计划时，负责人都会同每个小组商谈，确定下一年要完成的销售额、毛利率以及库存周转。

在业绩责任明确后，小组自行确定款式、颜色和尺码、价格。

利益核算更加直接，奖金 = 销售额 × 毛利率 × 提成系数。所以，每个小组的奖金都是自己赚出来的。

2. 日常动态排名，实现小组分裂和聚合

韩都衣舍的小组制并没有设计淘汰机制，小组是不断自动化更新的。每天上午 10 点，公司会公布前一天的销售排名，每个小组都可以看到其他小组的业绩，时刻看到竞争对手的数据，排名不断变化，压力不断传导，小组的经营效率也在不断提高。

3. 小组的日常激励机制

（1）奖金分配。小组奖金分配非常明确，奖金由组长分配。分配公平，组员自然愿意合作；分配不公平或者奖金池过小，就会引起组员的不满甚至离开。

（2）提成培养费。小组成员离开后，可以组建新的小组，新成立小组的组长要向原来的小组缴纳培养费，公司会将每个月奖金的 10% 自动划拨给原来的组长，并持续一年时间。通过这种方式鼓励小组不断分裂。

4. 通过自主经营，实现商业目标

2008 年刚成立时，韩都衣舍仅是一个互联网女装品牌。2012—2013 年开始跨品类扩张，从女装扩展到男装、童装。目前，韩都衣舍旗

下品牌超过 40 个。

韩都衣舍内部，每 3～5 个小组构成一个大组，每 3～5 个大组构成一个产品部，而每个产品部都覆盖全品类。这种类似于项目制的产品小组模式，打造了内部创业平台，降低了员工创业门槛，提高了日常决策效率，提高了运营效率，同时也为员工提供了短期、中期、长期相结合的激励体系。

（1）打造内部创业平台。

韩都衣舍的使命是"成为全球最有影响力的时尚品牌孵化平台"，通过小组制将公司打造成一个内部创业平台，采取"大平台＋小前端"的组织运行方式，整个公司变成一个平台，给前端的自主经营体赋能。

员工以产品为单位，利用公司的资源裂变出 300 多个创业型组织，公司事实上扮演了一个孵化器和投资人的角色，孵化的产品小组提高了公司的市场应变能力。

（2）降低创业门槛。

韩都衣舍将所有公共部门放进创业平台，执行标准化的环节，而产品小组只负责三个非标准化环节，即产品研发、销售管理和采购。这大大降低了创业的门槛，使得员工只需搭配三种技能，就能组成产品小组，实现创业。

（3）提高决策效率。

通过倒金字塔的赋能型组织结构，让员工成为同市场接触的一线主体，让他们来进行业务决策。三人产品小组实际上是产品研发、销售管理和采购三个部门的横向跨部门协作，这种类似于华为"铁三角"的组织运行模式，极大提高了公司的决策效率。

（4）提升运营效率。

在公司规定的框架内，产品小组完全可以按照自己的节奏控制产品开发、新品上架、打折促销等运营环节，同时依据消费者的反馈对产品不断进行修正和改进，提升消费者体验，并且内部自主经营体之间不断对标，持续提升整体竞争力。

（5）全面激励体系构建。

每个小组独立核算，员工的收益与结果挂钩，激发了员工的工作热情，而为了挽留产品小组培养的优秀人才，韩都衣舍对于部分表现优秀的员工给予商业赞助计划（成为品牌创始人）和股权激励计划，这极大鼓舞了员工的创业热情。

（五）不同类型项目考核方式对比分析

上面介绍了几种不同类型的项目考核方式，表8-13从管理复杂度、管理有效性、目标传导性、目标可实现性、员工激励性等几个不同角度对它们进行对比分析。

表8-13 不同类型项目考核方式对比分析

类型	管理复杂度	管理有效性	目标传导性	目标实现性	员工激励性
基于目标	填写表格略多，需要IT配合，管理成本稍高	能够有效实现项目目标，但项目目标有效与否不可控	有效承载项目目标	有效实现项目目标	以负向激励为主
基于里程碑或节点	填写表格略多，需要IT配合，管理成本高	有效把握项目进程，但项目目标有效与否不可控	过程把控，目标分解为里程碑和节点	有效实现项目目标	以负向激励为主
基于财务	前期核算复杂，后期管理成本低	提高激励作用，有效实现项目目标	基于目标实现，过程自行把控	有效实现项目目标	双向激励
基于客户	管理成本较低	有效实现项目目标	目标传导机制略长，容易走偏	适合特定项目目标	以正向激励为主
基于商业实现	管理成本较低，试错成本较高	有效激发，高效协同，但受平台和员工因素影响	目标清晰明确、可持续	有效实现项目目标	以正向激励为主

四、项目内员工贡献评价方式

前文介绍了几种不同思路的项目评价方式，那么项目内员工的贡献该如何评价？有人认为应该基于功能与角色进行评价，有人认为应该基于能力进行评价，有人认为应该基于态度和行为进行评价，也有人认为应该基于任务进行评价。本书认为，应该构建基于角色、能力、态度、行为、任务等多方面的全方位项目成员评价体系。下面主要介绍基于任务的项目内员工贡献评价方式。

(一) 单项目内员工贡献评价方式

1. 任务绩效考核相关说明

任务绩效适用于研发类员工的项目评价，考核目的是衡量单项目或多项目中各个员工的工作量、工作难度、价值创造等因素，并以此作为绩效奖金二次分配的一种手段。

具体而言，任务绩效将参与项目的员工按角色划分为：项目经理、项目工程师、项目技术专家、项目外联专员（各企业可根据实际自行划分角色）。

不同角色按照工作状态做了相关界定，分别为主导、参与、执行和跟随，通过项目内不同角色和工作状态，设定不同的系数来核算单个项目中的绩效表现。

2. 项目中的任务角色划分

根据项目经理、项目工程师、项目技术专家、项目外联专员等角色的划分，进行明确的角色定义、工作内容界定、能力要求描述和相关项目系数赋予（见表 8-14）。

表 8-14　项目中的任务角色划分

角色名称	项目经理	项目工程师	项目技术专家	项目外联专员
角色定义	负责项目的全面工作，对项目任务指派方负责	负责项目的具体科研工作，对项目经理负责	负责就项目工作提供专业的技术建议，对项目经理负责	负责项目中的事务性协调工作，对项目经理负责
工作内容	负责该项目全面工作，统筹项目工作	负责项目中某一到两个具体模块的研发	在项目的关键研发节点上提供专业技术指导	协调项目中的人员和资源，与其他相关部门沟通
能力要求	有统筹研发任务和研发课题的进度和质量，有管理研发任务课题的意识和方法	熟悉相关模块的技术，研发过相关产品或模块	精通相关技术要点，善于发现和解决研发任务或课题中的关键问题	熟悉相关研发任务或课题的运作方式，善于与上级和同级部门沟通协商
建议系数	1.0	0.6	0.2	0.2

3. 项目中的任务角色工作状态界定

针对项目中的任务角色工作状态进行明确界定，并赋予相关的系数（见表 8-15）。

表 8-15　项目中的任务角色工作状态界定

角色名称	项目内工作状态	状态释义	建议系数
项目经理	主导	负责项目任务或基础技术课题中全盘工作的组织、统筹和决策，把握相关工作的主体思路和方向	1.0
项目经理	参与	参与项目任务或基础技术课题中整体工作方案的讨论和整体性框架设计	0.8
项目工程师	参与	参与项目任务或基础技术课题中相关研发方案的讨论和制定，推进并执行该研发方案	0.6
项目工程师	执行	执行项目任务中相关工作的既定方案，向相关同事反馈方案中的问题，并参与解决该类问题	0.4

续表

角色名称	项目内工作状态	状态释义	建议系数
项目工程师	跟随	针对项目任务或基础技术课题中的相关工作提出设计思路或改进意见，不参与工作方案的决策、制定和具体执行	0.1
项目技术专家	跟随	了解项目任务或基础技术课题中的相关工作，提出某些基础性的思路和建议，不参与工作方案的决策、制定和具体执行	0.2
项目外联专员	跟随	针对项目任务或基础技术课题中相关工作与上下级单位、同级部门进行沟通协调，不参与任务或课题本身工作方案的决策、制定和具体执行	0.2

4. 项目中贡献评价

根据个人在项目中的角色、工作状态，确定在项目中的贡献系数，并在二次分配中获取相应的项目奖金。计算方式如下：

$$个人项目贡献系数 = \frac{员工项目角色系数 \times 员工角色状态系数 \times 员工持续时间}{\sum \left[员工项目角色系数 \times 员工角色状态系数 \times 员工持续时间 \right]}$$

个人项目奖金 = 个人项目贡献系数 × 项目奖金总包

(二) 多项目内员工贡献评价方式

在科技研发类企业中，经常出现一个员工同时兼任几个项目的情况。在多项目中评价员工贡献，也可以通过任务绩效的方式来解决。

同单项目的角色划分、系数界定、工作状态确定和系数确定一样，多项目中每个项目同样进行该步骤。

在单项目之外，引进项目价值系数，基于难度、复杂程度、贡献度等维度，评价不同项目的不同贡献。

1. 确定项目价值系数

项目价值系数用来描述项目的难度、复杂程度和贡献度，建议数值取到小数点后一位，为 0.5～1.5。

项目价值系数可以通过以下几个维度进行专家会议评价。

（1）项目是否需要进行新技术攻关。

（2）项目中需要研发的具体模块数量。

（3）项目中需要外协的工作量。

（4）项目排期或进度的紧迫性。

（5）项目在技术重大突破或进度、质量方面是否受到领导的表彰。

参加系数评定的专家包括专业部门领导、项目经理、项目专家、项目赞助人及部分高管。

2. 结合项目价值系数，评价多项目员工绩效表现

根据员工在项目中的角色、工作状态，确定员工在项目中的贡献系数，根据员工从事的多个项目的不同价值系数，确定员工项目总体贡献系数，并在二次分配中获取相应的项目奖金。

$$\text{个人多项目贡献系数} = \frac{\sum\left(\text{员工项目价值系数} \times \text{员工项目角色系数} \times \text{员工角色状态系数} \times \text{员工持续时间}\right)}{\sum\left[\sum\left(\text{员工项目价值系数} \times \text{员工项目角色系数} \times \text{员工角色状态系数} \times \text{员工持续时间}\right)\right]}$$

个人多项目奖金 = 个人多项目贡献系数 × 多项目奖金总包

（三）评价结果应用

项目任务绩效可与年底评优、薪酬调整、职位晋升、岗位调整等方面挂钩。

当然，员工年度绩效评价还应结合 KPI、过程绩效指标、行为考核指标、加分项、减分项、否决项等多个角度进行全方位的绩效评价，本章只介绍了项目及项目内评价。

以上提及的项目及项目内部成员的绩效评价方式，各有适用场景，此外还有多种项目评价方式，因为场景单一和篇幅有限，不再赘述。

09

第九章

新生代员工的绩效管理新探索:
全面认可评价

一、新生代员工带来的管理困惑

（一）新时代绩效评价的特点

在新的时代背景下，人力资源管理逐渐出现以下趋势，给对于新生代员工的绩效评价和日常管理带来了难题。新生代员工一般是指出生于20世纪80年代末、90年代初及之后的新进入职场的年轻一代员工。

（1）人才主导，人才优先，新时代更加崇尚人力资本价值导向，"知本"开始与资本平起平坐。

（2）去权威、去中心、去管理层级，在自组织、平台型组织、网状组织运行方式中，责任和权利更多集中在员工手中。

（3）绩效考核导向变为价值创造导向，企业的目标越来越多变、越来越不确定，需要员工自动自发地进行创造性工作，没有目标导向，就无法进行有效的绩效评价与管理。

（4）在平台战略中，职能部门从管理部门变为服务部门，在服务好员工的前提下，如何进行绩效评价成为难题。

（二）新生代员工的时代背景

（1）信息时代的成长环境。

1990年，我国基本完成计划经济向市场经济过渡，物质丰富、网络广泛应用、受教育程度提高，使得新生代员工思想更加早熟，对事物有自己的见解，不轻易盲目认同，喜欢表达自我，自信心强，喜欢被认可，不喜欢被惩戒，不迷信权威，富有怀疑精神。

（2）独特群体的亚文化的广泛兴起。

随着互联网的应用和普及，互联网用户的文化属性也在快速迭代和演化，不断形成独属于各类群体的亚文化，典型的如"非主流""小清新""小资""森林系""二次元""小时代"等。

（三）新生代员工的职场特点

新生代员工不同于传统人力资源管理理论下的员工，他们有自己的核心价值诉求，对工作和生活的界限明确，在面对自己感兴趣的工作时会爆发极大的热情和能量，这就对日常的管理者提出了极高的挑战。

1. 新生代员工有着独特的特点和需求

新生代员工的特点和需求如表9-1所示。

表9-1 新生代员工的特点和需求

特点	需求
对科技的领悟性强	高素质的同事
心理承受能力较弱	良好的工作环境
对即时性有要求	获得新体验和新挑战的机会
有创业精神	发展前景
以自我为中心	公司或雇主的认可
寻求灵活性	弹性的工作日程
价值取向多元化	稳定的提升速率

2. 管理者对新生代员工的印象

管理者对新生代员工的印象如表9-2所示。

表 9-2　管理者对新生代员工的印象

典型职业特征	占比
耐受挫折能力较低，容易情绪波动	63.5%
给多少工资就做多少事，多余的事愿意做就做，不愿意做就不做	45.6%
有创意，有活力，常在工作中体现自己的独特想法	45.2%
敢于表达心中想法，对薪资、工作环境、员工福利、公司文化和制度有个性化需求	42.4%
好奇心强，容易接受新鲜事物	39.1%
富有自信心，张扬自我个性	34.0%
获取信息的方式较多，见多识广	17.8%
其他	1.2%

3. 新生代员工对于工作的印象

对于工作的认知，影响着新生代员工的工作方式，同时也影响着针对他们的管理方式。新生代员工对于工作的印象如表 9-3 所示。

表 9-3　新生代员工对于工作的印象

印象	占比
工作只是生活的一部分，要工作，更要快乐的生活	57.0%
工作能提升能力	43.6%
工作是日常生活的经济来源	35.6%
工作是兴趣爱好所在	31.3%
工作是实现人生价值的重要途径	29.7%
工作选择很多，"此处不留爷，自有留爷处"	23.0%
其他	0.5%

4. 新生代员工与其他员工的区别

新生代员工和其他员工有着明显区别，见表 9-4。

表 9-4　新生代员工与其他员工的区别

类别	"60后"员工	"75后"员工	"80后"员工	新生代员工
特点	稳定、注重细节、坚韧、忠诚、勤奋	自我驱动、重视人际关系、帮助他人、团队合作	适应性强、重视技术、独立、不迷信权威、创造力强	乐观、重视科学技术、乐于创新、独立、自我

针对新员工的需求偏好和职场特点，管理者需要制定灵活、多样、个性化的管理方式，才能开展有效的管理。

（四）绩效评价方式探索

面对新时代员工的独特性，传统绩效评价的方式也失去了效力。在探索新的绩效评价方式时，本书有几点建议：

（1）评价理念从"控制型"转变为"服务型"，评价的目的是推进服务型员工关系管理，通过柔性管理和员工自我管理，营造和谐开放的氛围。

（2）评价工具从"工具型"转变为"人本型"，企业的工作从目标导向过渡到价值导向，员工的绩效管理从目的导向过渡到人本导向，增强人文关怀，通过评价认可方式，激发员工维持良性关系的动力，实现组织家庭化、企业社会化。

（3）评价目标从追求"绩效"转变为追求"人效"，在节点式结构的开放企业组织形式下，无边界、无领导的方式逐步兴起，企业管理者不能用绩效考核标准来束缚员工行为，而应该更好地激发员工自身优势，让员工快乐、主动、积极地工作。

（4）绩效体系设计过程中，员工从"合作者"转变为"创造者"，应该着力建立以提升员工价值体验和创造为目标的绩效互动机制，让员工真正参与到绩效评价策略的制定、绩效评价体系的研发和设计中去。

（5）绩效评价的周期，由"固定周期"转变为"即时评价"，随着信息技术手段的发展，管理者可以利用系统平台进行即时评价，反馈、辅导、沟通也可以利用网络平台开展。

（6）评价理念由"约束人"转变为"激励人-发展人"，绩效评价的目的是更好地激励人、发展人，人是目的，不是手段。

正是基于以上转变，本书提出全面认可评价，以期在新时代下探索一种可行的绩效评价新模式。

全面认可评价，是对员工进行及时、全面的反馈和认可，是一种新的管理理念和方法。在全面认可评价中，需要掌握两个关键点：一是要求员工能够参与各类行为指标的设定；二是企业能够真正了解员工的特性和需求，为员工提供个性化的服务。

（五）价值观评价：全面认可评价的初级阶段

全面认可评价在某些企业里被简化为价值观评价。下面简单介绍价值观评价。

价值观评价，指的是在企业价值观方面对员工展现出的行为进行锚定并评价的一种考核方式。目前国内典型的价值观评价为阿里巴巴的"六脉神剑"价值观考核。

1. 阿里巴巴的六大价值观——"六脉神剑"

阿里巴巴将自己的价值观定义为"客户第一、团队合作、拥抱变化、激情、诚信、敬业"，在考核中明确了倡导的行为，同时明确了底线原则（见表9-5）。

表 9-5　阿里巴巴的"六脉神剑"

价值观	倡导的行为	底线原则
客户第一	视客户为衣食父母	• 不能为谋一己之私而欺骗客户； • 不能不尊重客户，利用职权威胁客户； • 不能为了自身或团队业绩目标或利益而损害客户利益； • 不能在工作要求和职责范围之内对客户的需求消极不作为，造成客户实质性的损失
团队合作	共享共担，平凡人做非凡事	• 不能在团队内部拉帮结伙、诋毁同事、搬弄是非； • 不能阳奉阴违，决策前不参与、决策后不执行
拥抱变化	迎接变化，勇于创新	不设底线
激情	乐观向上，永不放弃	• 不能经常性地毫无理由地在团队里泼冷水，只是打击讽刺，没有具体的观点和建议； • 不能无中生有地传播团队的负面信息
诚信	诚实正式，言行坦荡	• 不能弄虚作假； • 不能故意隐瞒或者歪曲事实
敬业	专业执着，精益求精	• 不能不作为、混日子、消极怠工

2. 价值观考核标准

阿里巴巴针对六大价值观设立了五级考核标准（见表 9-6）。

3. 价值观考核实施

（1）员工自评或主管/经理考评必须以事实为依据，说明具体的事例；

（2）如果不能达到 1 分的标准，允许以 0 分表示；

（3）只有达到较低分数的标准之后，才能得到更高的分数，对价值观表达必须从低到高逐项判断；

（4）可以出现 0.5 分；

（5）如果被评估员工某项分数为 0 分、0.5 分或者达到 4 分（含）以上，经理必须注明事由；

第九章 新生代员工的绩效管理新探索：全面认可评价 / 277

表9-6 阿里巴巴价值观五级考核标准

考核项目		考核标准				
价值观考核（总分30分）	客户第一（5分）	尊重他人，随时随地维护阿里巴巴形象	微笑面对投诉和受到的委屈，积极主动地在工作中为客户解决问题	在服务客户时，即使不是自己的责任也不推诿	站在客户的立场思考问题，在坚持原则的基础上，最终达到客户和公司都满意	具有超前服务意识，防患于未然
	分值	1	2	3	4	5
	团队合作（5分）	积极融入团队，配合团队完成工作	决策前发表建设性意见，充分参与团队讨论；决策后异议，必须从言行上完全予以支持	积极主动分享业务知识和经验；主动给予同事必要的帮助；善于利用团队的力量解决问题和困难	善于和不同类型的同事合作，不将个人喜好带入工作，充分体现"对事不对人"的原则	有主人翁意识，积极正面地影响团队，改善团队士气和氛围
	分值	1	2	3	4	5
	拥抱变化（5分）	适应公司的日常变化，不抱怨	理性面对变化，充分沟通，诚意配合	对变化产生的困难和挫折能自我调整，并正面影响和带动同事	在工作中有前瞻意识，提出新方法、新思路	创造变化，使绩效产生突破性提升
	分值	1	2	3	4	5

续表

考核项目		考核标准				
价值观考核（总分30分）	激情（5分）	喜欢自己的工作，认同企业文化	热爱企业，顾全大局，不计较个人得失	以积极乐观的心态面对日常工作，不断自我激励，努力提升业绩	碰到困难和挫折的时候永不放弃，不断寻求突破，并获得成功	不断设定更高的目标，今天的最好表现是明天的最低要求
	分值	1	2	3	4	5
	诚信（5分）	诚实正直，言行一致，不受利益和压力的影响	通过正确的渠道和流程，准确表达自己的观点；表达批评意见的同时能提出相应建议，直言有讳	不传播未经证实的消息，不背后不负责任地议论事和人	勇于承认错误，敢于承担责任；客观反映问题，对损害公司利益的不诚信行为严厉抵制	能持续一贯地执行以上标准
	分值	1	2	3	4	5
	敬业（5分）	上班时间只做与工作有关的事情；不犯重复的错误	今天的事不推到明天，遵循必要的工作流程	持续学习，自我完善，做事情充分体现以结果为导向	能根据轻重缓急来正确安排工作优先级，做正确的事	遵循但不拘泥于工作流程，化繁为简，用较小的投入获得较大的工作成果
	分值	1	2	3	4	5

（6）出现重大后果或产生恶劣影响，或者违反底线原则已经得到"一致性"/"一贯性"的验证，价值观评价为 C。

4. 考核周期及程序

（1）每季度考核一次，其中价值观考核部分占员工综合考评分的 50%；

（2）员工先按照 30 条价值观考核细则进行自评，再由部门主管/经理进行评价；

（3）部门主管/经理将员工自评分与被评分进行对照，与员工进行绩效面谈，肯定好的工作表现，指出不足，指明改进方向。

5. 评分结果等级说明

（1）优秀：27～30 分。

（2）良好：23～26 分。

（3）合格：19～22 分。

（4）不合格：0～18 分。

6. 价值观考核结果的运用

（1）价值观考核得分在合格及以上等级者，不影响综合评分数，但要指出价值观改进方向；

（2）价值观考核得分为不合格者，无资格参与绩效评定，奖金全额扣除；

（3）任意一项价值观考核得分在 1 分以下，无资格参与绩效评定，奖金全额扣除。

二、全面认可评价：解决问题的新思路

（一）全面认可评价的六个方面

全面认可评价，指的是承认员工的绩效贡献基础上，对员工努力工作的其他维度给予特别关注。通过对员工行为、态度、努力或绩效给予相应的认可、评价和反馈，让员工感受到自己的价值被承认、被认可、被赏识。

全面认可评价旨在通过打造组织内部良好的环境和平台，让员工的潜能得到最大限度的发挥。全面认可评价主要包括以下六个模块：

1. 关爱认可评价

关爱认可评价主要侧重于员工在企业中日常关怀的认可评价，在实施中，一般先将员工的入职日期、生日、结婚纪念日等重要时间节点信息录入归档，在节点到来时，为员工提供相应的关爱认可评价。比如阿里巴巴"一年香，三年醇，五年陈"，就是关爱认可评价的一种。

2. 绩效认可评价

绩效认可评价主要侧重于对员工日常绩效的认可评价，既可以对过程进行认可评价，也可以对结果进行认可评价。而全面认可评价与企业绩效管理既可以相辅相成，也可以将绩效管理纳入全面认可评价体系之中。

3. 行为认可评价

行为认可评价针对员工不能够直接产生绩效产出，但是符合公司价值观，同时有助于企业进一步发展的行为给予评价认可。企业实践中的价值观评价方式，也可以理解为行为认可评价。

4. 成长认可评价

成长认可评价也叫员工发展认可评价，主要是为了激发员工自我学习和成长的热情，对员工参与培训、自我学习等行为予以的认可评价。同时，也要对员工积极帮助他人成长的行为，比如授课、分享、师带徒等进行及时认可。

5. 管理改进认可评价

管理改进认可评价是针对专业技术型人才的技术改进认可或者其他类型人员的日常工作改进认可。具体认可项目包括创新认可、合理化建议认可、集思广益认可等。

6. 忠诚认可评价

忠诚认可评价是对员工学历、司龄、职称等方面的认可评价，在员工对于公司的忠诚方面予以认可。

（二）全面认可评价的管理特点

全面认可评价的管理目的是激发员工的动力和热情，让员工感受到被尊重、承认、认可、赏识，从而将员工的潜力发挥到最大化。全面认可评价管理具备以下特点。

1. 以正面评价为主，避免负面评价

全面认可评价以正向评价为主，往往以表扬、认同、认可等方式给予员工正能量，通过认可的不断强化，加强员工的行为学习能力。

2. 以精神激励为主，结合物质激励

全面认可评价更看重从精神层面对员工的付出进行认可，在员工看来，公众性的认可可以留下一个持续一段时间的印象与感觉，一个礼物或者纪念品可以是一种努力付出的象征。比如领导送给员工卡片，真诚地说一些感谢的话，会令员工非常激动，产生自豪感。

当然，全面认可评价的结果应用也可以结合薪酬奖金发放，但需要尽量淡化，让工作成为工作本身最大的回报，是全面认可评价的真正用意。

3. 以行为指标为主，绩效指标为辅

在全面认可评价体系中，以行为导向的认可指标为主，旨在培育员工日常行为方式和价值观，以行为来促进企业价值观的落地生根，同时在行为认可评价中，加强员工的价值创造意识，最终实现在行动中玩、在玩中学、在学中前进、在前进中创造价值。

4. 即时评价为主，周期性评价为辅

全面认可评价是及时的、灵活的，在 IT 系统的支持下，能够第一时间对员工的贡献做出积极反馈，从而弥补传统绩效评价结果应用的滞后性。

5. 认可评价方式多元化

全面认可评价是多元化的认可评价方式，包括过程认可评价、行为认可评价以及绩效认可评价等。

（三）全面认可评价信息系统

信息系统是互联网思维下的全面认可评价体系的最优载体。全面认可评价信息系统主要包括四个部分：个人中心、认可商城、任务广场、集体模块。

1. 个人中心

个人中心页面主要包括首页、认可、悬赏、荣誉、建议、公告、其他等模块。

（1）首页包括日常行为的认可奖励信息。

（2）认可模块，主要包括认可积分等级、认可详情页、添加认可、选择认可对象等子模块。

（3）悬赏模块，主要包括悬赏详情、悬赏发布、悬赏投稿、悬赏评论等子模块。在悬赏环节，由具有悬赏权限的用户发起悬赏，员工在系统内进行参与。

（4）荣誉模块，主要包括个人荣誉、集体荣誉、荣誉详情等子模块。其中荣誉的获得分为勋章和积分两种形式。

（5）建议模块，分为建议反馈、建议点评、建议评论、建议验收、建立奖励等子模块。

（6）公告模块，主要用来发布公司的各项规定，如假日规定、相关文件精神等。

（7）其他，包括个人中心设置、奖品清单、全体成员等子模块。

2. 认可商城

认可商城是对于员工在全面认可评价系统内赚取积分的一个奖励商城，是员工评价积分货币化的消化系统。认可商城的认可奖励一般分为两种：一种为物质激励，另一种为非物质激励。物质激励的方式有购买商品、竞拍、秒杀等形式，非物质激励的方式有调休等。

3. 任务广场

任务广场是悬赏和 Bug 提交系统，公司发布悬赏通知，凡参与者都有积分奖励。Bug 提交按照相关分类进行，主要包括管理改进、流程优化、业务创新等。

4. 集体模块

在该模块中可以看到积分排行榜，可以看到最新发生的认可行为，同时，也可以在论坛中与其他同事发起话题、进行讨论。

（四）全面认可评价与游戏化方式结合应用

为了配合全面认可评价体系的良好运转，一般建议企业内部采取游戏化方式设计。主要将五种常见的游戏化元素作为管理手段，将游戏化管理和全面认可管理体系结合起来。

1. 点数

点数在游戏中为游戏进展的数值表示，在全面认可评价系统中，则需要将认可任务数值化，例如，加班一次奖励 10 分，帮助他人一次奖励 10 分。

2. 徽章

徽章在游戏中为可视化的成就标示，在全面认可评价系统中，则是类似于"小红花""小奖章"之类的勋章，比如"最具管理创新奖""最团结同事奖""最佳技术能手"等。

3. 等级

在全面认可评价系统中，等级意味着在薪酬、职位序列、年终绩效考核、奖金分配、职责权限等方面的区别，也可认为是助理、专员、主管、经理、副总的区分。积分与等级相对应，如 1 000 积分对应 S1 等级，也即公司中的专员级别。

4. 排行榜

排行榜在游戏中可展示玩家的进展和成就，在全面认可评价系统中，则是将分类的认可积分进行排序，并分列总榜单和单项榜单，类似于美国职业篮球联赛中的最有价值球员排行榜、得分排行榜、助攻排行榜、篮板排行榜等。

5. 挑战

挑战在游戏中为激励用户完成特殊任务，在全面认可评价系统中，相关责任人在悬赏、建立和管理改进等模块发布任务，供员工自行选择，凡完成任务者一律有额外奖励。

(五) 管理者结合"游戏化思维"构建全面认可评价体系

1. 明确认可评价模块

需要明确哪些行为、价值导向、文化导向是全面认可评价系统认定的，在六大认可模块中选取符合企业管理现状的模块，并进行专项模块的特指行为进行深入拓展，明确认可模块下的认可行为子项和具体措施。

2. 划定目标行为

在确定认可模块及认可行为子项之后，需要对行为进行划定，行为划定的范畴主要包括行为子项的描述、具体的日常行为项目、认可人群、评定人群、评定规则、评定周期等综合因素。

3. 界定参与者职责

在全面认可评价体系中，管理行为的责权利要明晰，具体行为的发起者、行为的评定者、行为的监督者、系统运行的监督者等，都需要将相关的责权利明确到位。各单位可以依据公司特色，制定相应的积分委员会、荣誉委员会、监督委员会等虚拟监管机构，以行使相关权利。需要注意的是，认可评价应用资源有内部资源和外部资源之分，内部资源包括高层激励、发展激励、荣誉激励以及部分实物激励等，外部资源包括康养激励、实物激励等。激励要求明确激励项目的发起者、执行者、监督者、反馈者的具体职责。

4. 制定认可评价周期

要明确认可评价周期。其中，忠诚认可评价、关爱认可评价，由固定时间决定；绩效认可评价则同公司内部的绩效考核方案相结合；其他认可评价，行为发起即可进行认可评价，以提高认可评价的激励性。

5. 增加过程乐趣

全面认可评价系统在推行之初，要加快反馈速度、明确相关目标，同时设置有挑战性但是可达到的目标，以及制造惊喜，在全面认可评价系统内，在认可商城中，可以采取秒杀、抢购、拍卖等形式增加乐趣。同时，在内部SNS社区要去除组织权威，增强个体趣味，允许出现相关的个性化但非负面的任何内容。

6. 采用适当方法

全面认可评价作为一种评价方式和管理手段，在移动互联网时代可以采取相应成熟的技术方法，如认可行为确定时的问卷调查法、专家访谈法、头脑风暴法等，在制定认可行为分级同认可评价规则时，需要借鉴绩效考核、总体薪酬等相关的技术方法。

（六）员工参与全面认可评价体系

员工需要完成以下行为，来参与全面认可评价体系。

1. 参与全面认可评价体系的构建

全面认可评价体系提倡全员参与规则制定，所以，作为员工客户化的重要手段，认可评价行为项目、行为认可评价规则、认可评价积分及认可商城的确定，将由员工参与访谈、问卷等形式完成，广泛采纳员工意见，制定员工知晓、认同、满意、参与感强的全面认可评价体系。

2. 参与体系下的认可评价行为项目

在体系完备之后，员工将在企业战略和价值观指导下开展日常行为，并按照相关的运行规则和管理办法，提交发生的认可行为项目。

3. 获取相关认可评价反馈和行为积分

在员工完成相关认可活动后，由系统自动或者相关责任人向员工进行行为认可评价反馈，相关责任人可以是员工的直属领导，也可以是行为发起方，如工会、党委、团委等，也可以是任务发起方。积分发放实行"有进必有出,有出有监督"的规则,明确积分发放单位及发放规则。

4. 个人系统生成积分账户

在信息系统中,得到相关行为评价反馈后,员工个人账号内将生成相应积分。同时,对积分进行分层分类,员工可以在系统中查询自己的相应积分,以及在积分总额和单项排行榜的名次。

5. 消耗相关积分

作为全面认可评价体系的重要组成部分,认可商城主要为满足员工多样性的需求,以及提高系统内的趣味性而设立。

(七)全面认可评价的优势

全面认可评价以表扬、认同、促进、引导为主,无论是正式的还是非正式的,相较于传统绩效评价方式都具有优势(见表9-7)。

表9-7 全面认可评价体系的优势

员工层面	组织层面	管理者层面
正能量 成就感 自我潜能的挖掘 最佳工作地的感受 及时的评价与认可 企业与同事的关怀 个性化的奖品选择	良好的组织氛围 高绩效产出 有效的人才利用 全面的激励系统 企业及个人财务解决方案 用途广泛的企业社交网络平台	有效激励 高员工满意度 先进的人才管理理念 及时的绩效评价与反馈 减轻管理者的工作负担

传统绩效评价方式中的认可只是针对20%的优秀员工进行认可,全面认可评价覆盖了全员的行为,对一切能够推动组织发展的行为进行认可。同时,全面认可评价鼓励组织成员全体参与认可,形成他人认可、自我认可、互相认可的格局,取代单向而行、自上而下的管理者"一元"激励的局面。

全面认可评价是一种全过程认可评价，评价活动真正伴随整个工作过程，以引起需求为始，以满足需求为终。全面认可评价是一种全要素认可评价，在绩效评价的基础上，非绩效行为认可评价占了很大比重，对任何对组织发展有促进作用的要素都给予及时的认可，促使员工充分认识行为本身的特殊价值。

目前企业在管理实践中，常常面对协同、共享、持续改善、文化落地等核心问题。即如何在员工个体层面，推动组织内部合作与协同，提高企业的协同价值的问题；如何提高企业内部知识共享的问题；如何鼓励员工进行"微创新"，实现持续改善的问题；如何保证企业文化落实为员工的日常工作行为，把员工的碎片化时间聚集到为公司做贡献、发挥正能量上来等问题。这些都可以利用全面认可评价来解决。

全面认可评价，在组织层面，可给组织带来良好的组织氛围、更高的绩效，促进员工客户化，提高员工对组织的满意度，为员工提供优秀的企业社交网络平台；在人力资源管理方面，体现在对员工的认可评价与激励无时不在，促进员工自我管理；在企业文化方面，给企业带来更多的协作、关爱和共享精神，维护员工工作与生活的平衡，提升员工的参与互动精神、正能量与成就感，成为公司文化和制度的落实和推进手段。

三、华夏基石构建全面认可评价体系的两种思路

(一) 基于个人的全面认可评价体系

在企业中构建基于个人的全面认可评价体系，一般包括几个步骤：

1. 制定认可评价要项

任何企业在构建全面认可评价体系前，都应该梳理企业的战略目标和文化价值导向。将战略目标及文化价值导向分解至行为层面。

（1）关爱认可评价要项如表 9-8 所示。

表9-8 关爱认可评价要项

认可模块	行为项	行为子项描述	具体行为项目
关爱认可	个人纪念日	员工个人的各种纪念日，如生日、结婚纪念日等需要纪念和庆祝的时间节点	1. 员工生日 2. 员工结婚纪念日 3. 其他员工纪念日
	公司纪念日	员工进入公司后，成为公司价值创造大军中的一员，值得纪念的时间节点	1. 员工进入公司的日期 2. 员工进入公司后值得纪念的日期 3. 其他公司纪念日
	各种节假日	国家法定的、公司规定的各种节假日	1. 国家法定节假日 2. 公司生日等公司规定的节假日

（2）绩效认可评价要项如表9-9所示。

表9-9 绩效认可评价要项

认可模块	行为项	行为子项描述	具体行为项目
绩效认可	全面绩效评优	现有绩效指标覆盖范围及之外的，能够衔接组织流程，提高运行效率、全面健康完善组织目标的个人行为	1. 员工年度绩效考评结果（年度） 2. 员工过程考核结果（月度） 3. 其他考评结果
	项目过程管理评优	在CEO项目推进过程中，能够及时主动为项目提供个人协助的行为，并努力提高项目成果的行为	1. 项目贡献程度 2. 项目工作完成及时程度 3. 项目工作完成质量
	荣誉体系认可	在部门层面，能够对公司业绩起到较强促进作用的先进集体和个人所表现出的行为	1. 日常绩效排名评优 2. 年度或半年度优秀员工或CEO评比活动 3. 集体荣誉关联认可 4. 其他外部荣誉

（3）行为认可评价要项如表9-10所示。

表 9-10 行为认可评价要项

认可模块	行为项	行为子项描述	具体行为项目
行为认可	超额完成本职工作	在现有绩效考核未涵盖范围内，超目标完成本职工作的行为，例如提前完成、超范围完成、节省预算等	1. 节省工作时间 2. 超越工作任务 3. 节约工作成本 4. 主动规避经济及法律等风险 5. 其他
	依据组织及岗位要求，制订本岗位工作计划并协调开展部门相关活动	依据岗位工作职责，利用科学技术方法，制订相应的工作计划，并及时向部门领导进行沟通的行为	1. 参与制订部门相应工作计划或组织相关活动 2. 其他
	工作努力	为完成本职工作或公司整体计划，自愿牺牲个人休息时间，主动积极努力工作的行为	1. 加班 2. 带病工作 3. 放弃年休假 4. 其他
	积极协助部门领导或负责人完成非本职工作以外的工作	在不影响本职工作前提下，积极协助部门领导或同事，能促进部门正向发展的行为；协助项目负责人及项目小组完成既定目标的行为	1. 部门集体活动 2. 参与项目小组活动 3. 其他

续表

认可模块	行为项	行为子项描述	具体行为项目
行为认可	在部门领导安排下完成其他部门的整体协作行为	合理发挥特长或付出体力、脑力劳动,协助其他部门完成公司所需开展的活动或工作	1. 发挥个人特长,如摄影、音乐等 2. 提供智力支持,如评审会 3. 依托技术优势,跨部门解决技术难题 4. 其他
	在部门领导安排下完成公司层面的整体协作行为	在公司统筹下,协助活动发起,完善整体公司活动或行为方案,并积极贡献力量	1. 参与全员营销活动 2. 参与全员网络建设优化活动 3. 作为志愿者参与公益活动 4. 其他
	积极参加内部活动	积极参与公司组织的集体活动	1. 参与道德讲堂等 2. 其他部门组织的相关活动

（4）成长认可评价要项如表9-11所示。

表9-11　成长认可评价要项

认可模块	行为项	行为子项描述	具体行为项目
成长认可	公司层面的成长认可	员工参与公司开展的针对全员的公司知识、通用技能、产品知识、自我管理等方面的发展培训项目行为	1. 参加公司层面的培训 2. 公司组织的相关劳动及技能竞赛 3. 其他项目
	部门层面的成长认可	员工参与公司或部门开展的针对业务条块的管理技能、专业技能等方面的发展培训项目行为	1. 部门、专业线、区域公司组织的培训活动 2. 部门、专业线、区域公司组织的劳技竞赛 3. 其他
	个人层面的成长认可	员工个人进行的能够对企业发展提供智力支持和技术保障的自我发展培训项目的行为	1. 职称考试 2. 学历教育 3. 专业资格认证 4. 技术短训 5. 其他
	同事之间的成长认可	在企业发展所需智力范围内，员工开展的对其他同事的专项培训或帮扶行为	1. 内训师职责内的内训活动 2. 传帮带 3. 道德讲堂等分享活动 4. 专业技能分享会 5. 其他

（5）管理改进认可评价要项如表9-12所示。

表9-12　管理改进认可评价要项

认可模块	行为项	行为子项描述	具体行为项目
管理改进认可	创新认可	针对公司业务流程、管理规范等，提出创新提案	1. 节省工作时间 2. 超越工作任务 3. 节约工作成本 4. 主动规避经济及法律等风险 5. 其他

续表

认可模块	行为项	行为子项描述	具体行为项目
管理改进认可	合理化建议	无须提案，针对公司提出日常管理创新建议	1. 业务流程优化，如优化报销流程、优化审批流程、优化申报办公用品流程等 2. 日常管理创新，如福利方式、节能减排等 3. 产品及服务的技术改进，如营业员服务态度、接线员服务方式、网络优化、宽带优化等 4. 公司业务发展方向及战略目标合理化建议 5. 其他
	集思广益	根据公司或业务单位提出的集思广益计划，提出解决方案并获得一致好评	1. 公司层面的悬赏 2. 部门及区域公司层面的悬赏

（6）忠诚认可评价要项如表9-13所示。

表9-13 忠诚认可评价要项

认可模块	行为项	行为子项描述	具体行为项目
忠诚认可	教育程度	员工个人的受教育程度	1. 高中 2. 大专 3. 本科及以上
	司龄	员工进入公司的服务期限	1. 一年以下 2. 一年以上五年以下 3. 五年以上
	职称	员工在专业技术领域取得的职称等	1. 初级技术职称 2. 中级技术职称 3. 副高级技术职称 4. 正高级技术职称

2. 明确认可评价要项的评价标准

针对认可评价模块中的相关行为赋分，并明确频次、分值、评分人等（见表9-14）。

表9-14 认可评价要项的评价标准示例

认可模块	行为项	分值	频次	评分人
行为认可	超目标完成工作	200分	每次×分，超过200分不再发放	主管领导
	工作努力			
	积极参加内部活动			
	……	……	……	……
管理改进认可	集思广益	悬赏分	提交方案×分，方案被采纳×分	悬赏发起人
	合理化建议	×分	提交建议×分，建议被采纳×分	办公室
	创新认可	×分	部门级×分，公司级×分，集团级×分	创新委员会
	……	……	……	……

3. 设置全面认可评价激励方式

在全面认可评价过程中，根据员工日常表现会产生大量积分，企业需要搜集内外激励资源，进行"消分"，以提高认可评价积分的激励性和趣味性（见表9-15）。

表9-15 全面认可评价激励方式

激励类型	激励模块	激励项	具体方式	积分兑换规则
精神激励	高层激励	总裁座谈会	年度或半年度总裁座谈会	抢购，员工用一定积分兑换座谈会入场券

续表

激励类型	激励模块	激励项	具体方式	积分兑换规则
精神激励	高层激励	副总以上领导接见员工家属并交流	领导在公司接见员工家属，双方良好交流	竞拍或抢购，名额有限，先到先得
		副总以上领导午餐会	副总以上领导在午餐会的30分钟时间就员工所关心的问题进行交流，话题包括职业生涯分享、工作技能提升以及员工关心的其他问题等	竞拍或抢购，员工需要将关心的话题提前以提纲的方式提交综合办审核
	荣誉激励	优秀员工表彰	张贴荣誉榜；内刊发表及外刊发表；电脑屏保、楼宇电视等媒体展示；公司年度表彰会	参照月度、季度、年度积分排名情况
物质激励	康养激励	短途旅游	员工免费集体外出旅游	抢购，员工用一定积分兑换短途旅游机会，因人数未达到要求活动取消时，积分自动返还
		调休	员工用一定积分兑换调休券	员工使用调休券时，需所在部门或分公司领导签批
	实物激励	购物券	超市购物券、折扣或免费电影票、演艺活动门票、洗车券、餐厅优惠券等	竞拍或抢购
		测试产品试用	员工以一定积分抢购公司测试产品并进行试用	员工以一定积分抢购公司测试产品，根据要求写好测试报告后，将给予一定额度的积分返还

续表

激励类型	激励模块	激励项	具体方式	积分兑换规则
物质激励	实物激励	高价值、高吸引力的商品	不定期提供高价值、高吸引力的产品	竞拍，出价最高者得
		公司自有商品	在销品、库存促销品	抢购或竞拍
		其他商品	日用品等	抢购，数量有限，先到先得

4. 信息系统支持

寻找试点单位，测试系统运行是否良好。测试期间，主要看积分的认定和积分的给予是否及时，在审视信息化系统运行的同时，也应注意审视系统运行的内涵，即认可评价及认可资源的规则。

（二）基于"员工+客户"的双认可评价模式

目前业内有对于"员工+客户"的双认可评价模式的探索。具体要点如下。

1. 客户认可评价模式

在原有六大认可模块中加入客户认可评价模块。

在客户认可评价中，有两种方式较为常见：一种是"打赏"，客户在享受员工提供的服务时，可以以"现金""点赞"等形式给员工认可评价。"现金"的认可评价，一般由员工自行支配；"点赞"的认可评价，可以按周期进行内部评比，给予精神和物质激励。

另一种是"小红花"，每位员工在公司内外部客户服务中可获得"小红花"认可奖励。

2. 双认可模式

在全面认可评价体系中引入客户认可评价，通过客户认可评价激励系统的建立，让员工服务好客户，让客户成为"员工"，让客户吸引客户。

客户认可评价一般包括两类认可评价：

一类是客户消费认可。通过对客户的消费行为进行认可，将客户变成"员工"，体现企业全方位营销策略，提高会员和顾客价值。被认可的客户将在系统内获得积分返还，可以抵用现金，也可以继续消费。

另外一类是客户推荐认可。通过对客户推荐行为进行认可，延展客户的认可范围。同时可以帮助企业拓宽产品与服务的消费渠道，为更大范围的客户提供认可评价激励，打造品牌影响力。

四、全面认可评价思路下的企业实践：以"幸福企业""游戏职场""荣誉体系""积分制"为例

针对员工的类型和需求偏好，管理者要制定相应的管理方式，并最终形成灵活、多样、个性化的评价激励方式。

(一) 制造幸福：产业工人的认可评价激励方式

对于操作类辅助型员工，由于其岗位形式的规范化、流程化，全面认可评价的思路要从另外的角度出发，通过"幸福企业"和"幸福社区"的打造，给予员工真诚的关爱和爱护，同时对员工提出专业的要求，以使得企业能够持续发展。

苏州固锝是国内最大的二极管制造商，其董事长指出，企业应当为社会和谐以及员工的幸福而存在，而不仅仅只是为了创造经济效益的单一目标。由此，固锝的愿景确立为构建"幸福企业"。具体而言，固锝"幸福体系"包括八个模块（见表9-16）。

表 9-16　固锝"幸福企业"八大模块

人文关怀	困难员工基金、幸福领班、知心姐姐、准妈妈关怀、幸福午餐沟通会、爱心车队、幸福理发师、离职员工座谈会、领班关爱基金
人文教育	圣贤教育、礼仪讲座、孝亲电话、好话一句分享、家庭日、读书会、生日会
绿色企业	绿色设计、绿色采购、绿色制造和绿色销售
健康促进	设立医务室、完善员工健康档案、开展健康培训
慈善公益	关爱儿童、关爱老人、社区关怀、弱势群体关怀
志工拓展	志工培训、志工体验日、志工护照、志工统一服装和标志、《志工管理条例》
人文真善美	通过文字、图片、影像把爱的足迹记录下来，为"幸福企业"书写历史，为"幸福企业"的复制提供借鉴资料
敦伦尽分	恭敬心、精益管理、经费减半、销售倍增、我爱我设备、金点子、答案在现场

在"幸福企业"八大模块的基础上，固锝的福利体系也相当完备（见表 9-17）。

表 9-17　固锝公司福利体系

对员工子女的关爱	入当地公办学校就读、少儿医保费用报销、教育基金、独生子女费
员工关爱	生病住院员工关怀、员工或家属急难关怀、幸福宝宝关怀、老人关怀、特困家庭和重大疾病员工或家属关怀、员工直系亲属往生关怀、当地公立医院"固锝绿色通道"、领班关爱基金、员工工龄续接（针对再次入司的老员工）、准妈妈关怀
补贴	餐贴或免费工作餐、夜班补贴、星级补贴、工龄补贴
公司额外福利	庆生会、结婚庆贺、生子庆贺、节庆慰问、年货、工会会员福利、红包、奖金
提升性培训福利	带薪在公司内外部培训、优秀员工特别福利（携家属旅游度假）

续表

法定福利	全员缴纳社保、部分员工缴纳商保（针对派遣员工）、带薪年休假、住房公积金
间接员工福利	车贴、工作手机等

"幸福企业"不是一个概念，它要深植于企业的方方面面，从文化到制度，只有经过系统的思考和持续的改进，才可能构建出商业与人和社会的和谐共生。

（二）游戏职场：工程师的认可评价激励方式

针对知识型员工，提高工作本身的乐趣，让工作成为工作最好的回报。

1."游戏化管理"的含义

新时代背景下，经济报酬作为保健因素，无法提高员工的工作满意程度，于是，如何从激励因素角度出发，提高工作本身的挑战程度和趣味性，成为管理者需要解决的问题。

应在组织管理层面，通过行为以及相关的认可回报，最终实现行为模式的固定和养成，从而将工作本身变成工作最大的乐趣和回报。

哈佛商学院教授凯文·韦巴赫（Kevin Werbach）首次提出以游戏化思维进行企业管理的概念，"游戏化管理"正式开始受到人们关注。游戏化管理是指在非游戏情境中，使用游戏元素和游戏设计技术，以达到激励员工、提高工作参与程度和趣味程度的管理目的。

英国学者汤姆·查特菲尔德（Tom Chatfield）经过大量实证研究，总结出游戏化管理的七大激励方式，对游戏化管理运用到企业管理实践具有借鉴意义（见表9-18）。

仔细研究不难发现，游戏同现实中的组织场景多有相通之处（见表9-19）。

表9-18 游戏化管理的七大激励方式

激励方式	含义	理论依据
明确的成长路径	用经验值度量进程，随时追逐进度，在不断战胜自我、不断肯定自我的过程中获得成就感	强化理论、目标设置理论
短期目标与长期目标相结合	把任务分割为可计量的短期目标和长期目标，并同获利挂钩，提高目标意识和过程管理意识	目标理论、期望理论
正向激励，避免负向激励	奖励成就，不惩罚失败；正向反馈激发积极性，负向反馈降低积极性	学习理论、期望理论
及时反馈	及时满足需求，及时评价，及时改善行为	学习理论、强化理论
不确定性，增强激励效果	创造不确定性惊喜，持续提供巅峰体验，增强参与意识，降低激励效果的边际递减效用	需求层次理论、期望理论
提高组织归属感	合作提高组织归属感和组织认同感，提高社交黏性和交互性，提高组织黏度	社会人假设、需求层次理论
自主化氛围	充分的自由度，适合创意性人才所需的创新必要条件	知识性员工、创新理论

表9-19 游戏与现实组织场景比较

游戏场景	现实组织场景
游戏中的玩家	组织中的个体
经验值	企业管理中的绩效考核
荣誉勋章或游戏等级	岗位等级和职务等级
游戏中的任务	企业经营中的目标
玩家所得回报：金币、愉悦感、等级	企业个体回报：奖金、职位晋升等
游戏中的社区	企业中的组织社会化

不少知名企业已开始探索"游戏化管理"的应用。例如，Target 超市把结账工作转化为刺激的积分竞赛，鼓励收银员提高结账速度和累积成功率。思科公司设计了一款游戏，鼓励全球销售人员帮助游戏中的女士解开其父亲遗物中的谜团，从游戏中熟悉公司的产品并建立合作关系。盛大公司根据游戏规则设计晋升体制，员工就像打游戏通关一样，在某一层级的分数积满就可以晋升。

2."游戏化管理"的具体方式

目前国内的"游戏化管理"模式主要借鉴游戏规则中的经验值管理系统，将员工的激励诱因（奖金、晋升、加薪等）设定为员工的奋斗目标，以此强化员工的工作动机，并通过经验值管理系统将目标进一步明晰化，使员工能够根据经验值的高低，实时判断目标的可实现程度，从而便于控制自我激励的过程。

"游戏化管理"要从满足员工的需求或实现员工的期望值入手，不断跟踪、强化员工的工作行为，实现员工所追求的目标，在管理过程中，有效激发员工的潜能，通过实时激励、即时反馈，将激励方式由被动激励改变为主动激励，提高工作本身的乐趣（见图 9-1）。

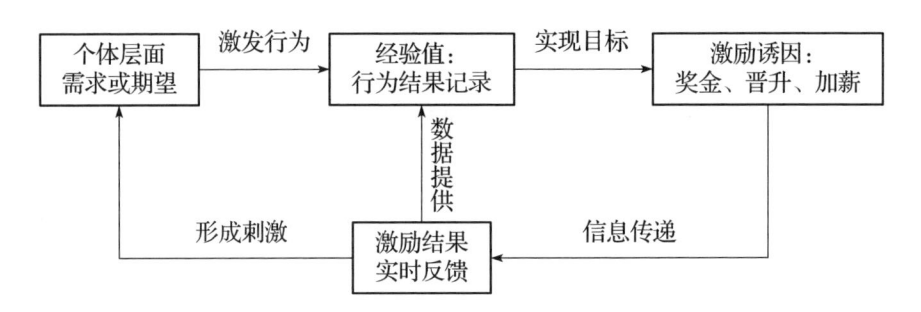

图 9-1 "游戏化管理"模式的激励过程

构建游戏化管理体系需要以下六个步骤：

（1）明确商业目标。

商业目标可以是绩效层面的，如达到何种财务指标，也可以是客户层面的，在目标设置过程中，管理者可以借鉴平衡计分卡的具体做法。

（2）锚定目标行为。

任何符合组织价值观念、能够促进组织战略目标实现的员工行为，都应该被提倡、被鼓励、被认可。

（3）员工纳入体系。

按照部门、业务条块、专业岗位等的特点，将员工纳入游戏化管理体系，同时让员工知晓系统运行的规则和逻辑，以及倡导和鼓励的行为。

（4）制定活动周期。

同绩效考核一样，游戏化管理也讲求时效性，除了明确目标，也要明确游戏化管理的时间节点，在明确的活动周期内提升员工的效率意识和紧迫感。

（5）提高工作乐趣。

游戏化管理的精髓在于提高工作乐趣，让工作成为工作本身最大的乐趣，这就要求在提高刺激性和成就感的管理目标实现之前，尽力提高工作的过程乐趣，让工作像游戏一样能提高心理愉悦感。

（6）采用合理措施。

形式也是一种内容，采取必要的管理手段，提升员工的参与程度，如积分奖励化、积分拍卖、时间拍卖等灵活管理措施。

3. 盛大集团的"游戏化管理"模式

盛大集团是一家领先的互动娱乐媒体企业，其"游戏化管理"模式是一套企业组织和人力资源管理系统，该系统将游戏中用户的体验通过真实的环境进行还原，围绕企业发展的战略目标建立起一个经验值管理系统，采用实时记录的方式，让所有员工犹如在游戏中"打怪"一样完成自己的工作，员工平时的表现和工作业绩都将被其经验值记录下来。盛大集团"游戏化管理"模式的核心是经验值管理系统，这是一套相对独立的评价与激励系统，经过科学的设计与设定，该系统全面改造了员工的个人发展及工作汇报体系，真正调动起员工的积极性、主动性和创造性。

（1）系统划分 1～100 的 SD 职级：每一个岗位都有一个对应的 SD 职级，每个 SD 职级都有一个对应的经验值，相邻的两个 SD 职级之间的经验值具有一定的差值。依据自己的 SD 职级，员工可清楚知道自己的经验值，以及晋升到上一个 SD 职级所需要的经验值。

（2）起始经验值：新员工进入公司后根据其任职岗位确定的职级及经验值。

（3）年度起始经验值：员工在考核年度结束时的总经验值，也是下一年度经验值的起点。

（4）岗位经验值：以年度为单位，年初公司依据每个岗位价值、贡献预设岗位经验值范围，员工在岗位上工作满一年后，经过考核获得的最终的岗位经验值。

（5）项目经验值：由项目本身产生的价值所决定，根据项目的级别（公司级、事业部级、中心级）由公司相关业务管理中心预设经验值范围标准。项目完成后，通过考核确定参与并完成项目的员工获得的经验值。

（6）经验值系统给予员工完全自主设计发展的空间，只要经验值达到相应职级的标准，员工即可自动晋级或晋升。

（7）晋升：员工每上升一个职级大类，称为晋升。每个岗位不仅必须达到晋升职级大类所需要的经验值，还必须满足晋升职级所需的岗位认证条件。

（8）晋级：每个职级大类范围内，依据职级标准确定的不同经验值达标范围，只要经验值达到即可自动晋级。

（9）系统内建立了双梯发展模式，即专业岗位序列和管理岗位序列。前者指以岗位所需专业经验、技能为主而设定不同的职级大类，包括初级、中级、高级、资深、研究员、高级研究员、资深研究员、专家、高级专家、资深专家、首席专家。后者指岗位职级不仅根据专业经验和技能设定，还要求具备一定的管理能力，承担管理职责，该序列的职级大类包括：主管、副经理、经理、助理总监、副总监、总监、助理总裁、副总裁、高级副总裁、资深副总裁、总裁、首席执行官。

4. 企业进行"游戏化管理"时的注意事项

游戏化管理使组织对于员工的激励过程变得充满乐趣，同时，促进员工的自我激励和自我管理，提高个体成就感，实现了员工个人价值和企业价值的有效融合。企业在进行游戏化管理尝试时，要时刻注意以下问题：

（1）结合实际，按需索取。企业要结合企业实际、员工特点和文化特性等自身特点，设置相应的游戏化管理规则。

（2）"游戏性"与"功能性"兼具。游戏化管理的精髓在于借鉴游戏的娱乐性和吸引力，然而过程的娱乐性不能忽略管理目标导向性，因此游戏化管理只是管理的一种手段、工具和技术方法。

（3）要及时反馈，并注重公平。游戏化管理的即时反馈，能够精准及时地统计出参与者的行动、能力、任务进展程度。

游戏化管理要求管理者像游戏设计师一样，改变传统的管理方法和工作习惯，增强工作的趣味性和参与感，提高工作的挑战性和成就感。传统的人力资源管理是促使员工为企业创造价值，继而企业进行价值评价和分配。而游戏化管理将员工作为独立的个体，承认员工的个性化和差异化，通过良好的管理方式来让员工驱动企业，当员工的个人价值不断提升之后，自然会带来企业价值的提升。

（三）荣誉体系建设：企业认可评价激励的新方式

荣誉评价是绩效评价的一个重要方面，包括文化荣誉评价、专业荣誉评价和经营荣誉评价，荣誉评价的主要作用是树立突出典型，并以激励的形式进行彰显。

荣誉管理的激励形式有别于绩效管理，绩效管理对员工的激励通过绩效工资实现，荣誉管理的激励则通过荣誉奖金和荣誉称号来实现。

荣誉的普及度不宜过高或过低，在每个评选周期中应控制在5%～

15%，荣誉的泛泛化容易使其丧失激励作用。

荣誉奖项示例如表 9-20 所示。

表 9-20 荣誉奖项示例

荣誉称号	荣誉标准
最佳合作意识奖	热心助人，多次主动协助其他同事的工作；以团队利益为重，为了团队目标，主动承担有难度、有风险、不易彰显的工作
最佳合作贡献奖	团队配合度符合标准，个人贡献突出
最佳合作智慧奖	有潜在管理能力，具有多赢思维模式，团队配合中能智慧地协调多方利益，辅助团队领导完成组织工作
最佳服务团队奖	针对管理支持类部门，为一线提供帮助，业绩突出、效果明显
"赢"团队	针对业务部门，业绩突出、取得最优绩效的部门
恪尽职责奖	爱岗敬业，出色完成本职工作，受到客户或者下级部门肯定和赞扬
最佳学习分享奖	热爱学习，并将自己学习心得分享给同事
自我驱动者奖	超越领导的要求，完成上级交代的任务之外，交付更多有价值的工作结果（包括业绩或非业绩的有价值的工作）
最佳引领奖	审时度势，根据市场或者公司内部新变化、新需要，及时提出解决方案或合理化建议，带来实际效果
最佳客户研究奖	主动研究和总结客户特点及需求，并分享给同事，对工作起到帮助作用

荣誉宣传方式如表 9-21 所示。

表 9-21 荣誉宣传方式

奖项类别	宣传方式
事业部奖项	给家人发贺信
	组织召开经验交流会
	内部媒体（网站、报纸、移动电视、OA 等）宣传

续表

奖项类别	宣传方式
经营部奖项	给家人发贺信
	组织召开经验交流会
	内部媒体（网站、报纸、移动电视、OA等）宣传
	部分优秀案例编入培训教材
公司总部奖项	部分优秀案例制作视频短片
	给家人发贺信
	组织召开经验交流会

在荣誉体系完善之后，还需要明确考核标准的设计、荣誉评选流程和方法的设计、荣誉颁发和应用的设计等。

（四）积分制管理：全面认可评价的新实践

1. 积分是什么

积分是认可评价激励的数据载体和表现形式，在管理上的认可行为通过积分的生成、发放和赠予得到最直接的表达。

积分作为一种数据，一方面记录了员工的成长历程，另一方面可以供管理者进行分析应用。

积分分为固定积分和变动积分。固定积分具有周期性，积分赠予的时间和数值都较为稳定。变动积分具有动态性，赠予的时间和积分值都比较灵活。

2. 积分的生成来源

在全面认可评价体系中，工作任务认可、合作认可、服务认可、文化标兵、突出贡献认可、管理改进认可、客户忠诚认可、员工成长认可等都可以获得积分。

3. 积分管理的系统架构

（1）认可评价平台。

积分管理的系统框架包括认可评价平台，是积分生成的平台，根据认可规则，及时对员工进行认可评价，生成认可积分。

（2）积分展示平台。

积分生成后，进行积分和认可动态展示，员工可以基于认可评价与激励结果进行沟通交流。

（3）积分兑换平台。

员工可以根据积分类型差别、企业需求及员工个人需求自主选择在兑换平台上"消分"。

（4）积分管理平台。

对企业整体的认可评价激励状况及积分兑换状况，可以通过该平台进行查看和管理。

4. 积分信息系统的职责分布

（1）后台管理者负责账户管理、积分管理、预算、审核、统计和积分兑现。

（2）部门管理者负责查看部门员工积分排名、员工积分统计等。

（3）个人中心显示个人的账户积分月、积分排行、社交动态信息、账户积分动态等。

（4）账户管理中心负责固定积分和变动积分的管理，同时提供充值记录查询和消费记录查询。

积分制管理只有和全面认可评价激励体系融合在一起，才能在企业实践中产生价值。

10

第十章

360度评估反馈与组织协同价值

一、360 度评估反馈概述

(一) 360 度评估反馈的含义

360 度评估反馈（360 degree feedback）是一种行为导向的绩效评估方法，指从与被考核者发生工作关系的多个主体那里收集信息，对被考核者进行全方位、多维度的绩效评估，再将考评结果反馈给员工，帮助员工了解自身在哪些绩效维度上存在不足，以塑造员工行为，提高工作绩效。360 度评估反馈的出发点就是从不同层级、组织内外的工作相关者那里收集反馈信息，以期达到评估客观、全面、可靠的目的。

360 度评估反馈中工作相关者包括：来自上级监督者的自上而下的反馈（上级）；来自下级的自下而上的反馈（下级）；来自平级同事的反馈（同事）；来自组织内部的支持部门的反馈（支持者）；来自组织外部的客户的反馈（服务对象）；以及来自本人的反馈（自我）。360 度评估反馈中的相关关系如图 10-1 所示。

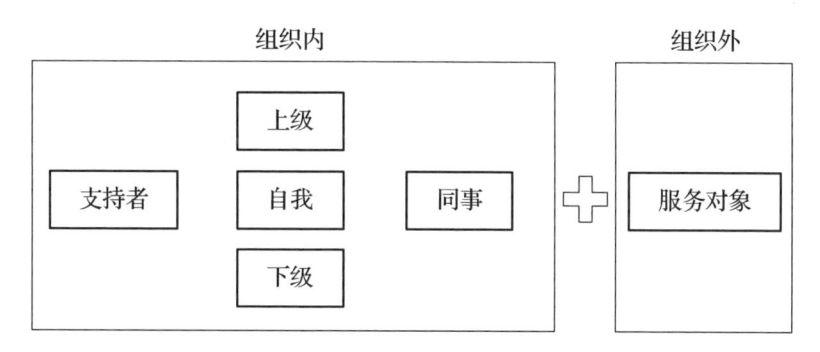

图 10-1　360 度评估反馈中的相关关系

(二)组织变革大潮下,360度评估反馈的诞生恰逢其时

20世纪末,组织外部环境及内部管理条件发生变化,环境的不确定性增强,知识型员工成为企业竞争的重要因素,组织与管理均面临着适应外部环境、整合内部资源的双重命题,组织变革势在必行。360度评估反馈的提出有其特定的时代背景。

1.组织结构从机械化向有机化发展

随着20世纪中后期组织外部环境愈来愈复杂,以及信息技术的发展,组织结构从过去工业时代的机械化向信息技术时代的有机化发展,组织结构特点逐渐呈现低复杂化、分权化、低正规化,组织以灵活、柔性来适应外部竞争激烈的环境。

组织结构的变化要求管理方式随之变化,过去绩效考核主要从直接上级角度开展,具有自上而下、权威性、单一性的特点;而有机化的组织结构意味着横向联系加强,管理者无法完全控制和全方位了解员工的绩效过程及结果。360度评估反馈应运而生,通过多渠道、全方位评估,员工能够加强与利益相关者的沟通与联系,增强自主性。

2.客户需求多元化、个性化

工业时代组织成功的商业模式有赖于规模经济效应,充分发挥经验曲线作用,体现为大规模生产、大规模分销,此时的客户需求更多是简单地解决从无到有的问题,企业竞争要素为成本低、质量优、供货快等。

随着技术革新、社会经济发展水平提高,市场需求逐渐多元化,买方市场强化。顾客价值是企业的立身之本,需求的变化要求企业必须高度重视客户反馈和满意度。而绩效是企业管理的指挥棒,指标定在哪里,资源、能力、行为就跟到哪里。360度评估反馈中引入客户反馈,引导员工在工作中为客户负责,提高客户满意度。

3.知识型员工要求自我管理

知识型员工具有相应的专业特长和较高的个人素质,具有实现自我价值的强烈愿望,高度重视成就激励和精神激励,重视自主性和创造性,

表现出个性化，其工作过程难以监督控制，工作成果不易直接衡量与评价。

360度评估反馈从多个维度取得对员工工作过程与结果的反馈，有利于知识型员工获得工作评价信息，了解他人眼中的自己，改善自身行为，帮助自我实现与发展。

（三）360度评估反馈的管理学理论依据

管理学理论的突飞猛进促进了360度评估反馈的成熟。

1. 需求理论强调员工对发展的需求

员工需求是组织变革的动力之一，也是激励机制的设计基础。组织成员注重自己的职业生涯规划与发展，追求自我价值实现，这符合马斯洛需求层次理论、ERG理论。此外，工作本身是员工满意度的激励因素，来自工作相关的反馈能够提高员工满意度，从而提升绩效水平，这符合赫茨伯格的双因素理论。

2. 巴纳德的组织理论对协作的强调

巴纳德（Barnard）认为，组织具备三个要素：共同的目标、合作的意愿、沟通的机制[①]。组织是一个由多个个体相互协作构成的系统，个体目标只有与组织目标统一起来才能发挥最大效用。360度评估反馈体系能够将基于组织共同目标的行为要求、能力要求、价值观要求等落实为员工的考核指标，使员工按照组织期望的方向努力，从而将个人目标与组织目标协同起来。

3. 麦克利兰胜任力理论对360度评估反馈提供内容

麦克利兰（McClelland）提出胜任力的概念，认为在特定的组织环境与工作岗位上，一些可观测、可衡量的个性特质、行为特征可以区分绩效优秀者与绩效一般者。这些素质、能力特征、行为特征为360度评估反馈提供了可以使用的考核内容与指标。

[①] 切斯特·巴纳德. 经理人员的职能. 王永贵，译. 北京：机械工业出版社，2013.

(四) 360度评估反馈的优势

360度评估反馈产生后得到迅速发展，被越来越多的企业所采纳，这正是由于其相比于其他管理工具具有以下突出的优势：

1. 明确优秀绩效的行为要求

360度评估反馈的指标来自三个方面：第一，企业文化、价值观对员工行为的要求；第二，组织战略实现对员工的能力、行为要求；第三，指向优秀绩效的胜任力对员工行为的要求。

优秀绩效指的是员工与组织工作的结果，但直接考核结果存在滞后性以及不可控制性、不可预测性，因此，通过引导员工的行为，使其做出符合优秀绩效要求的行为，这成为过程性绩效考核的主要目标。

360度评估反馈能够连接起组织战略、组织文化、胜任力与员工行为，即使员工在不了解组织整体目标的时候也能做出正确的行为。其理论模型如图10-2所示。

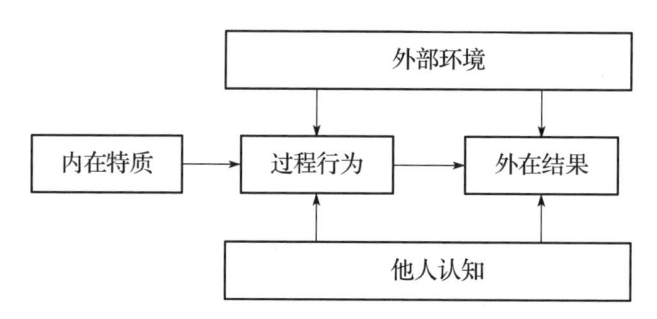

图10-2　360度评估反馈理论模型

2. 诊断、发展领导力

领导力是指影响和激发他人，将组织目标与个人目标相统一，最终促进个人发展，达成组织目标的过程。借用冰山模型的概念，领导力可分为水面下和水面上两个部分。水面下为价值观、特质、动机等深层次的素质，不容易发现且不容易发展。水面上为知识、技能等，容易发现且容易发展，是高绩效的必要条件。360度评估反馈通过将卓越领导力行为化，给各级管理者一个明确的导向，即"为了提升领导力，我应该如何做"。领导力是一个双向的过程，不仅仅是自上而下的下达指令，更强调领导者能够激发员工的内在动力，即必须衡量领导者对员工的影响力如何。360度评估反馈提供了员工反馈的渠道，达到让领导者"照镜子"的目的。

由于"自我服务归因"等心理效应，人们对于自我的认知往往与真实状况存在偏差。美国社会学家查尔斯·库利（Charles Cooley）提出"镜中我"理论，认为人的行为很大程度上取决于对自我的认识，而这种认识主要是通过与他人的社会互动形成的，他人对自己的评价、态度等是反映自我的一面"镜子"，个人通过这面"镜子"认识和把握自己。

领导者以利益相关者的反馈作为认识自身领导力的"镜子"，才能知道自身不足，才能客观、真实地反映自身领导力的状况。知得失才能找到差距，找到差距才能采取正确的方式开发、培养自身领导力。

3. 促进员工参与

德鲁克在其目标管理理论中提出，组织各级管理者应该与员工通过沟通共同制定目标，在此过程中不仅为员工提供了表达意见的机会，促使组织与个人的目标达成一致，而且员工参与管理本身就是一种激励行为，能让员工感受到组织对于自身意见的重视。在360度评估反馈的内容确定、考核反馈过程中，通过广泛征求员工意见，使员工参与反馈，不仅能够使企业文化、价值观深入员工的内心，使员工对于"应该做什么，应该怎么做"达成共识，而且能够提升员工对于组织的承诺，起到自我管理、自我控制、自我激励的作用。

4. 促进沟通，形成开放、追求卓越的组织氛围

中国人民大学彭剑锋教授认为，不论是360度评估反馈还是其他绩效管理工具，其有效实施的生命线都在于沟通。360度评估反馈前，充分的沟通能够使组织上下对于战略目标、战略执行达成共识。360度评估反馈后，沟通和反馈促使全员对于做得怎么样达成共识，共同寻找待改进之处，从而改善行为，形成你追我赶、共同进步的组织氛围。

5. 促进协同，形成良好的内外部客户关系

组织存在的价值在于为客户创造价值，组织中各部门的价值在于为组织整体创造价值。传统组织在经营上以产定销，对市场需求缺乏敏感性；在管理上各职能部门之间从自身专业出发，出现本位主义。这种经营与管理方式已经无法适应时代的要求，组织的本质在于通过分工与协作来发挥整体效应。

360 度评估反馈由于加入了客户等外部利益相关者的评价，加入了组织内工作相关者的评价，将绩效考核的指挥棒指向为客户服务、为客户创造价值。

滴滴出行的乘客满意度评价体系使得其平台上分散、相对独立的司机能够积极为客户服务，通过提升客户服务质量来获取自身利益。

华为的周边协同评价由于加入了相关部门的评价，引导各部门及员工将其他部门作为内部客户，以内部客户需求为出发点开展工作，破除了"部门墙""流程桶"的桎梏，形成"胜则举杯相庆，败则拼死相救"的共同奋斗文化。

二、360 度评估反馈的实践困境与未来应用趋势

（一）360 度评估反馈的实施困境

归纳来看，360 度评估反馈在实践过程中的困境主要有以下五个方面：

1. 文化适应性

在企业管理实践中，员工将人际关系，尤其是与不同权力层级之间的关系视为影响自身晋升、在组织内发展的重要因素。这使得在进行 360 度评估反馈时，员工碍于人情，无法客观、真实地提出意见，更多倾向于给出一个"安全的、不会出错"的评价。360 度评估反馈的效果

大打折扣。

企业文化同样对360度评估反馈的实施效果有较大影响。员工对于批评是闻过则喜还是耿耿于怀与公司文化、机制关系密切，360度评估反馈的成功实施必须建立在信任、坦诚、开放的文化基础上，公司应该有批判与自我批判的价值观与机制。在一个保守的文化环境中，员工拒绝承认问题、拒绝变革，众人一团和气，此时实施360度评估反馈只是走过场，既不能真正评估出绩效优秀与一般者，也不能发现问题。

2. 多维反馈的准确性

360度评估反馈的设计初衷是通过多个反馈渠道力求反映员工的全面、真实绩效情况，然而在实施过程中如何界定和选取考核主体成为一大难题。部分企业在选取考核主体时单纯从方便性考虑，在上级、下级、同事、客户各个维度随意指定评估人，而非根据考核内容、考核指标选取工作相关人，这容易导致所搜集到的信息针对性不强，出现"应付评价"。由此，360度评估反馈考核结果的信服力受到影响，成为其成功实施的一大困境。

3. 以360度评估反馈代替其他考核工具

某些企业在实施360度评估反馈时存在对其结果运用的误区，将360度评估反馈等同于传统的绩效考核，把从360度评估反馈搜集到的信息直接与员工的奖罚和晋升挂钩。实践证明，当360度评估反馈是为员工绩效的改善和职业发展服务时，评估的效果比较理想；而将360度评估反馈搜集到的信息与员工的奖惩或者晋升联系在一起时，就容易造成考评结果失真。如有的员工出于部门利益和个人利益的考虑而利用考核以泄私愤，并保护自己。尤其当企业实行末位淘汰或强制分布时，360度评估反馈更会强化这一趋势[①]。

此外，从成本控制的角度来看，对于生产型和销售型的职位没有必

---

① 仇勇，张耕墨，李征. 360度绩效反馈的本土实践困境与应用对策. 中国人力资源开发，2014（18）：25-29.

要使用 360 度评估反馈。此类职位由于本身具有明确的考核指标，如产量、质量、销售量等，绩效结果易于量化，不需要采用 360 度评估反馈。不考虑职位特征，将 360 度评估反馈用于所有职位，必然会增加管理成本，无异于画蛇添足。而职能类或研发类职位，由于考核指标不清晰、难以量化，所以适合采用 360 度评估反馈。

4. 只考核不反馈

360 度评估反馈只是一个管理工具，而非管理的目的。在实施过程中很多企业为了考核而考核，考核结束后就将考核资料束之高阁，甚至极力隐瞒结果，仅仅将 360 度评估反馈得分用于奖惩，而不对评估中出现的问题进行反馈。加之多源反馈本身的准确性与客观性存疑，员工的工作相关人未必能真实、准确反映其工作状况，以此得出的结果来决定员工的晋升、奖金等奖惩，这引来员工对 360 度评估反馈怨声载道。管理者同样对考核工作满意度低，认为 360 度评估反馈徒增管理成本，费事耗力还导致内耗。

5. 打分结果中庸化

360 度评估反馈用于考核时，得分较高的往往是不做事、不出错、不得罪人的"老好人"，而能力突出、业绩突出的员工可能由于个性突出反而得低分。这种被异化的考核结果容易在组织中形成一团和气、抑制创新的氛围。显然，对于需要集中力量抓住机会的初创企业而言，360 度评估反馈的这种弊端将更加凸显。

6. 考核主体权责不对等

360 度评估反馈是一种权利，尤其是当评价结果用于员工奖惩与晋升时。员工的多个工作相关者参与对其绩效的评价，包括上级、同事、下级、外部客户等，其中只有直接上级真正对其绩效结果负责任，其他工作相关者并无直接责任。权责的不对等，尤其是有权无责时容易导致对权利滥用，不排除用于打击报复，使 360 度评估反馈沦为内斗的工具。

(二) 360 度评估反馈的适用性

以上实施困境是否意味着 360 度评估反馈果真如有些人所言是一个"美丽的谎言"？答案是否定的，关键是看在什么情况下采用 360 度评估反馈，以及如何正确实施。

1. 从目的看，360 度评估反馈适合用于人才管理而非用于奖惩

彭剑锋认为企业就是经营客户与经营人才，最终是经营人。为实现企业目标，管理者必须持续不断地进行人才发展，支撑战略落地。华夏基石提出人才发展的 SOP 模型，帮助企业对人才管理进行系统思考。人才管理包括人才定义、人才测评、人才选拔、人才培养、人才任用五大环节（见图 10-3）。

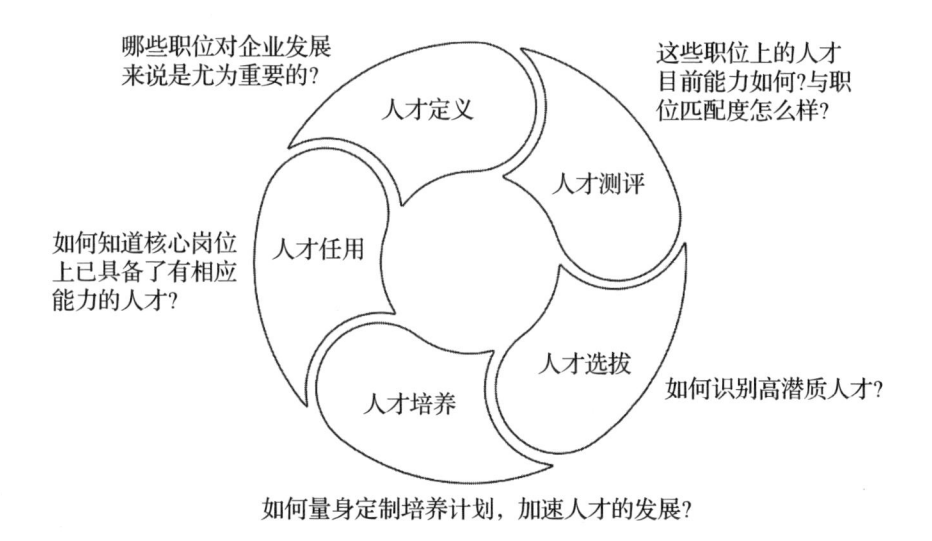

图 10-3 人才管理五大环节

360 度评估反馈通过全方位、多维度的工作相关者的评估与反馈，帮助企业进行人才管理：

（1）360 度评估反馈可用于人才测评与选拔环节，筛选出符合企业文化、价值观，能力与业绩俱佳的人才。很多企业的干部评价只有绩效

评价，把业绩好但领导力欠佳的人员提拔为领导干部，结果导致企业失去了优秀的专业人才，却培养出了三流的领导干部。针对人才评价尤其是管理者评价不完善的问题，360度评估反馈可有效诊断和衡量领导力。

（2）360度评估反馈用于人才培养，诊断人才能力现状。一方面通过"照镜子"提出培养需求，指导企业人才培养工作的实施、评估。另一方面，通过结果反馈使得被考核人了解自己工作过程的全貌与不足，提升自我认知，从而加以改进。

（3）360度评估反馈可用于人才任用的考核工作。绩效可分为任务绩效与周边绩效。任务绩效是指所规定的行为或与特定的具体职务的工作内容密切相关的，同时也和个体的能力、完成任务的熟练程度和工作知识密切相关的行为。周边绩效是指与绩效的组织特征密切相关的行为或非特定的工作有关的行为。简而言之，任务绩效就是员工通过自己行为达成结果，周边绩效就是员工做出行为使得他人和组织达成结果。任务绩效固然重要，但组织是一个不同个体协作构成的整体，只有发挥"1+1+1>3"的协同作用，组织才有存在的价值。360度评估反馈是开展周边绩效考核的重要手段和工具。

2. 从生命周期看，360度评估反馈适合成熟期

从企业发展生命周期层面来看，360度评估反馈有一个前提条件就是"三稳定"，即企业的战略相对稳定、组织架构相对稳定、人员相对稳定，因此适用于处于成熟期的企业。处于初创期的企业，人员配备不够完善，上下级等工作关系并不十分明确，且企业规模较小，不适合使用360度评估反馈。处于成长期的企业，其最大的任务是拓展业务以谋求迅速发展，此时企业内外部情况变化很快，人员不稳定，无法实现基于长期绩效改进的360度评估反馈。而处于成熟期的企业，其战略目标、组织结构以及员工队伍相对稳定，比较适合使用360度评估反馈。当企业处于变革期的时候，组织需要打破常规，建立新的组织结构与运行机制，在此过程中组织会经历一个"解冻—变革—冻结"的过程，变革非

一朝一夕，尤其有赖于员工价值观、行为的双重转变，在此阶段同样不适合采取360度评估反馈。

3. 从企业文化看，360度评估反馈以批判与自我批判精神为基础

要成功实施360度评估反馈，必须要有相适宜的企业文化。虽然360度评估反馈立意甚佳，但并非所有的企业都适合。

360度评估反馈的成功运用是建立在信任、坦诚、开放的企业文化的基础上的。员工应勇于自我否定，能直言不讳地批评别人，也善于听取来自各方面的意见。而在缺乏相应企业文化基础的情况下，员工通常不愿意批评别人，也不容易接受别人直接的批评，不愿意袒露自己的真实想法，对360度评估反馈方式在心理上难以接受。如果一个企业的文化是重视员工意见与参与，也重视员工的职业生涯发展，则导入此项制度后，可以获得来自不同的角度的评价，帮助员工个人的成长。而一个内部沟通不多、环境封闭保守的企业实施360度评估反馈就很有可能得不到预期效果。

4. 从管理基础看，360度评估反馈需要与结果性绩效考核相配合

360度评估反馈面向过程与行为，主要为定性考核，它与结果性绩效考核不是替代的关系，而是互补的关系。绩效是员工和组织的工作结果，有效果和有效率仍然是其主要衡量标准，定量为主、定性为辅。因此，企业实施360度评估反馈的前提是有一套基于结果考核的绩效管理工具，例如KPI或者平衡计分卡等，在此基础上考虑到员工绩效结果的多因性、多维性，加入360度评估反馈予以补充和完善。

（三）360度评估反馈的未来发展趋势

近几年来随着企业外部环境的变化，组织管理日益推陈出新，360度评估反馈除了构建立体的绩效考核体系外，也在实践中担当起新的角色，本书从中概括出三大功能，也可称之为三大未来发展趋势。

1. 促进领导力发展

领导力归根结底是一种通过影响别人达成组织目标的能力。领导力关系到组织能否整合独立的个体，发挥整体效应。领导力发展包括构建领导力模型、现状诊断与测评、领导力开发等环节。360度评估反馈在各个环节均发挥着不可替代的作用，首先，360度评估反馈将领导力模型行为化，给各级管理者一个明确的指引，"要提升领导力我应该从哪些方面如何做"；其次，360度评估反馈参与领导力的盘点与评估、引发管理者自省和改善自身行为；最后，360度评估反馈加强了管理者的参与度，使其感受到组织的培养与重视，这也是一种激励。

2. 形成良性内部客户关系，促进战略协同

传统科层制组织，无论是单一制的组织结构、职能制的组织结构还是事业部制的组织结构，其本质上都是一种集权的结构，信息的传输和权力的指挥链都是自上而下或者自下而上的单一、纵向路径，这导致了在分工效率提升到一定阶段后，组织发展陷入僵化，出现"部门墙""流程桶"，阻碍组织效率的进一步提升。

迈克尔·波特（Michael Porter）提出价值链的管理思想，他认为企业内部所有的价值活动可分为辅助价值活动与关键价值活动，组织应该聚焦并将资源与能力集中在关键价值活动，辅助价值活动为之服务。价值链的核心思想在于组织内部的合作、协同。

除了企业内部价值链各环节的协同，产业链的协同同样对企业的生存发展至关重要。顾客需求一体化、多样化以及产品更新速度等外部竞争环境的变化，要求企业摆脱过去"你死我活"的零和博弈竞争思维，转为"竞合"思维，即既要竞争又要合作，将自身置于更大的产业系统甚至社会系统。

360度评估反馈打破传统的上级单一评价方式，将考核、反馈的权利交给利益相关者，从而加强组织内协同，形成良性内部客户关系，引导组织内各部门、员工在为他人、为组织整体创造价值中实现自我价值，成人达己。

3. 提升服务质量与体验，促进外部客户满意度

客户体验与满意度是服务型行业的关键成功因素，360度评估反馈通过引入客户反馈引导组织面向客户，创造客户价值。

典型做法包括滴滴出行的乘客评价反馈体系、淘宝网的信誉等级表等。作为平台型组织，滴滴出行与淘宝网通过提供平台、流量等聚合起分散、独立的经营体，包括司机、卖家。传统组织结构自上而下的管控模式已经无法适应这种商业模式，只有建立起基于共同商业逻辑、共同价值观的考核与利益分配机制，才能将无数自主经营体"统一行动"。

乘客乘坐滴滴网约车后可以对乘车的感受、司机的服务、车内环境等进行打分，从而更好地评定出司机的服务水平、专业素养，对司机实行优胜劣汰，评分高的司机能够在平台上接到更多订单，评分低的司机甚至会逐渐被淘汰，从而提高平台整体的服务质量，保证乘客的出行体验。

淘宝网有一套严格的、不断更新的消费者评价系统，每次完成购物后，消费者可给予一次评价，分为"好评""中评""差评"，对应不同的积分。卖家的积分累积结果动态滚动，店铺信誉以心、钻石、皇冠形象化表示。信誉直接关系到卖家的排位、推广等，从而引导平台上的卖家自动自发地为消费者服务。

三、最大化发挥360度评估反馈的功能

（一）利用360度评估反馈提升领导力

在当今这个不确定时代，组织面临着两大命题：第一，外部环境日益复杂而多变，稳态一去不返，组织必须不断进行自我变革以求得生存和可持续发展；第二，个体的自主性和能动性增强，组织必须激活个体，同时聚合个体，以使整个组织保持创新和有效。领导者在组织变革与激

活个体中发挥着不可替代的作用，发展领导力是赢得竞争和持续增长、创造优秀的企业文化的需要，是实现组织目标的需要。

1. 明确领导力要求是 360 度评估反馈有效实施的前提

360 度评估反馈是提升领导力的重要管理工具，如何发挥其评价、发展领导力的作用？需要明确实施的前提，即企业有一套业已成型的领导力模型，或称为领导者胜任素质要求。

领导力模型建立的理论依据是麦克利兰的胜任力素质理论，他认为传统的性向测验和知识测验并不能预测候选人在未来工作中的表现。人的工作绩效由一些更根本更潜在的因素决定，这些因素能够更好地预测人在特定职位上的工作绩效，这些"能区分在特定的工作岗位和组织环境中绩效水平的个人特征"，就是"能力素质"。

领导者胜任素质要求通常有三个来源：第一，企业战略对领导者的胜任力要求；第二，企业文化、价值观对领导者胜任力的要求；第三，行业或企业标杆的胜任力要求。

华夏基石提出管理者通用素质模型包括四个维度。

（1）基础素质维度：包括成就导向、责任意识等。

（2）领导素质维度：包括培养下属、团队建设等。

（3）人际能力维度：包括有效沟通、影响力等。

（4）业务能力维度：包括执行力、绩效导向等。

华夏基石认为采用何种方法构建领导力模型、选取什么样的样本、如何对胜任力进行命名和分类等，都不是最重要的问题，最重要的是建立起来的领导力素质模型能让各级管理者理解并且深入人心，从而改变其行为和态度、提升工作绩效。

一套行之有效、深入人心的领导力模型对 360 度评估反馈实施的作用体现在：首先，领导力模型可谓企业各级管理者的标准、标杆，为 360 度评估反馈提供考核指标；其次，通过 360 度评估反馈的"照镜子"作用，全方位了解各级管理者的领导力现状，将现状与标准之间做对比，即可得到差距，而找到问题、明确差距是所有改进、发展的第一步。

以北京某市属国有企业置业集团领导力发展项目为例，华夏基石通过三步走的方式，定性与定量相结合，归纳现实，构建了领导力素质模型[①]：

首先，通过对其公司愿景、使命、企业文化及核心价值观进行梳理解读，对其商业模式、业务特点进行调研，分析和演绎对管理者提出的素质要求。

其次，采用行为事件法对公司高层、中层管理者进行访谈，提炼优秀管理者的素质和个性特点。

最后，根据同行知名公司、其他行业优秀公司的领导力素质模型及部分理论研究成果，总结管理者素质要求的普遍规律，作为该集团领导力素质的对标参照。

某置业集团领导力素质模型如表 10-1 所示。

表 10-1　某置业集团领导力素质模型

一级维度	二级维度	具体内容	素质内涵
发展组织	对企业	忠诚企业	遵纪守法、企业认同、组织至上
	对本职	责任担当	务实肯干、勇于担当、敢做决策
	对业务	成本意识	降低成本、提升品质、提高效率
	对其他部门	大局观念	整体意识、团队协作、相互补台
	对下属	人才培养	以身作则、识人用人、授权赋能
发展事业	战略落实	事业心	认同战略、专注事业、业务精通
		执行力	目标管理、高效执行、结果导向
	自我实现	敬业奉献	认真负责、爱岗敬业、奉献精神
		学习创新	开放学习、拥抱变化、主动创新
		专业精神	专注专业、持续改进、精益求精

---

① 北京华夏基石企业管理咨询公司案例库。

续表

一级维度	二级维度	具体内容	素质内涵
发展客户	客户理念	以客为尊	职业素养、客户思维、贴心服务
	自我认知	自尊自爱	坚持原则、不卑不亢、自我认同
	对客态度	积极主动	客户洞察、快速响应、主动服务
	工作要求	注重细节	精品意识、关注细节、精心细致
	情绪管理	正能量	健康生活、快乐工作、和谐共进

2. 通过360度评估反馈提升领导力的实施要点

管理是一个系统工程，实施一项管理工作需要系统思考，应用360度评估反馈工具提升领导力首先需要设计好科学规范的程序，其次要做好关键点的把控，包括实施前充分的动员与准备、针对性的考核设计以及对反馈的重视。管理是门实践，再好的理论如果没有得到有效实施发挥应有的效果，都只是徒增管理成本。

利用360度评估反馈提升领导力的工作程序如下：

（1）第一步：通过全员宣贯创造内部支持。

360度评估反馈之所以在实施中出现诸如反馈准确度欠佳、员工信任度低，甚至应付了事等问题，重要的原因就是实施前的动员不够。

初次实施360度评估反馈前，人力资源部应该通过组织召开启动会，进行全员宣贯。宣贯应该达到三个目的：其一，各级管理者及员工对360度评估反馈的理念与目的有深入了解，领导者的行为不仅关系到整个组织的目标实现，同时与每个员工息息相关，全员充分认识到360度评估反馈的价值；其二，人力资源部应当讲明将会采取匿名实施的方式，以打消员工的顾虑，或者通过背对背匿名打分的方式，或者聘请专业、客观的第三方独立实施；其三，各级管理者及员工对于考核流程、操作要点及方法有大体了解，减少实施过程中的问题。

以下是项目启动会的大纲：首先，说明项目背景、宣布项目启动。说明360度评估反馈与公司的战略目标或者管理变革的关系；邀请公司高层参加并发表讲话；如有第三方顾问公司参与，可介绍同行业优秀实践案例。其次，澄清开展360度评估反馈的目的、结果的应用。再次，介绍项目的整体日程安排和具体步骤。全面介绍360度评估反馈项目的过程、步骤、日程；介绍负责此次项目的工作组或者第三方顾问公司；强调此次评估的原则和匿名性，消除顾虑。最后，针对如何评估进行培训。可选取一份或者部分评估表样本进行讲解和答疑；讲解如何进行自我评估和给他人评估；介绍评估结果的应用方式；现场解答员工的问题并了解员工的顾虑，确保各级管理者与员工已了解项目的目标。

（2）第二步：根据领导力发展对象确定360度评估反馈对象。

领导力发展对象即360度评估反馈对象，包括企业中高层管理者，承担经营责任与管理责任，通常包括但不限于：企业层领导者、利润中心领导者及职能或专业部门领导者。此外，处于快速成长期或扩张期的企业也会选拔并培养后备人才梯队作为储备。培养谁、发展谁，主要根据企业战略落地的需求而定。

以华润集团为例，其领导力发展的使命是为集团培养受到国际业内高度尊重的职业经理人队伍，并逐步形成适合经理人发展的文化和制度环境，将华润打造成经理人价值最大化的平台。其目标是培养受到业内高度尊重的经理人队伍，培养利润中心及集团领导的后备队伍。其培养对象是负有经济责任和管理责任的"一把手"，包括集团领导、一级利润中心及部室总经理、各一级利润中心区域总经理、城市公司总经理、部门总经理，以及其继任者[①]。

以某上市商业地产公司人才发展项目为例，其公司战略目标是打造地产行业综合实力100强，实现规模与品牌的双突破。华夏基石咨询顾问项目组通过对商业地产价值链分析，对其战略目标实现的关键业务领域、关键成功因素进行分析后，提出其战略落地最关键、人才发展最紧急的是快速培养一批担使命、懂经营、带队伍的项目总经理，包括开发

---

① 华润领导力素质模型宣导会课件。

项目的项目总经理、商业运营项目的项目总经理，进而设计出其专项人才培养计划[①]。

（3）第三步：确定评估主体，让最熟悉的人评价最熟悉的事。

360度评估反馈并非简单地从几个维度选取相关者来评估，如果主体选取不恰当，其对被评估者的工作表现不够了解，那么评估的效果则难以保证。

为了让最熟悉的人评估最熟悉的事，得到真实有效的反馈，考核主体的选择必须根据考核指标及内容，遵循"以事定人"的原则。

其中，上级的选择标准是较全面熟悉测评对象日常业务的直接领导；平级的选择标准是与测评对象有密切业务往来的本部门或跨部门同事；下级的选择标准是直接接受测评对象领导或业务指导的下属。为增强反馈信息的准确性，每个维度可选取若干评价主体。

根据被评估对象的工作与组织社交网络进行分析，并通过利益相关性筛选合适的评价候选人，一般每个维度的评价人1~2人即可，对于跟评价对象不太熟悉、工作交互较少的人员，尽量不要选，因为平时接触不多，很可能不够客观，甚至变成了人际关系的竞争。另外也不要过分强调全面、360度无死角，因为可能会造成评估人员的考评负担。

（4）第四步：确定评估内容，设计360度评估反馈表。

评估的目的是找出现状与目标之间的差距，目标即已经达成共识的领导力素质模型。因此，360度评估反馈表的内容可根据领导力素质模型确定，包括一级评估维度、二级评估维度、内涵及关键行为。

设计360度评估反馈表分为以下三步：

首先，根据重要性确定评估维度的权重。

其次，评估维度的行为化。一方面可利用标准化的素质层级划分作为行为化的依据；另一方面可利用行为锚定法，即量表法与关键事件法结合，将行为描述等级性量化，每一水平的行为均用某一标准行为加以界定，从而将定性的描述性关键事件法和量化的等级评价法的优点结合

---

① 北京华夏基石企业管理咨询公司案例库。

起来。

最后，设计计分方式。360度评估反馈的计分方法主要是应用"他评"结果进行计分，"自评"结果作为判断其自我认知能力的依据，供人力资源管理人员了解掌握。各素质得分的计算方法通常为"上级""平级""下级"评分的加权平均分，其权重分配建议为5：3：2。需要注意的是，由于素质层级的360度评估反馈不同于普通调查问卷的360度评估反馈，评价者对素质层级的理解需要一定的时间和相应的能力，因此，当发现某些评价分数缺乏客观性时需要对其进行校正，此时不适宜再刻板采用5：3：2的权重。

此外，为了得到更深入、全面的评价主体的有效反馈，在评分表的基础上可增加半结构化访谈来收集信息。半结构化访谈需要保密处理。以下为半结构化访谈的参考提纲：

1）您和被评估人是什么关系？共事多长时间？

2）据您的观察和理解，被评估人在领导力方面最大的长处和不足有哪些？在这些方面有什么具体表现？

3）请您分别列举被评估人在工作表现中出色和不尽如人意的一件事，他在其中扮演了什么角色？

4）在未来发展中，您认为被评估人面临的最大的挑战是什么？为此他需要在哪些方面做出改变？

5）除了上述信息，您是否有补充性的意见或者建议？

以某城建置业公司领导力评价为例，其评价表（节选）如表10-2所示。

（5）第五步：采取信息化方式背对背实施。

采取信息化的方式实施能够提高效率，使评估过程可控，也能够确保匿名性，提升操作体验，打消员工顾虑。此外，可利用信息化的方式发送评估通知、回收评估表、进行数据分析，自动生成分析报告并发送报告，节省人力和时间。

企业可自行设计在线评估问卷或者采购第三方测评服务进行信息化实施。

表 10-2　某城建置业公司领导力评价评分表（节选）

某城建置业公司领导力评价（上级评价）

评价标准：完全不赞同（2分）、非常不赞同（4分）、不清楚（6分）、非常赞同（8分）、完全赞同（10分）

一级要素	二级要素	内涵	行为描述	评分
忠诚企业		遵纪守法	遵纪守法，廉洁自律，诚实守信，不可是非不分、言行不一、违法违规	
		企业认同	遵守公司各项规章制度及工作安排，有企业认同和荣誉感	
		组织至上	在面对利益诱惑或各方压力时，牢记组织利益高于一切，不因为个人利益牺牲组织利益	
发展组织	责任担当	务实肯干	积极完成个人所承担的工作任务，主动推动职责交叉或模糊的工作，不推诿、敷衍、拖沓	
		勇于担当	遇到困难任务时能挺身而出，承担重责，敢于担担子，不怕重任	
		敢做决策	重大事件面前敢于承担决策带来的后果，敢拍板，不怕担责	
	降低成本	降低成本	工作开展过程中时刻注意勤俭节约，精打细算，不大手大脚	
		增加品质	通过增加工作品质降低工作成本，注重效果，不得过且过	
		提高效率	提高工作投入产出比，降本增效，杜绝出工不出活	

续表

一级要素	二级要素	内涵	行为描述	评分
发展组织	大局观念	整体意识	从公司的整体角度看待问题，有整体思维，摒弃局部意识	
		团队协作	具备团队精神，保持协作意识，积极推动部门间协作，不搞部门本位主义，山头主义	
		相互补台	打破"部门墙"，"流程桶"，在必要时刻积极补位，撸起袖子干活，不端着胳膊看戏	
	人才培养	以身作则	在工作开展过程中能够为下属树立榜样，要"跟我来"，不要"给我上"	
		识人用人	了解下属的长处和不足，分配相应的工作任务，任人唯贤，不任人唯亲	
		授权赋能	针对下属能力和特点提供挑战性任务，帮助下属提升能力，包容下属犯错，不苛求责备	

（6）第六步：注重评估结果反馈，编制领导力评估与发展报告。

360度评估反馈用于人才管理的最主要目的可分为两类：选拔和发展。用于领导力发展项目时其发展功能尤为突出。为了达到发展的目的，人力资源部应该根据评估结果编制领导力评估与发展报告，并根据实际情况对评估结果进行反馈。

领导力评估与发展报告应包括：1）被评估人基本信息；2）报告说明；3）总体评价；4）管理风格及适应情境；5）管理能力；6）发展建议。

反馈方式包括书面反馈、一对一反馈、集团反馈等方式。各种反馈方式的对比如表10-3所示。

表10-3 各种反馈方式的比较

反馈方式	优点	缺点
书面反馈	信息详尽 可重复利用 成本低	容易过度关注分数与排名 易造成误读或不理解评估结果
一对一反馈	针对性强 沟通直接 使评估对象感到受重视	时间成本高
集体反馈	效率高 公平 成本低	不够个性化

当评估对象数量较少时，应采取一对一反馈的方式，由专业顾问或者企业人力资源部人员与评价对象进行面对面的沟通。

当评估对象数量较多时，可采取集体反馈加书面反馈的方式进行。集体反馈针对企业整体领导力状况进行分析，指出共性的问题与发展方向，并就书面报告如何使用进行讲解，提升管理者对领导力评估与发展报告的理解程度。

领导力评估与发展报告可作为管理者制订改进计划的依据，就自身存在的不足制订针对性的提升计划，同时人力资源部应为此提供支持，如针对共性的问题提供专项培训等。

此外，360度评估反馈结果可做多种用途，包括：1）领导力培训需求的依据；2）干部晋升的依据；3）代表管理者过程性、行为性绩效，作为薪酬调整、奖金分配等短期、长期激励的依据。

（二）利用360度评估反馈促进内部客户关系

1. 三个关键问题

开展内部客户满意度调查是加强内部客户服务管理、提升内部服务意识和服务质量的重要手段。在实践中，利用360度评估反馈增进内部客户满意度要解决的三个关键问题是：

（1）内部客户满意度调查的工具（即问卷）如何设计？

360度评估反馈的内部客户满意度调查问卷设计包括四个方面：如何界定内部客户关系；如何根据不同的内部客户设计针对性的考核指标；如何对考核指标赋予权重；如何设计计分规则。

（2）内部客户满意度调查如何组织实施？

组织实施环节主要是利用已经设计好的内部客户满意度调查问卷展开调查，包括：确定组织实施的牵头部门、外部机构；确定问卷填写人员；确定采取何种方式进行打分等。

（3）内部客户满意度调查的结果如何分析和应用？

调查结果的处理包括：当存在多级内部客户关系，每级当中又有多个内部客户时，如何在考核者中分配权重；考核周期如何确定；考核结果如何得出，以及与总体绩效考核结果如何联动；考核结果如何反馈。

2. 内部客户满意度调查程序

内部客户满意度调查程序如图10-4所示。

（1）第一步：界定内部客户关系。

内部客户关系的准确界定是进行内部客户满意度调查的基础。一般可使用访谈、问卷调查、资料研究（包括部门职责、流程图）等方式来梳

```
界定内部客户关系
        ↓
建立内部客户满意度模型
        ↓
设计内部客户满意度调查问卷
        ↓
内部客户满意度调查实施问卷调查
        ↓
对问卷数据进行处理
```

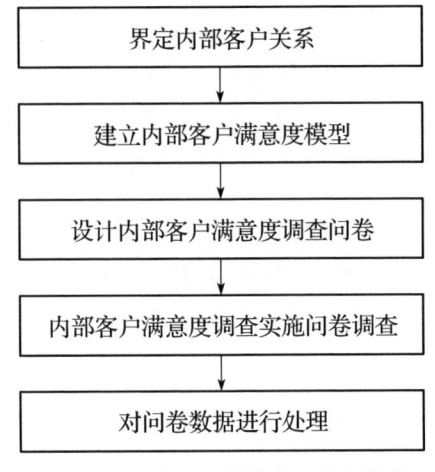

图10-4 内部客户满意度调查程序

理内部客户关系，在此基础上提炼总结内部客户关系的类型，最终形成内部客户关系图。

访谈主要对象是各部门的管理层以及参与部门协同工作较多的骨干员工。访谈的目的是了解清楚被评价部门为哪些部门服务及关键服务内容，哪些部门为被评价部门服务及关键服务内容，被评价部门与相关部门的关系紧密程度。

问卷调查作为一种标准化程度较高的收集信息的工具，能够调动全员参与，较为全面地了解各部门职责、流程，部门间的服务关系与服务内容，以及内部客户服务方面的不足之处。

此外，通过内部管理制度、流程、部门职责说明书等资料可进一步补充和收集内部客户关系相关信息。

在内部客户关系梳理方面，华夏基石提出界定内部客户关系的四种深度模式，用于研讨内部组织关系的深度。通常，内部客户关系可根据服务内容分为四类：一是流程服务，主要服务内容可分为数据、信息、资料提供，以及权责关系上存在审批、审核等关系；二是职能服务，主要服务内容为产品或者方案的提供、任务协作关系等，比如行政部门向各部门提供办公用品、信息部门进行公司信息系统开发与维护、产品部门与市场部门在营销上的协作等；三是管理服务，主要服务内容为政策制度的制定和咨询、指导；四是战略联动，主要服务内容为战略性任务的配合，比如各部门对人力资源改革等战略性任务的支持程度。

在访谈、问卷调查、资料研究等基础上，做出内部客户关系初稿，根据内部专家和各部门的意见进行修改，最终形成各部门的内部关系图。

某银行业务部的内部客户关系及服务内容如表10-4所示。

表10-4 某银行业务部内部客户关系及服务内容

被评价部门	内部客户	服务内容
业务部	国际结算部/银行卡中心/电子银行部/全球金融市场部/托管及投资者服务部/营业部	对产品部门业务发展的支持
	个人金融部/金融机构部	对营销活动的支持
	授信执行部	不良资产接收和处置过程中的协作
		授信执行过程中的信息、资料提供
	信息科技部	信息系统开发工作配合
	海外机构管理部	参与海外机构矩阵式管理
	人力资源部/董事会秘书部/法律合规部/IT蓝图办/办公室/资产负债管理部/财会部/风险管理部	战略任务或政策实施的配合支持
	境内一级分行/海外机构	规章制度制定
		业务指导与支持

（2）第二步：建立内部客户满意度模型。

内部客户满意度模型是对应内部客户关系条件下的满意度评价指标体系。一种特定的内部客户关系对应一个特定的内部客户满意度模型，即一套评价指标。内部客户满意度评价指标可分为三大类别：

1）过程性指标，反映内部服务过程的指标，包括及时性、主动性、沟通性、态度、效率等。

2）结果性指标，反映内部服务结果的指标，包括合理性、可行性、有用性、问题解决的成效等。

3）综合性指标，对内部客户满意度进行综合评价的指标，包括服务改进状况、总体满意度等。

内部客户满意度评价指标遵循以下原则：

1）以部门间主要的、实际发生的内部客户服务关系为依据；

2）满意度评价指标与内部客户服务内容相对应，反映对服务内容的核心要求；

3）满意度评价指标同时强调内部客户服务的过程与结果两个方面。

建立内部客户满意度模型的一般过程为：首先，通过访谈、问卷调查等方式对影响内部客户关系的因素进行调查分析。

其次，通过文献资料等研究，如部门职责、实践案例、研究文献等对内部客户关系影响因素进行完善，在此基础上初步形成内部客户满意度模型，即满意度评价指标体系。

美国的贝瑞（Berry）等人提出的 SERVQUAL 模型是目前较为流行的服务满意度要素模型，经过华夏基石改造的模型如图 10-5 所示。

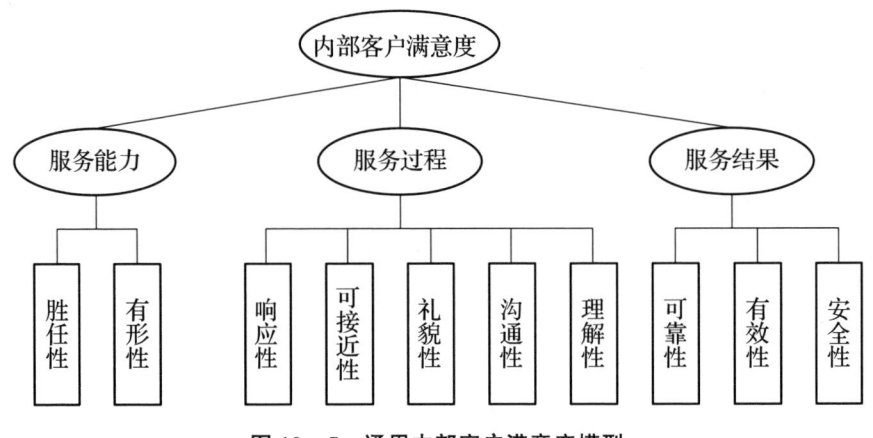

图 10-5 通用内部客户满意度模型

以麦肯锡为人保集团做的内部客户满意度调查表为例，其总部同级部门间、下级公司对总部部门的满意度调查表如表 10-5 所示。

表10-5　人保集团内部客户满意度调查表

	与相关部门配合的及时性	对下级公司回复的及时性
1. 需重大改革	对相关部门提出需配合的工作，很多没有在规定时间内进行回复，需几经催促才得到回复；当临时发生问题时，找不到相关人员沟通	对下级公司提出需配合的工作，很多没有在规定时间内进行回复，需几经催促才得到回复；当临时发生问题时，找不到相关人员沟通
2. 需相当改进	对相关部门提出需配合的工作，时有延迟回复的现象发生；在临时发生问题时，难以找到相关人员沟通	对下级公司提出需配合的工作，时有延迟回复的现象发生；在临时发生问题时，难以找到相关人员沟通
3. 尚可	对相关部门提出需配合的工作，大部分在规定时间内进行回复，特殊情况下延迟回复；在临时发生问题时，有时可以找到相关人员沟通	对下级公司提出需配合的工作，大部分在规定时间内进行回复，特殊情况下延迟回复；在临时发生问题时，有时可以找到相关人员沟通
4. 完全达到期望	对相关部门提出所有需配合的工作，经常在规定时间内进行回复；在临时发生问题时，容易找到相关人员，及时沟通问题	对下级公司提出所有需配合的工作，经常在规定时间内进行回复；在临时发生问题时，容易找到相关人员，及时沟通问题
5. 特别优异	对相关部门提出需配合的工作，都在规定时间内进行回复；在临时发生问题时，可以找到相关人员，及时解决问题	对下级公司提出需配合的工作，都在规定时间内进行回复；在临时发生问题时，可以找到相关人员，及时解决问题

最后，基于既定的内部客户关系，综合各种信息，与各部门进行沟通，根据其反馈意见完善各部门内部客户满意度模型，形成满意度评价指标体系。

某银行业务部内部客户满意度指标如表10-6所示。

表 10-6 某银行业务部内部客户满意度指标

被评价部门	内部客户	满意度指标
业务部	风险管理部	• 相关数据、信息、资料提供的及时性和可靠性 • 合作（支持配合）的响应性与态度 • 合作（支持配合）过程中的沟通与理解性 • 风险管理相关合作（支持配合）的成效 • 工作反馈的接受程度
	一级分行	• 政策、制度制定的可操作性与有效性 • 政策、制度制定的沟通、解释与反馈 • 业务辅导与支持的响应性 • 业务辅导与支持的成效 • 辅导、支持和协作过程中的态度与理解性 • 工作反馈的接受程度

（3）第三步：设计内部客户满意度调查问卷。

内部客户满意度调查问卷即将内部客户满意度指标转化为行为描述的形式，采用等级变量或者连续变量的方式进行计分。问卷的问题包括各项指标的打分及总体满意度的打分。

采用等级变量时，一般可分为五个满意度水平，根据其含义赋予不同分值，例如：A 代表非常满意度，对应 120 分；B 代表满意，对应 100 分；C 代表基本满意，对应 80 分；D 代表不太满意，对应 60 分；E 代表不满意，对应 0 分。

不同的满意度水平以相应的典型行为描述的方式呈现，示例见表 10-7。

表 10-7 典型行为描述方式

第三题	在合作过程中，公司业务部与本部门的沟通状况如何？
A	沟通非常顺畅，深入理解本部门的解释、说明、意见和建议，对于存在的分歧，积极主动地进行认真、充分的协商，共同努力寻找建设性的解决办法。

续表

B	沟通状况良好，正确理解本部门的解释、说明、意见和建议，对于存在的分歧，积极进行协商，提出的质疑或要求总是合情合理、言之有据。
C	沟通状况尚可，能听取本部门的解释、说明、意见和建议，提出的质疑或要求大多符合情理，对于存在的分歧，基本能通过协商来解决。
D	沟通不够顺畅，不太注意听取本部门的解释、说明、意见和建议，有时不是在相互协商的基础上提出合理的方案，而倾向于单方面地提出要求或质疑。
E	通常不能进行有效沟通，不听取本部门的解释、说明、意见和建议，不是在相互协商的基础上提出合理的方案，而总是单方面地提出要求或质疑。

采取等级变量的计分方式的优点是简单直观，便于评价人打分，但可能存在打分结果过度集中化、区分度小的缺点。此时可采用连续变量的方式对总体满意度进行调查，可将评分的区间扩大，以提高满意度调查结果的区分度。示例见表 10-8。

表 10-8　连续变量的计分方式

第七题　总体来说，您对公司业务部是否满意？

请在此填写代表满意水平的数字：＿＿＿＿＿＿

1	2	3	4	5	6	7	8	9	10

很不满意　　　　　　　　　　　　　　　　　　　　　很满意

（4）第四步：内部客户满意度调查实施。

内部客户满意度调查实施包括确定评价人、确定实施形式、组织实施。鉴于各部门负责人或团队主管通常参与部门间沟通协调工作较多，对各部门服务情况较为熟悉，因此评价人分为两类：部门负责人或其指定的其他部门管理人员、团队主管。实施形式包括书面问卷调查及电子问卷调查两种，视情况采取现场调查或非现场调查。采取信息化手段能够提高调查实施、数据处理的效率，节省人力、时间成本。因此当条件具备时应尽量采取信息化手段实施。

调研完成后，需要对问卷进行检查和检验，统计有效回收率，确保数据准确度。

（5）第五步：对问卷数据进行处理。

数据处理涉及三个方面：首先，需要针对同一被评价部门的不同被评价对象赋予权重；其次，对作为评价者的部门内部管理者和团队主管赋予权重；最后，根据关系密切程度再次进行加权平均，关系密切程度分为非常紧密、紧密、松散联系，权重建议设为 50%、30%、20%。

经数据统计后得出各部门内部客户满意度得分及系数，应用于绩效结果中。同时，由于部门间关系具有独特性和具体性、多面性，评价内容和指标差异较大，在总体上分析内部客户满意度的针对性较弱，需要针对各部门分别进行内部客户满意度分析，与各部门进行沟通与反馈，以期发现问题，促进内部服务质量的改进。

此外，内部客户满意度的调查可基于内部服务规范开展，各部门确立内部客户关系，建立内部客户关系服务规范和标准，包括服务内容和相应的服务标准，以此为依据设计内部客户满意度问卷或考核表。根据被评价部门的实际表现与该部门的服务规范和标准之间的达成程度进行内部客户满意度评价，此内部客户满意度评价（考核）与一般绩效考核的原理一致。

（三）利用 360 度评估反馈开展周边绩效评价，形成共同奋斗的组织氛围

周边绩效，也称"关系绩效"，由鲍曼（Borman）和摩托维得罗（Motowidlo）于 1993 年首次提出。他们将绩效划分为任务绩效和周边绩效。任务绩效指的是与具体岗位的工作内容密切相关的，同时也和员工的能力、完成任务的熟练程度、工作知识密切相关的绩效，指标易量化。周边绩效指的是与周边行为有关的绩效，能够促进组织内的沟通协调和人际关系，营造良好的组织氛围，有助于员工和组织绩效的

提升。

单纯的任务绩效易导致员工形成"各扫门前雪"的利己主义倾向，不利于团队凝聚力、组织协同及整体效益的发挥。而利用360度评估反馈开展周边绩效评价能够促使员工做出利他行为，使部门之间、员工之间保持良好的工作协同关系，促进KPI的完成，进而促进组织绩效提升。

周边绩效的实施程序如图10-6所示。

```
确定周边协同关系
      ↓
设计周边绩效模型
      ↓
设计周边绩效考核表
      ↓
组织实施周边绩效考核
      ↓
周边绩效考核结果应用及反馈
```

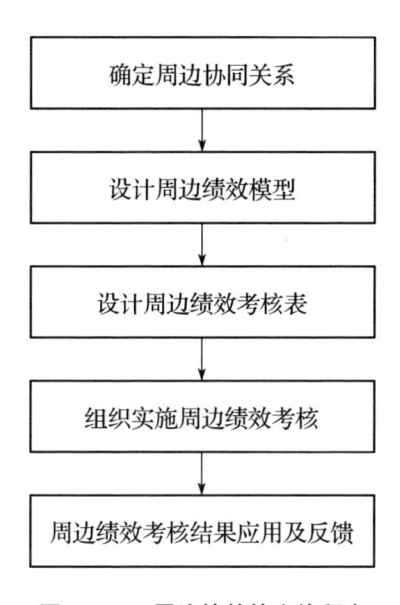

图 10-6　周边绩效的实施程序

（1）第一步：确定周边协同关系。

根据企业的组织架构及内部协作要求，通常周边协同关系包括各职能部门之间的协同关系、职能部门与经营单元之间的协同。如华为绩效管理在KPI的基础上借助周边协同评价手段，"作战一线评价支撑服务机构"，利用促进协作的"二次分配"手段，减少因业绩归属争议所造成的组织隔阂与管理消耗，使机关职能更好地支撑服务一线，让共同创造价值的相关组织通过"利出一孔"来实现更好的"力出一孔"。

(2) 第二步：设计周边绩效模型。

2000 年，科尔曼（Coleman）和鲍曼应用因素分析等方法对以往研究中提出的 27 种周边绩效行为进行整合，提出一个三维模型：人际关系的公民绩效、组织公民绩效、工作责任感。即从利于他人、利于组织、利于工作的角度定义周边绩效行为，如图 10-7 所示。

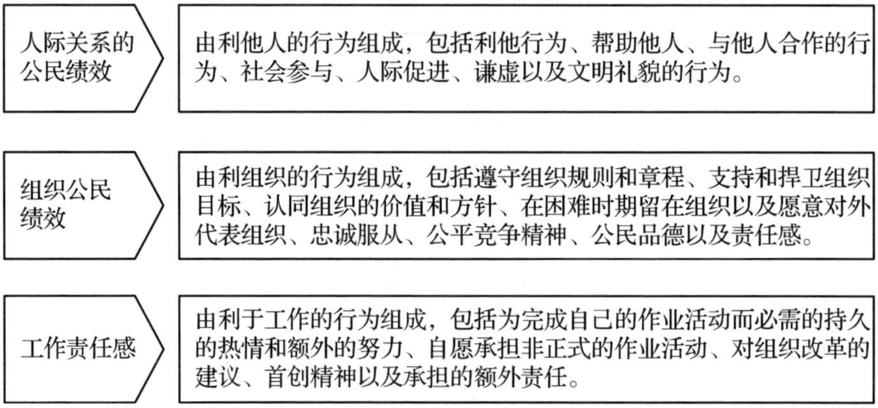

人际关系的公民绩效	由利他人的行为组成，包括利他行为、帮助他人、与他人合作的行为、社会参与、人际促进、谦虚以及文明礼貌的行为。
组织公民绩效	由利组织的行为组成，包括遵守组织规则和章程、支持和捍卫组织目标、认同组织的价值和方针、在困难时期留在组织以及愿意对外代表组织、忠诚服从、公平竞争精神、公民品德以及责任感。
工作责任感	由利于工作的行为组成，包括为完成自己的作业活动而必需的持久的热情和额外的努力、自愿承担非正式的作业活动、对组织改革的建议、首创精神以及承担的额外责任。

图 10-7　周边绩效行为模型

在考核中，为了便于理解和操作，更加明确地提出组织对员工协同性行为的期望，引导员工关注协同过程，同时追求服务质量和结果，可将周边绩效评价指标简化为五个方面：

1) 服务主动性；

2) 响应及时性；

3) 解决问题时间；

4) 信息反馈及时性；

5) 服务结果与质量。

(3) 第三步：设计周边绩效考核表。

设计周边绩效考核表包括部门考核表及个人考核表，首先需要对周边绩效模型进行分级并界定关键行为，其次对各指标赋予权重。

周边绩效行为分级及赋分如表 10-9 所示。

部门周边绩效考核表示例如表 10-10 所示。

表10-9 周边绩效行为分级及赋分

指标	权重	超出期望（4~5分）	达到期望（3分）	低于期望（2分）	远低于期望（1分）
服务主动性	××%	经常主动与其他部门沟通是否有工作协作需要	有时主动与其他部门沟通是否有工作协作需要	很少与其他部门沟通是否有工作协作需要	从来不与其他部门沟通是否有工作协作需要
响应及时性	××%	其他部门/人员提出合理工作协助要求时，每次都迅速作出响应	其他部门/人员提出合理工作协助要求时，多数作出及时响应	其他部门/人员提出合理工作协助要求时，少数及时响应	其他部门/人员提出合理工作协助要求时，从不及时响应
解决问题时间	××%	对其他部门提出的合理工作协助要求能尽快落实，解决问题远少于预期时间	对其他部门提出的合理工作协助要求能尽快落实，解决问题在预期时间内	对其他部门提出的合理工作协助要求能落快实，解决问题超出预期时间	对其他部门提出的需协助解决的问题根本不处理
信息反馈及时性	××%	协助工作进行过程中及完成后，每次都及时将情况反馈到要求协助的部门/人员	协助工作进行过程中及完成后，多数能及时将情况反馈到要求协助部门/人员	协助工作进行过程中及完成后，偶尔能及时将情况反馈到要求协助的部门/人员	协助工作进行过程中及完成后，从不及时将情况反馈到要求协助部门/人员
服务结果与质量	××%	其他部门对协助工作结果和服务质量非常满意	其他部门对协助工作结果和服务质量比较满意	其他部门对协助工作结果和服务质量不太满意	其他部门对协助工作结果和服务质量很不满意

表 10-10　部门周边绩效考核表示例

考核部门：		被考核部门：					考核时间：
指标	权重	评分（请打√）					评价说明（列举事实或实例）
		5	4	3	2	1	
服务主动性	××%						
响应及时性	××%						
解决问题时间	××%						
信息反馈及时性	××%						
服务结果与质量	××%						
周边绩效反馈与综合评估	本考核期内该部门表现较好的方面（举实例说明）						
	本考核期内该部门应加强的方面（举实例说明）						

（4）第四步：组织实施周边绩效考核。

周边绩效考核周期可与其他绩效考核周期保持一致，共同进行。实施时应由对部门间协同参与较多的部门负责人、团队主管等进行评分。此外，考核应采取信息化手段以提高效率。

（5）第五步：周边绩效考核结果应用及反馈。

周边绩效考核结果应用包括两个方面：一方面作评估性应用，即将考核结果与其他绩效考核结果结合用于奖金发放、薪酬调整、职位晋升等；另一方面作发展性应用，即通过总结考核中发现的问题，编制周边绩效考核分析报告，通过构建员工素质模型、制定员工行为标准、开展知识与技能培训等方式改变员工行为，促进协同。

（四）利用 360 度评估反馈提升外部客户价值和满意度

360 度评估反馈不仅是一种全方位获得信息反馈、开展考核评价的工具，同时是一种利益相关者关系管理的思路。企业利益相关者包括股东、员工、客户、供应商、社会和政府等。

360度评估反馈作为一种全方位考虑利益相关者关系的思维方式，强调企业不仅要考虑股东利益，同时要提升客户、供应商等利益相关者价值的重要性。

1. 滴滴出行乘客评价系统提升出行体验

滴滴出行提供的O2O出行服务极大方便了人们的出行，也促进了社会资源的优化整合。区别于传统出租车行业的商业模式，滴滴出行的商业模式如图10-8所示。

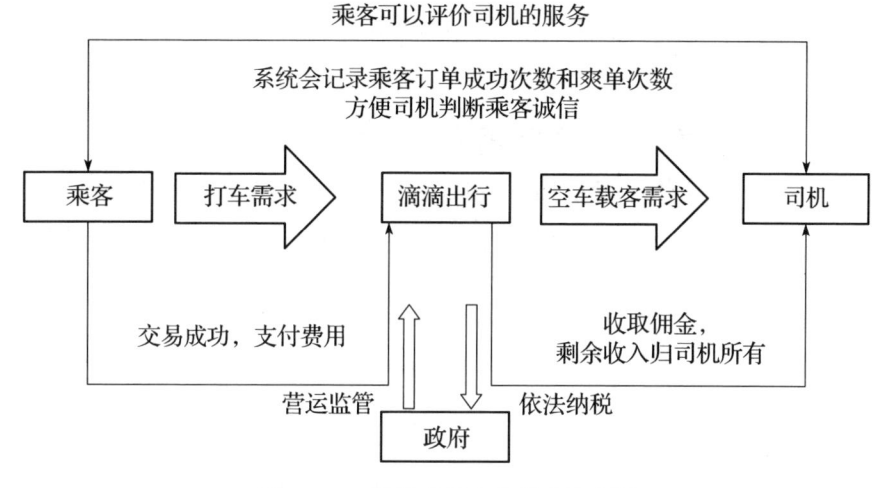

图10-8 滴滴出行商业模式示意图

从以上商业模式可见，滴滴出行盈利是基于供需双方的高效对接。乘客的需求满足程度及满意度对平台持续健康发展至关重要。

滴滴出行通过技术手段来规范和提升司机群体的服务水平，乘客评分会与司机的抢单和奖励机制挂钩，服务好的司机将会得到更多权利和福利，而长期服务差的司机将被降级或者辞退，从而整体提升滴滴网约车的服务水平，更好地满足乘客的出行体验。

滴滴出行通过大数据分析并结合司机特点及乘客评价习惯，为乘客建立了一个便捷而高效的评分体系。当乘客乘坐滴滴网约车后，可以在

2秒内完成对司机服务的整体评价，既简单又快捷。产品设计之初，滴滴出行的产品经理们对各类型乘客进行了多轮调研，在充分了解用户需求的情况下增加了标签评价功能，设计的评价标签内容既接地气又有趣。乘客只需勾选标签就可以轻松完成对司机评价，既节省乘客时间，又能给予好的司机激励。此外星级评价还可以让乘客对车内环境、司机态度等做出全面评分。

乘客在对司机做出评价后，系统会隐去乘客的用户名、电话号码以及评价时间，只显示匿名评价，并延迟告知司机。该功能解决了乘客对司机服务做出差评的顾虑，避免事后司机对乘客进行报复。这样乘客在对司机的服务不满意时可以放心大胆地给出差评，从而更加真实地体现出司机的服务水平。

2. 淘宝网买卖双方互评机制提升网购保障

淘宝网是中国深受欢迎的网购零售平台，拥有近5亿注册用户。淘宝店铺如何吸引客流量？消费者如何辨别卖家信用？其中积分起着重要作用。

淘宝网按积分设计信用等级，积分越高信用等级越高。信用等级高的店铺享有推广、处理买卖双方纠纷的主动权等多重权益。可以说，信用在很大程度上影响着卖家的收入。积分机制的设计正体现了淘宝网将消费者作为重要利益相关者，致力于提升客户价值的经营理念。

淘宝网的信用评价系统的基本原则是：成功交易一笔买卖，双方对对方做一次信用评价。在信用评价中，评价人若给予好评，则被评价人信用积分增加1分；若给予差评，则信用积分减少1分；若给予中评或15天内双方均未评价，则信用积分不变。

第十一章
基于流程的绩效考核

一、流程、流程管理和流程绩效管理

（一）企业内部的价值活动——流程

关于流程内涵的理解伴随着流程思想的变迁和延伸，从最开始局限于工艺技术和内部工作层面，逐渐发展为直接满足客户需求的业务流程，到现在的主流流程思想，即从整个企业的角度进行跨部门设计、优化和整合流程。

关于流程的基本思想可以溯源到20世纪20年代美国的科学管理运动，其代表人物泰勒提出用科学的管理方式代替经验的管理方式。建立各种明确的规定、条例、标准，使一切工作科学化、制度化，是提高管理效能的关键。当时的所谓"科学管理主要限于生产车间的范围，在动作研究、时间研究和工艺研究的基础上制定规范的工艺流程和操作方法"。这种将流程局限于技术层面的工艺流程的目的主要是提高效率。

与泰勒的科学管理主要限于车间的工艺流程不同，德鲁克在其主要著作之一《有效的管理者》中探讨了一般的工作方法，其中重点探讨了"有效的工作次序"，提出了在决定工作中何者当先、何者宜后的基本原则。

随后多位管理学家纷纷提出关于流程的观点。达文波特（Davenport）认为：业务流程是一系列结构化的可测量的活动集合，并为特定的市场或特定的顾客产生特定的输出。斯切尔（Schill）提出：业务流程是在特定时间产生特定输出的一系列客户、供应商关系。

20世纪90年代，哈默（Hammer）和钱皮（Champy）两位管理学家提出了业务流程再造（business proeess reengineering，BPR）的思想，使流程思想发生了本质深化。哈默认为，业务流程是把一个或多个输入转化为对顾客有价值的输出的一系列活动。约翰逊（Johnson）也提出了业务流程是把输入转化为输出的一系列相关活动的结合，它增加输入的价值，并创造出对接受者更为有效的输出。

流程不再简单是一组输入输出转化的活动，而是成为企业价值创造、价值流动、获得利润的一系列价值活动的集合。企业内部价值活动是企业创造有价值产品和服务的基础条件，企业通过科研设计、物资采购、产品生产、市场营销等一系列价值活动，将输入转化为输出，从而创造出有价值的产品和服务并提供给客户。流程是企业价值活动的依据和指导，是企业高绩效管理的基础，也是员工行为的轨迹。流程既是企业的重要数据，就如时间、成本一样，也是企业的重要资源和资本。

流程由六个要素构成：流程的输入资源、流程中的若干活动、活动的相互作用、输出结果、顾客、最终流程创造的价值。体现出流程的两个重要特点：一是面向客户，包括组织外部和组织内部的顾客；二是跨越职能部门、分支机构的既有边界。

按照波特的观点，企业的竞争优势来源于企业在设计、生产、营销、交货等流程及辅助流程中所进行的多组相互分离的活动。流程是企业获取竞争优势、内部经营管理的基础。从流程的六个要素中可以得知，最终流程结果的价值是流程根本属性，企业存在的目的是为顾客创造价值，在企业中流程是一系列价值创造活动的集合。价值性是流程的根本特点，凡是不创造价值的流程、没有价值的活动都将被去除掉。流程优化的过程，就是评判价值活动增值／减值的过程。

(二) 基于流程优化的流程管理

流程管理并不是一个新的概念，关于流程管理和流程改善的思考起源于质量运动。20 世纪 40 年代贝尔实验室的质量专家提出"质量控制"的概念，20 世纪 70 年代以日本为先导的全面质量管理在广泛的企业管理范围中得以运用。全面质量管理追求流程连续性改善，采取对现有流程最少的变动方式谋求绩效的改善。

20世纪80年代中期开始，企业发现顾客对于产品的个性化需求增加，尤其是信息技术的飞速发展，新的流程管理的思想出现进一步变革。全球经济和外部市场竞争加剧、快速变化，为满足市场、客户和竞争需要，企业流程再造、扁平化组织、敏捷制造等管理实践发展起来，越来越多的组织认识到"流程""流程优化""流程绩效"的重要性。

1990年，美国的哈默和钱皮在《企业再造》中提出了"流程再造"的概念，揭开了流程管理浪潮的序幕。他们认为，流程再造就是针对企业业务流程的基本问题进行根本性的反思，并对它进行"彻底的重新设计"，以便在成本、质量、服务和速度等衡量企业业绩的关键指标上取得显著的进展，从而使企业应对竞争环境和顾客需要的变化。六西格玛管理理论则认为，衡量实现最终结果的工作流程及其各个环节上的绩效更为重要，因为每个流程是一个"价值链"，流程中的每一个环节及其输出最终决定了流程终端的输出。

所谓流程管理，是根据企业经营战略要求，对流程规划、设计、构造和调控等所有环节的系统管理，协调各种经营流程的相互匹配关系等。从流程管理的定义中发现，它是一种以规范化的构造端到端的卓越业务流程为中心，以持续提高组织业务绩效为目的的系统化方法。

流程管理首先保证了流程是面向客户的流程。流程中的活动都应该是增值的活动。从而保证了流程中的每个活动都是经过深思熟虑后的结果，是与流程相互配合的。由此，员工会意识到他们个人的活动是一个大目标的一个部分，他们的工作都是为了实现为客户服务这个大目标服务的。当一个流程经过流程管理被构造成卓越流程后，人们可以始终如一地执行它，管理者也可以以一种规范的方式对它进行改进。流程管理保证了一个组织的业务流程是经过精心设计的，并且这种设计可以不断地持续下去，使流程本身可以保持永不落伍。可以说，构造卓越的业务流程是流程管理的本质，是流程管理的根本目的。传统组织与流程型组织的对比如表11-1所示。

表 11 - 1　传统组织与流程型组织的对比

	传统组织	流程型组织
组织轴心	职能	流程
工作单位	部门	团队
工作描述	狭窄	广阔
衡量标准	狭窄	由始至终
焦点	上司	客户
报酬	基于活动	基于结果
管理者角色	监工	导师
关键任务	部门经理	流程负责人
文化	冲突导向	合作导向

(三) 为什么实施流程绩效管理

1. 什么是流程绩效管理

流程是一个企业的运营系统，是企业目标实现的关键控制点，基于流程的绩效管理就是基于企业内部运行系统的控制点的考核。这种以流程为核心的全新的绩效管理思路，适应了以流程为核心的组织运行和管理需求，区别于传统的自上而下的纵向战略导向职能管理的绩效思路，并与之相互补充。

通过对现有流程的建立、执行和完善程度进行绩效管理，基于业务与服务流程的关键节点，建立里程碑式的绩效指标和绩效标准，从而实现组织获取高绩效的目的。

2. 流程绩效管理的特点

（1）以流程而不是职能为单位进行考核。

传统的绩效考核模式以职能为单位进行考核，注重工作的分工，考核重点是各部门和部门内各岗位。职能制是基于战略目标纵向分解的策略，有些企业往往职能健全完备，但是各个部门之间各自为政、互相脱节，分工过细、层次较多，导致企业内部对于市场感知度弱，无法有效满足外部市场和客户需求，实现有效竞争。

流程分析的意义在于站在顾客的角度判断组成流程的一系列活动中哪些是增值的、哪些是减值的。但是在这种传统的绩效考核方式下，没有人专职对具体的流程进行考核，流程成为片断式的任务流，职能部门获得高绩效的代价往往是职能部门间的冲突和流程的不连贯以及背离市场需求。

基于流程的绩效考核注重整个流程的连续和高效率，力求打破部门壁垒，降低企业运行中的成本。而且，领导的工作重心由对职能部门进行管理转向对流程进行管理，使得流程成为一种可以真实地观察、控制和调整的过程。基于流程运营与优化的绩效管理的特点包括：

1）整个组织不是以职能为基础，而是以流程为导向，以关键流程为驱动；

2）基于流程的 KPI 对应运营流程，而不是对应业绩合同，强调流程结果，更加专注于流程的运作过程；

3）基于流程过程的异常分析，而不是基于部门结果；

4）相比职能部门的领导者，流程负责人的职位更加重要；

5）组织内部更关注合作，关注的焦点从领导者转向客户。

因此，组织内部以战略实现为导向的职能分布，人为地将业务流程割裂，容易出现本位主义和利益主体，部门的过分专业化，造成客户意识和协同意识不强，使得组织内部交易成本增加。因此基于流程的绩效考核，变部门考核为流程考核，有利于突破部门界限，有利于企业管理活动从刚性的职能管理转向柔性的流程管理。

（2）以顾客满意度为基本目标。

在组织内部，通过流程把终端顾客的信息无差异地传递给流程上的每一个环节和岗位，使每一个节点都有自己的内部顾客和外部顾客。因此流程管理和流程绩效管理都以服务上一级客户作为工作的基本目标，流程客户满意度成为评价流程各环节上的一个重要指标。这种满意度不仅仅局限于流程结束时的输出端的客户，也包括流程中下一个环节对上一个环节的满意度。

（3）直接目的在于提高流程效率，实现流程优化。

毫无疑问，流程绩效考核的直接目的是提高流程效率，从而实现流程目标。同时，流程绩效考核的结果可以作为发现流程问题，进行流程改进和流程优化的重要依据。通过流程绩效管理促使企业流程优化，使得企业流程效率大大提高。高效业务流程成为企业的核心竞争力，为企业长期发展和战略实现提供支持。

（4）适用于流程化和扁平化的组织。

从流程绩效管理的特点来看，这种区别于传统职能制的绩效管理方式，更适合流程性比较强、公司组织架构比较扁平的企业，主要有两种类型：

1）研发、生产和销售一条龙的企业，流程界限比较明显，容易制定有效的流程图，能够根据流程图划定关键流程节点，设计流程绩效考核指标。

2）组织结构扁平的企业，因为平行结构较多，节点分明，基于流程考核能够激励员工相互配合，有利于培养团队精神。

流程绩效考核对象可以扩展到组织内部的每个人，但是对于组织层次较多的企业，过分强调每个职位职责反而会削弱员工的积极性和主动性，流程考核不是一个好方法。从绩效指标设计角度来看，基于目标管理的KPI分解更加侧重于结果的达成，是结果性指标，分解层面只能到一级部门和管理人员，因此对于中心管理人员，基于财务目标的考核更适合。而当指标分解到一线业务人员时，更适合过程性指标，比如基于流程管理的指标是客户满意度、及时率、解决率、处理率、每小时处理量、人均处理量等。

（5）可以与其他绩效管理方法结合使用。

通过对上述流程绩效管理方法的适用范围的分析，我们可以发现流程绩效管理方式与财务绩效、平衡计分卡等方法并不冲突，是相互补充关系。基于业务流程考核是对流程各环节考核，各部门中层领导往往对员工考核消极对待。因此，为了克服这种弊端，要把基于流程的考核与基于财务指标和基于公司战略目标的考核办法有机结合起来。比如，基于财务指标的经济责任制能够激励各业务单元努力完成指标，平衡计分卡激励所有员工实现公司长远战略。

同时，流程绩效管理可以有效与任务绩效和周边绩效的管理方式结合起来。对流程优化指标进行考核，成立虚拟团队，强调团队考核，更注重周边绩效的管理，同时对于流程优化的创新性指标采用附加分的考核方式，团队在完成绩效时可以得到加分，完成不好也不会扣分，这种考核模式能够消除员工的抵触情绪，更好地发挥绩效。

3. 流程绩效管理的难点

（1）实行流程责任制，明确流程关键责任人。

企业内部核心业务流程将会被分割成二级或三级小流程，每个小流程都是一个相对独立的业务单位，没有人对全流程负责，也没有人对整个流程最终结果负责，容易导致流程中业务单元条块分割，遇到需跨流程协调的或需要承担责任的问题，容易出现推诿扯皮，使合作不畅、降低流程效率。

解决这个问题的方式是明确流程责任制。设置对全流程结果负责的人，有权调动流程内的所有资源，打通人为设置的组织给流程运行带来的障碍。

（2）成立专门的流程绩效管理委员会负责推动。

流程是无形的，没有专门部门，组织往往会忽视流程的存在。在组织中并不必然存在"流程团队"，而流程目标并不会自动执行，那么如何保证流程目标的有效实现？可以通过在流程模板基础上设定职能部门目标来实现。职能目标就是支持流程运作，衡量标准就是各个部门对于流程模板实现的贡献度，这样就能够保证每个职能部门满足其内部和外部客户的需求，从而打破部门间流程的壁垒，实现流程的优化。

（3）提高流程绩效指标开发的专业性和水平。

作为推动考核业务流程运行的关键，流程KPI决定了流程的目标导向及对流程中人员的激励方向。其KPI的设置、定义、目标值、考核的权重周期、评分要素，都是非常重要的，这直接决定了考核的客观性和激励的有效性。

实际过程中，企业往往根据原有的KPI规定的信息系统获取的逻辑关系进行指标提取。这个过程没有进行深度优化，没有依靠专业的技术和工具，最后导致指标的名称一样，而实际上这些指标评价的要点不同，实质是完全不同的，考核反映的内容、导向、结果也不同。

（4）各部门和员工流程化思想观念的转变。

尽管构建了流程化的绩效管理体系和考核指标，实践中仍然会出现部门经理消极对待，员工只关注本身的流程环节，而忽视上下流程的连贯性和整条流程的最终目的的现象。甚至有的员工还抱着传统的职能管理的思考方式处理当下的流程活动。因此，员工思想观念的转变是流程考核的关键。通过广泛的流程培训，明确工作标准、工作程序，在此基础上逐步建立流程绩效考核体系，在组织内部构建流程组织和流程的文化氛围。

（5）各项管理工作执行和保障到位。

任何管理方式理论和制度体系构建容易，实际操作很难，流程绩效管理执行也需要有效执行和工作保障。流程绩效管理最终达到目的，需要流程绩效考核结果应用到位。作为绩效管理的一种方式，流程绩效考核的结果同样也需要与薪酬、职位等员工个人福利和职业发展内容进行挂钩，以达到对员工的督促和激励作用。

基于"无法衡量的就无法管理"的管理思想，信息系统在企业内部的上线使用，为流程绩效管理工作提供了极大的便利性，使得整个流程绩效管理工作变得更加简便易行。

（四）流程绩效管理的实施要点

1. 基于战略的目标设定

目标体系包括组织层次、流程层次和岗位层次，三个层次的绩效目标都需要受到战略驱动，反映战略目的。

第一层次，组织层次的目标应符合战略目标，包括组织价值、客户需求、财务预期和非财务预期、每一个产品系和产品市场的目标、建立或提高竞争优势的期望等。

第二层次，无论是主流程还是支持流程都是为组织目标服务的，所以流程模板应该能够反映出流程对于组织目标实现的贡献程度。流程模板主要来自原组织目标、客户目标和标杆信息。

第三层次，岗位层次目标反映了员工在工作岗位上对流程目标的贡献度，同时也反映对职能目标的贡献程度。两者是统一的、相辅相成的。岗位层次的绩效目标要告诉员工做什么、做到什么程度。

2. 流程责任制

建立流程绩效管理体系有效运转需要明确三项责任：

（1）成立流程绩效管理委员会，负责牵头、组织和管理整个流程绩效管理工作。

（2）明确统筹每条主流程的主要负责人，由其对整条流程绩效管理工作进行负责。企业流程层次较多，包括一级、二级、三级等，为保证流程绩效管理工作落实执行，需要明确相应责任人。

（3）流程各个环节的工作和执行责任。员工是具体工作的执行者，推动流程正常运行，识别明确流程环节上员工的职责，同时确定衡量这些责任的维度以及在每个维度上具体应该达到的目标。

3. 流程绩效管理与流程化组织关系

流程绩效管理方法适用于组织架构较为扁平的组织或流程化组织。流程绩效管理是对职能制绩效管理方式的补充完善，其前提条件是首先明确企业内部各项流程。对于流程化组织变革的企业，流程绩效管理的方式最合适不过了。

流程管理除了能提升单个流程的绩效之外，已经成为一种重要的企业运作和管理的手段。传统的企业管理模式注重的是组织结构和管理的角色，对流程漠不关心，因此表现为以职能为中心的组织形式。然而随着流程管理理念的日益发展，现代的管理模式开始重视对流程的支持。在这种新的管理模式下，人们将工作在团队中，而非原来的职能部门中，他们将向最终的结果负责，而非向上司或活动负责。管理人员更像是导师，而非原来的类似监工的角色。慢慢地，进行流程管理的企业最终将转变成流程型组织，这种组织将更好地围绕流程进行管理并更好地以客户为中心进行服务。

4. 流程绩效管理与信息系统关系

信息是流程化组织重要的实施工具。信息系统可以将分散的部门和不同领域的人员联系起来，既实现了规模经济又保持了单个部门的灵活性和快速反应的特点，以此实现业务的集中处理，以信息系统为载体的流程绩效管理变得不再复杂、烦琐，节约了人力、时间，操作更加规范、方便，不仅提高了工作效率，也避免了差错和风险的发生。

5. 与财务指标和平衡计分卡结合

基于流程的考核方法是对流程各环节的考核，因此，加强部门之间的横向联系尤为重要。但实际管理过程中，往往会出现部门中层领导对本部门员工的考核消极对待的现象，为克服这种弊端，应把基于流程的考核方法与平衡计分卡有机结合。流程绩效管理不是万能的，且与战略绩效管理、财务目标绩效管理等并非相互矛盾、相互排斥，而是相互补充。

（五）基于 SCOR 模型的流程绩效管理体系

SCOR 模型是一个优秀的业务流程参考模型，也是一个标准的供应链流程参考模型，是用于供应链诊断和供应链绩效度量的工具，可以帮助企业实现从基于职能管理到基于流程管理的转变。该模型体系体现了业务流程重组思想，运用基准比较方法，综合了不同产业供应链管理的最佳实践。SCOR 模型是一个供应链绩效评价体系，我们可以借鉴该模型的思路与方法，寻找企业内部的关键流程和关键指标，这样就可以对企业中的几乎任何流程和流程节点进行考核。

1. SCOR 模型的提出

1996 年 11 月，国际供应链协会（SCC）开发了供应链运作参考模型（supply chain operations reference model，SCOR），用于供应链的诊断和供应链绩效的度量，帮助企业更好地实施有效的供应链管理，实现基于职能管理到基于流程管理的转变。

2. SCOR 模型的内容

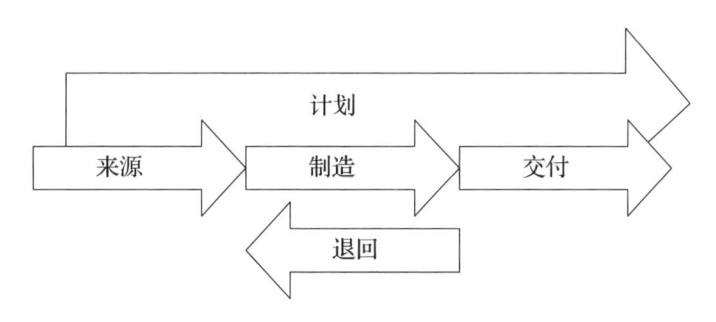

（1）SCOR 模型基本流程。

SCOR 模型将供应链流程体系概括为计划、来源、制造、交付和退回五个基本流程（见图 11-1）。这五种标准流程是对供应链流程体系的一种标准描述，既适合于整体，也适合于供应链的各个阶段。

图 11-1　SCOR 模型基本流程

每个基本流程可以按性质划分为计划、实施和使能三种类型（见图 11-2）。

1）计划。调整预期的资源以满足预期需求量。计划流程要达到总需求平衡以及覆盖整个的规划周期。定期编制计划流程有利于缩短供应链的反应时间。

2）实施。由于计划或实际的需求引起产品形式变化，需要实施的流

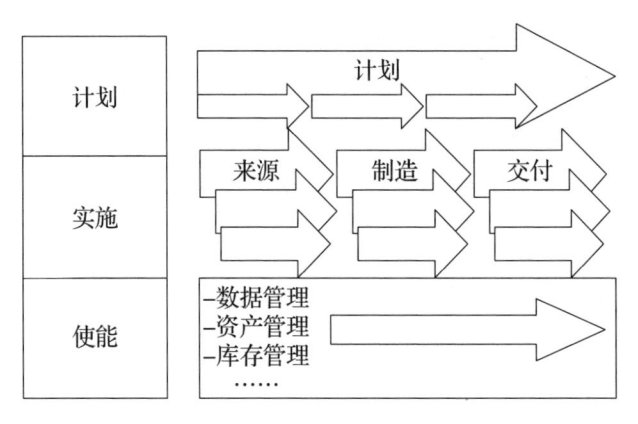

程包括：进度和先后顺序的排定、原材料及服务的转变及产品搬运。

3）使能。包含计划和实践过程所依赖的信息和内外联系的准备、维护和管理。使能流程包括：绩效评价流程、数据管理流程、库存管理流程、资产管理流程、客户投诉管理流程等支持流程。

（2）流程体系的层次结构。

流程体系除了可以按性质分类外，还可以按层次划分。流程体系可分为类型、构成、要素和任务四个层次（见表11－2）。

表11－2　流程体系的层次结构

层次	说明
第一层：类型	定义了SCOR模型的范围和顶层的基本流程，根据这些基本流程可以建立整个供应链的绩效度量体系
第二层：构成	描述了每个基本流程的子流程构成，不同的构成反映了不同公司竞争力差异的根源，子流程构成是建立绩效指标集合的依据
第三层：要素	将每个子流程进一步分解为要素流程，这是进一步落实职位任务和绩效度量指标的途径
第四层：任务	将要素流程分解为任务内容，能够使流程安排具体化，将流程落到实处，便于后续工作开展

（3）流程绩效属性。

SCOR 模型中规定流程的绩效属性包括五个方面：可靠性、响应性、柔性、成本和资产利用率。其中前三个属性是客户导向，后两个属性是内部导向。其对应的第一层绩效指标如表 11-3 所示。

表 11-3 流程绩效属性与对应指标

绩效属性	定义	第一层绩效指标
可靠性	正确的产品，到达正确的地点，正确的时间，正确的产品包装和条件，正确的质量和正确的文件资料，送达正确的客户	配送性能
		完成率
		完好订单的履行
响应性	将产品送达客户的速度	订单完成提前期
柔性	面对市场变化获得和维持竞争优势的灵活性	供应链响应时间
		生产的柔性
成本	供应链运营所耗成本	产品销售成本
		供应链管理总成本
		增值生产力
		产品保证成本/退货处理成本
资产利用率	组织为满足需求利用资本的有效性，包括固定资本和运营资本等各项资本的利用	现金周转时间
		供应库存总天数
		净资产周转次数

3. SCOR 模型的指导意义

SCOR 模型作为基于流程的一种绩效考核设计方法，其意义主要表现在以下四个方面：

（1）SCOR 模型对供应链基本流程的高度抽象和概括具有一般性。

五个基本流程类型具有一般性，企业任何一种端到端的流程，都可以看作将需求来源经过一系列加工，最后向顾客交付的过程。比如，制造阶段的计划流程是生产与作业计划流程，来源流程是从仓库领取原材料流程，制造流程是制造和装配流程，交付流程是成品检验和入库流程，退回流程包括来自顾客的退货和不合格原材料的退库。

（2）SCOR 模型的计划、实施和使能的分类方法具有一般性，可以推广到企业全局和其他业务领域。传统的组织体系的分类往往按功能、业务、顾客或地区原则划分，而 SCOR 模型是一种按流程的类型分类。制造阶段的基本流程中生产与作业计划属于计划流程；从仓库领取材料，制造和安装、成品检验和入库属于实施流程；制造过程中的库存管理、数据管理则属于使能流程。

（3）SCOR 模型建立的供应链体系的层次结构具有一般性。把流程体系分为类型、构成、要素和任务四个层次，这样既有利于明确流程的隶属关系，又有利于建立绩效考核体系的层次结构，并且便于将流程的任务和绩效指标落实到职位。

（4）按照五个属性确定各层流程的绩效度量指标，对建立企业基于流程的绩效考核体系具有指导意义。虽然在基于流程的绩效考核中使用的考核指标并不一定完全适用于可靠性、响应性、柔性、成本和资产利用率这五个属性，但是它提供了一个可以参照的框架。

4. 财务指标、平衡计分卡和 SCOR 考核体系对比（见表 11-4）

表 11-4 财务指标、平衡计分卡和 SCOR 考核体系对比

	财务指标考核体系	平衡计分卡考核体系	SCOR 考核体系
产生背景	工业经济时代、卖方市场	信息时代、买方市场	组织变革、企业再造
管理思维	利润最大化、股东利益至上	战略中心主义、平衡	以流程为核心、横向一体化
管理导向	财务管理	战略管理	流程管理

续表

		财务指标考核体系	平衡计分卡考核体系	SCOR 考核体系
指标选择		按杜邦公式分解的单纯的财务指标	按平衡计分卡模型分解的财务指标与非财务指标	按SCOR模型分解的综合指标
使用范围		内部与外部	内部	内部与供应链节点企业
适应性	及时程度	差	较好	最好
	客观程度	较好	一般	最好
	执行成本	最低	较高	最高
	考核层次	指标较难分解到岗位	指标较难分解到岗位	指标可以分解到岗位，但较难考核管理高层
	战略契合程度	较差	最好	较好

二、华夏基石流程绩效管理体系构建八步法

（一）确定组织目标

企业建立面向流程的绩效管理体系，并不仅仅是提高流程效率，应该是基于战略驱动，以战略目标为导向的。根据迈克尔·波特的竞争战略理论，企业战略应该能识别出其产品和服务、客户群、竞争优势、产品和市场的优先次序。通过建立流程绩效管理体系，保证端到端的有效执行，实现流程改进和流程优化，来确保企业目标的实现，形成企业竞争优势。

组织目标是流程分析、确定流程目标、设计流程绩效指标体系的前提。流程绩效管理必须基于企业战略目标。企业由无数个流程活动组成，

企业目标的落地最终是通过流程来实现的。因此战略落地需要依靠流程，企业的战略目标只有落实到流程上才能变得可以执行。开展面向流程的绩效管理，是企业战略更好落地的重要抓手。

基于流程以及流程优化建立绩效管理体系可以使流程效率大大提高，形成一个以绩效支持和引导流程优化，通过流程的不断优化形成企业核心竞争力，再以企业的核心竞争力来促进企业核心竞争优势的形成，最终形成对战略实现的支持。

（二）基于价值链确定流程类型

价值链的概念是迈克尔·波特于1985年在《竞争优势》一书中提出的，他将企业基本价值链的活动分为两类：基本活动和辅助活动。基本活动是涉及产品的物质创造及销售、转移给买方和售后服务的各种活动。辅助活动是辅助基本活动并提供外购、技术、人力资源以及各种公司范围的职能以相互支持。

基本活动有五类：内部后勤、生产作业、外部后勤、市场和销售、服务。辅助活动有四类：采购、技术开发、人力资源管理、企业基础设施。波特认为，企业可以通过调整、优化内部价值链活动，加强与外部其他企业价值链活动之间的协调，来赢得和保持企业的竞争优势。

波特的价值链实际上体现了流程的思想，主要活动如内部后勤、生产作业、外部后勤、市场和销售、服务是一系列连续的活动，实际上就是流程。

价值链反映了企业内部价值创造、价值流转、价值使用等价值活动的过程。从某个角度来讲，价值链由多个流程组合形成。因此，以价值链为基础，利用价值链分析方式，将价值创造活动分为主价值、辅助价值，对应的流程则为主流程、辅助流程。

现代企业的流程管理以企业内部价值链作为重要参考。区分流程类型，是流程分析的第一步，也是流程绩效管理的前提，说明了企业内部众多流程的位置关系。

基于波特的价值链，我们将企业内部流程分为主流程和支持流程。

（1）主流程，指的是与企业生产经营活动直接相关的、为客户提供产品和服务的流程活动。一般包括原材料供应流程、生产加工流程、储运流程、市场营销流程和售后服务流程。

（2）支持流程，指的是为主流程提供支持和保障功能的，不直接面向外部客户的企业内部活动。一般包括采购管理流程、技术开发流程、人力资源管理流程、财务管理流程、信息系统管理流程等。

这种分类主要是根据流程在企业中所体现的功能不同而进行区分的。主流程的输出和输入都是面向客户和市场的，是满足客户和市场需求的过程；支持流程是支撑服务主流程的。

（三）确定关键业务流程

在实践中，企业内部需要进行流程绩效管理的可能既包括主流程，也包括支持流程，具体根据企业进行流程绩效管理的目的和需要而定。需要对符合企业阶段性发展战略，能够驱动组织形成竞争优势的关键流程进行分析。

卡普兰认为，战略的重点是确定并擅长少数几个关键流程，这些流程对客户价值主张至关重要。所有流程都应该被管理好，但是少数关键流程必须受到特别关注和重视。卡普兰还认为不同的战略主张所强调的流程不同：实行产品领先战略的公司将强调卓越的创新流程；实行总成本最低战略的公司必须擅长运营流程；实行客户导向战略的公司将强调客户管理流程，同时必须平衡和投资改善所有流程。

所谓关键业务流程，指的是能够从企业战略目标出发，承载企业战略发展的流程。进行关键流程分析，建立基于流程的绩效管理体系，必须摆脱原有的部门结构，以流程的观点重新审视企业的业务流程。我们一般采用关键成功因素法来甄选企业关键业务流程。

1. 关键成功因素法

关键成功因素法通过对关键成功因素的识别，找出实现目标所需的关键信息集合，从而确定系统开发的优先次序。根据企业战略目标，进一步分析影响战略目标的各种因素和影响这些因素的子因素，从而确定影响组织战略目标实现的关键成功因素，根据关键成功因素确定企业关键业务流程，发掘企业战略目标分解需要关注的核心业务流程。

2. 分析企业关键成功因素

可以利用企业关键成功因素分析表分析关键成功因素。如表11-5所示，该表实质是一个关键成功因素优先矩阵，可用于确定企业的关键成功因素及其重要顺序。该表的第一行列示战略目标，第一列列示关键成功因素，填写每个关键成功因素对应的战略目标重要度得分，最后一列是各个关键成功因素的总体得分。

表 11-5　关键成功因素分析表

	战略目标1	战略目标2	……	战略目标N	得分
关键成功因素1					
关键成功因素2					
……					
关键成功因素N					

资料来源：吕平. 基于流程的绩效管理. 上海：同济大学，2007.

关键成功因素对战略的重要度可以用数值表示。重要度的评价指标可以分为影响、规模和范围等三个方面。其中，影响是指流程对企业未来营运目标的可能工序，规模指流程占用企业资源数量的多少，范围指流程带来的成本、风险和需要的人力。重要度分为"非常重要"、"重要"、"比较重要"、"一般"和"不重要"五个等级，依次赋予4分、3分、2分、1分和0分。显然，得分越高的因素，对企业战略越重要，可视为企业的关键成功因素。

3. 确定企业关键业务流程

根据业务流程对关键成功因素的支持程度，确定企业的关键业务流程。其确定方法与确定关键成功因素类似。企业关键业务流程分析表如表 11-6 所示。

图 11-6　企业关键业务流程分析表

	关键成功因素 1	关键成功因素 2	……	关键成功因素 N	得分
流程 1					
流程 2					
……					
流程 N					

流程对关键成功因素的支持程度分为"非常支持"、"支持"、"比较支持"、"一般"和"不支持"五个等级，依次赋予 4 分、3 分、2 分、1 分和 0 分。同样地，得分越高的流程，对关键成功因素越重要，可视为企业关键业务流程。

图 11-3 是某企业的战略目标到企业关键业务流程的分析过程示例。

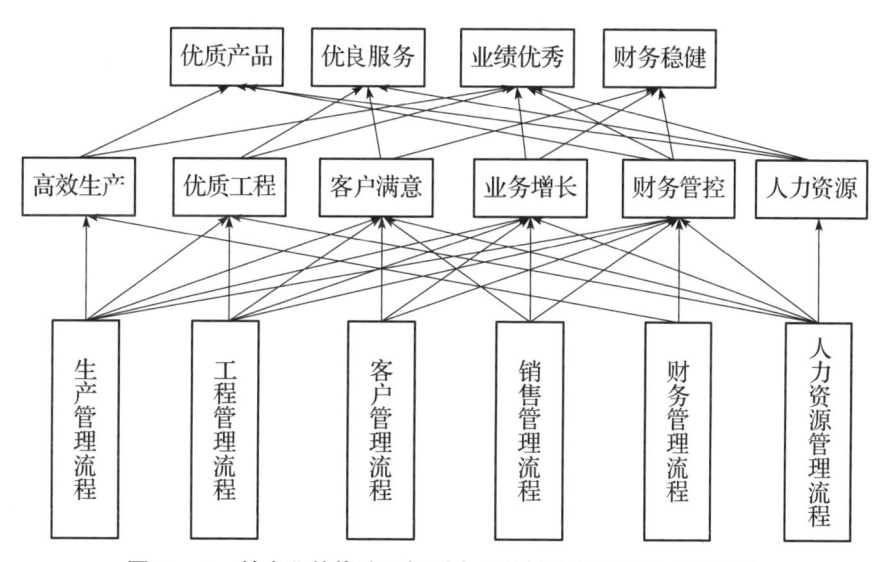

图 11-3　某企业的战略目标到企业关键业务流程的分析过程

(四) 识别流程的层次结构

企业的流程具有层次结构。一般来说，主流程往往包含一系列子流程，子流程包括多个要素流程，要素流程包含活动流程和任务流程，一个任务流程可能由一个职位或多个职位担当。因此，建立流程绩效管理体系，一定要先描述流程的层次结构，才能确定绩效管理体系的层次结构。

按照规模和范围，可以把企业的流程体系分为三个层次，即一级流程、二级流程、三级流程。一级流程占用企业较多资源，直接影响企业的成本和风险，对企业未来发展有较大贡献；二级流程直接支持企业主流程的实现，是企业主流程的子流程；三级流程直接支持二级流程的实现，是二级流程的子流程。流程层次结构的描述细到何种程度，取决于绩效管理的需求和目的。

以一级流程为生产管理流程为例，一个企业的生产管理流程包含的二级流程通常如图 11-4 所示。

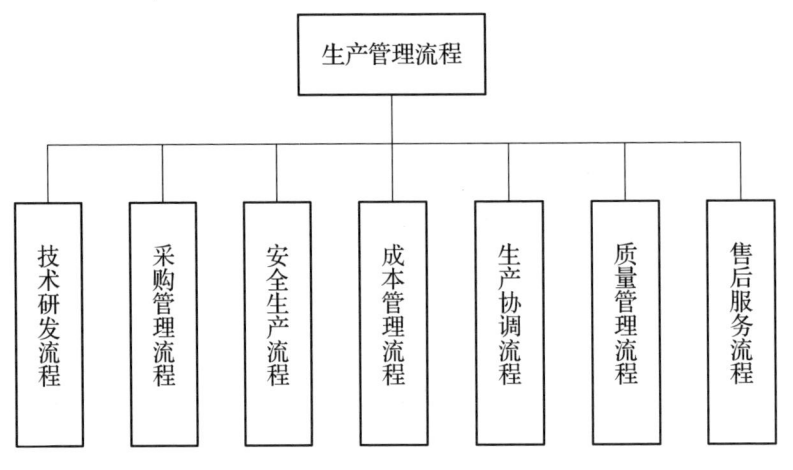

图 11-4 生产管理流程包含的二级流程

其中，以成本管理流程为例，其包含的三级流程如图 11-5 所示。

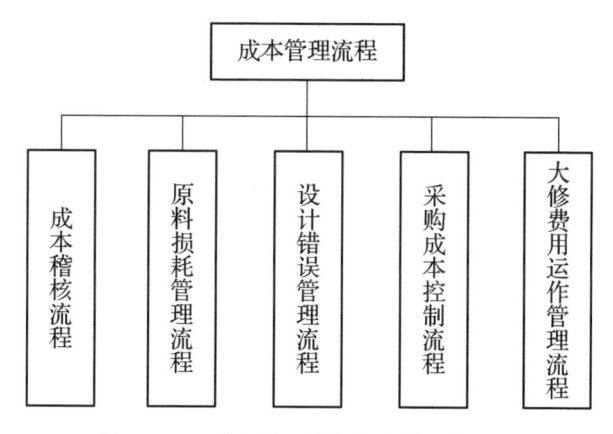

```
                    成本管理流程
        ┌──────┬──────┬──────┬──────┐
      成本   原料   设计   采购   大修
      稽核   损耗   错误   成本   费用
      流程   管理   管理   控制   运作
             流程   流程   流程   管理
                                 流程
```

图 11-5　成本管理流程包含的三级流程

（五）识别流程的关键节点

流程关键节点的识别，主要是看变动某要素是否对流程的运作产生深远的影响，即能否影响满足客户的需要、能否影响企业的绩效。若回答是肯定的，那么这就是流程的关键节点，反之则否。

可以采用流程节点元分析法识别流程的关键节点，该方法将流程的每个节点视为基本考核单元（见图 11-6）。

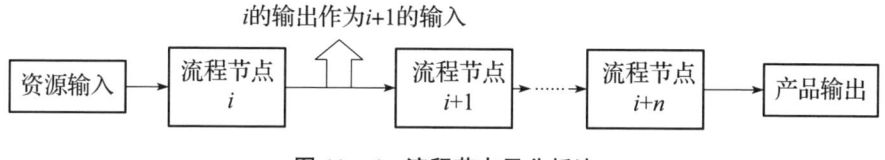

```
                  i 的输出作为 i+1 的输入
                          ⇧
   资源输入 → 流程节点 i → 流程节点 i+1 →…… → 流程节点 i+n → 产品输出
```

图 11-6　流程节点元分析法

以产品开发流程为例，可将产品开发流程分为五个阶段：产品概念阶段、产品计划阶段、产品开发阶段、产品测试阶段、产品流通阶段（见图 11-7）。五个阶段形成了六个关键节点，包括项目开始点、概念形成、可行性报告、产品实体、产品测试与市场测试、产品营销与价值实现（项目结束点）。因此，依据流程节点元分析法，这六点就是该流程的关键节点，五个阶段为流程的关键环节。

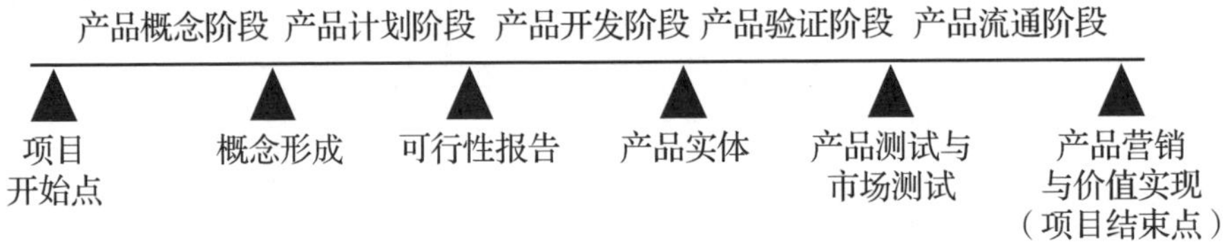

产品概念阶段　产品计划阶段　产品开发阶段　产品验证阶段　产品流通阶段
▲　　　　　▲　　　　　▲　　　　　▲　　　　　▲
项目　　　　概念形成　　可行性报告　产品实体　　产品测试与　　产品营销
开始点　　　　　　　　　　　　　　　　　　　　市场测试　　　与价值实现
　　　　　　　　　　　　　　　　　　　　　　　　　　　　（项目结束点）

图 11-7　产品开发流程

(六) 建立流程绩效指标体系

建立流程绩效指标体系包括两个重要内容：确定流程的绩效属性、设计流程绩效指标。

1. 确定流程的绩效属性

一个有效的基于流程的绩效评价体系既要能够客观地评价企业业务流程运作的效率，还要能够使得企业根据评价结果对现有的流程的各个环节进行优化或改革，这就需要将职能型组织与流程化组织相结合、日常工作与创新工作相结合。

以下列举几种提取流程绩效属性的主要观点作为企业实际操作的参考：

（1）基于业务流程再造的评价技术。

20世纪90年代，哈默和钱皮提出业务流程再造，从成本、质量、服务、速度四个方面提取流程绩效指标，对流程进行绩效评估。

1）成本：业务流程运行费用改善的情况。

2）质量：实际运行的业务流程改进可靠性及波动性的情况。

3）服务：是否符合业务流程事先约定的服务，或满足相应的约束。

4）速度：业务流程的效率和整体交付的时间、业务流程过程中关键节点的执行时间，以及节点间的流转等待时间等方面的改进情况。

（2）基于流程的关键特征的评价技术。

拉维·恩纽平迪（Ravi Anupindi）等人认为，流程体现为产品生产和交付成本、配送反应时间、种类以及质量等一系列的特性。

他们认为评价流程绩效可以据此概括为四个方面：一是生产成本，即生产和交付产品的总成本，成本包括固定成本和可变成本；二是时间，从输入到输出的转换所需的总时间；三是流程的灵活性，可以灵活地生产，并能够提供各种产品的能力；四是流程的质量，即企业是否能够生产和提供高品质的产品，其中包括过程的准确性、设计规格的一致性，以及过程的可信性和可维护性。

（3）基于业务流程优化的评价模型。

哈里顿认为基于流程优化的绩效评价主要包含三类的指标：效果、效率、适应性。首先是效果，即顾客的需求和期望是否得到满足；其次是效率，即在追求效果的过程中效率有多高；最后是适应性，即是否满足了顾客的特殊需求，为获得竞争优势适应性是必不可少的，客户通常会记得你如何处理他们的特殊要求。

（4）基于流程的利益相关者的评价方法。

"利益相关者的满足程度"是流程绩效评价的依据。流程的利益相关者有四种类型：股东、员工、客户（供应商和买家）以及社会。同时，鉴于创新的重要性，相应地增加了创新指标，即评价流程的创新能力，也就是流程的优化能力，保持流程绩效持续改进的活力。

（5）微过程分析评价模型。

将供应链流程分解到子流程，再将子流程分解到各流程节点。通过分析微流程绩效特点，将评价指标分为七个绩效维度：成本、时间、潜力、能力、生产力、利用率、产出。

（6）基于SCOR模型。

SCOR模型提出了流程评价的客户界面和内部界面，以及可靠性、有效性、灵活性、成本和收益五个维度。

在流程绩效考核中，并不是所有绩效属性都要加以考虑，对不同流程的绩效属性的关注程度不同。比如对于生产和服务提供流程会较多关注流程的时间；而对于质量保证流程则更为关注流程质量保障机制。

我们提出基于流程优化的绩效管理模式，可通过对一个流程各个层次的实施与管理来设计绩效管理体系，从而保障企业战略目标有效实现。同时，增加基于流程优化而设计的附加分的考核指标，鼓励组织中成立虚拟团队，对现有的流程进行创新与改革，引导员工的学习与成长。

2. 设计流程绩效指标

确定绩效属性之后，为每一级流程建立相应的绩效指标。

根据流程目标，利用 KPI 分析方法分析流程各个环节的活动。流程的 KPI 是通过对某一流程的输入端、输出端的关键参数进行设置、取样、计算、分析来衡量流程绩效的一种目标式量化管理指标，是企业绩效管理的基础。具体需考虑以下问题：

（1）这些活动由哪些岗位完成；

（2）完成某个活动需要哪些行为或动作；

（3）这些行为应该达到什么样的频率；

（4）该活动需要取得哪些成果；

（5）这些成果需要达到什么样的数量或质量标准。

通过分析以上内容点，可以确定被考核岗位的行为指标和结果指标等。通过流程节点元分析主要确定行为类指标和结果类指标；对员工能力的要求体现在岗位职责要求上。

在实际操作中，构建基于业务流程的绩效指标体系是理论和实践的难点，其基础是做好流程分析工作，明确端到端流程的目标和价值导向，从客户需求开始到满足客户需求结果，形成端到端的流程闭环。

流程绩效指标的设置要遵循以下原则：

（1）全局性。不应仅站在本部门或本岗位的角度讨论问题，而应该跳出部门、岗位甚至公司的框框，站在整个行业价值链的高度设置流程绩效指标。

（2）端到端。不要为了便于考核就切分流程，而应该直接设置端到端指标。

（3）客户导向。要时刻确保这些指标是外部客户关心的，而非内部客户一厢情愿。

（4）少而精。一个流程设置并管理好三个指标就已经需要投入很大精力了，所以不要贪多。

在采购流程和产品开发流程中，物品采购流程的绩效属性主要由时间、成本、收益、质量、可靠性等方面来衡量，产品开发流程绩效管理的重点在于以客户为导向、以流程为导向，同时还需关注思考及设计、大幅度的绩效改善等内容。两个流程的绩效指标设计如表 11-7、表 11-8 所示。

表 11-7 采购流程绩效指标设计

关键流程	指标	计算方式
下达采购任务	任务下达及时性	1 小时内下达任务
分配采购任务	任务下达及时性	半小时内下达任务
制订采购计划	采购计划完成率	考核期内采购总金额／同期计划采购金额 ×100%
甄选供应商	采购订单按时完成率	实际按时完成订单数／采购订单总数 ×100%
签订采购合同	采购价格标准比	实际采购价格／标准采购价格 ×100%
签收并报检	订货出错率	出错物料金额／采购总金额 ×100%
质量检验	质检及时性和准确率	半小时内检验错误次数
办理退货	退货量	退货频率和金额
物料入库	入库损耗率	入库损耗物料金额／采购总金额 ×100%

表 11-8 产品开发流程绩效指标设计

流程环节	绩效属性	绩效指标
产品概念阶段	创意工作为主，定性指标	新项目的数量、新项目的创新性（产品的创新度与产品概念阶段技术的创新度）、可能的引导市场的能力

续表

流程环节	绩效属性	绩效指标
产品计划阶段	项目可行性和市场预测	可行性项目数量、可行性项目数量占提出的新项目的比例、新技术的应用程度、与企业原有技术的产品计划阶段相关性、技术创新度、市场的认可度（引导市场的能力与创造市场的能力）、与企业市场战略的一致性等
产品开发阶段	效果	新产品开发数量、产品开发周期、开发计划完成率
	效能	核心技术领导地位、技术复杂性、产品新颖性、新技术创新与应用
	效率	研发费用与成本、研发成本的降低率
产品测试阶段	产品	产品合格率、故障率、废品率、出现重大问题的次数
	顾客	顾客满意度
产品流通阶段	产品	产品的返修率（或者维修费用）、退货率等
	市场	老顾客的保有率、新顾客的增加率、老顾客的销售收入、新顾客的销售收入、顾客的满意度等
	销售收入或利润	产品的销售收入（利润）、成本利润率等

（七）明确流程主体的绩效指标

  流程目标需要在岗位层次上进行确定。确定各个流程的绩效指标之后，企业需要把这些指标进行整合、提炼和归纳，形成岗位绩效指标。一个部门和岗位可能是多个流程的关键环节，承担相应流程绩效指标。因此，需要在最后从单个部门和岗位的角度确定不同流程的绩效指标、目标值等内容，确定企业流程绩效考核体系中部门和岗位的指标内容和要求，从而指导各部门和岗位执行具体工作，完成流程指标，实现流程目的。一般而言，把流经某部门和岗位的所有流程节点指标进行归集，即可形成该部门和岗位的绩效指标。如果某些指标重复，则需要对指标进行删减，以保证指标不重合。

(八) 基于流程优化的绩效改进

从绩效管理的角度来看，绩效改进是绩效考核的后续应用阶段，是连接绩效考核和下一循环计划目标制定的关键环节。查明确认工作绩效差距和产生原因后，制定实施改进计划和方案。传统的绩效改进以提升员工工作能力、获取高绩效为目的。因此在绩效改进计划和改进方案中会尽力采取一系列行动为员工提供知识、技能等方面的帮助。

基于流程的绩效改进，是指以支持流程运行、提高流程效率等流程优化结果为目的进行绩效改进。

具体而言，不论是对流程整体的优化还是对其中部分的改进，如减少环节、改变时序，都是以提高工作质量和工作效率、降低成本和劳动强度、节约能耗、保证安全生产、减少污染等为目标。需要根据流程绩效考核结果寻找绩效表现差的环节和原因，识别出流程效率低下的活动及其影响因素。通过改进这些环节的活动方式，改变影响这些环节的因素，从根本上反思业务流程，努力在质量、成本、速度、服务等方面实现流程优化。而流程优化的本质是查明流程中的缺陷，通过对缺陷的改善处理，不断发展、完善、优化业务流程，从而达到流程优化的目的，保持企业的竞争优势。

图书在版编目（CIP）数据

绩效管理十大方法 / 彭剑锋等著. -- 北京 ：中国人民大学出版社，2024.5
ISBN 978-7-300-32690-0

Ⅰ. ①绩… Ⅱ. ①彭… Ⅲ. ①企业绩效－企业管理 Ⅳ. ① F272.5

中国国家版本馆 CIP 数据核字（2024）第 065000 号

绩效管理十大方法
彭剑锋　张小峰　吴婷婷　等　著
Jixiao Guanli Shi Da Fangfa

出版发行	中国人民大学出版社		
社　　址	北京中关村大街 31 号	邮政编码	100080
电　　话	010 - 62511242（总编室）		010 - 62511770（质管部）
	010 - 82501766（邮购部）		010 - 62514148（门市部）
	010 - 62515195（发行公司）		010 - 62515275（盗版举报）
网　　址	http://www.crup.com.cn		
经　　销	新华书店		
印　　刷	北京宏伟双华印刷有限公司		
规　　格	720 mm×1000 mm　1/16	版　次	2024 年 5 月第 1 版
印　　张	24 插页 1	印　次	2024 年 5 月第 1 次印刷
字　　数	326 000	定　价	79.00 元

版权所有　　侵权必究　　　　印装差错　　负责调换